D1729561

Susanna Schwager

Das volle Leben

Frauen über achtzig erzählen

Mit einem Glossar

Fotografien von Marcel Studer

Für meine Pimpinella,
in einem Sommer voller Heidis,
gepfefferter Mönche
und ungeküsster Ziegenlippen

Alle Rechte vorbehalten, einschliesslich derjenigen des auszugsweisen Abdrucks
und der elektronischen Wiedergabe

© 2007 Wörterseh Verlag, Gockhausen
3. Auflage 2008

Lektorat: Andrea Leuthold, Zürich
Korrektorat: Claudia Bislin, Zürich; Jürg Fischer, Uster
Lithografie: Marcel Studer, Zürich; Tamedia Production Services, Zürich
Herstellung und Satz: Sonja Schenk, Zürich
Umschlag: Thomas Jarzina, Köln

ISBN 978-3-9523213-4-8
www.woerterseh.ch

Und ich frage mich,
ob man am Ende lebe,
um sich erinnern zu können.
Gerhard Meier

Inhalt

Hanny Fries

27. November 1918

Hoch über der Stadt ein Haus, das so schnell nichts erschüttert. An der Tür ein Zettel mit dem handgeschriebenen Namen, man muss wissen, wo man Hanny sucht. Wohlgeordnete Überfülle präsentiert sich im malerischen Licht des Ateliers, das ihr Urgrossvater baute. In seinen Tiefen verbergen sich Schätze.

Man muss mit Coraggio anfangen, mit Mut. Einfach anfangen, das ist das Wichtigste. Nicht zuerst wissen wollen, wo es hinführt, sondern anfangen und dann einfach weitermachen. Wie im Leben ist das, da weiss man auch nie, was das wird. Eine Frage des Mischens. Man muss gar nicht weit laufen, alles ist gut genug, um damit anzufangen, jede hundskommune Ecke und jedes Papier. Ich habe gern Papier, das nicht extra für Kunst gemacht ist, sondern für Würste zum Beispiel. Metzgerpapier ist etwas Wunderbares, am liebsten ist mir das italienische. Ich liebe Märkte, auf den Märkten schaue ich und sammle Einwickelpapier. »Könnte ich noch von dem Papier haben, das dort hinter Ihnen hängt?« – »Ma perqué?« – »Sono pittore«, dann bekomme ich ganze Stapel Wurstpergament mit diesen Löchern, wo es aufgehängt war. Die Italiener mögen Maler. Dieses Papier ist grausam, man kann es eigentlich nicht beschreiben, nur mit dicken Federn oder Stiften. Leider ist es jetzt verboten. Zu wenig hygienisch; das Blut und das Fett lief den Hausfrauen doch ständig in die Einkaufstaschen.

Es ist auch gut, mit Spazieren anzufangen. Flanieren ist gut, schauen, riechen, hören, schauen. Sich unter die Leute mischen, ohne viel zu wollen. Ich habe nie Auto fahren gelernt, ich war immer zu Fuss unterwegs oder mit dem Tram. Ich liebe Bahnhöfe, Wartsäle. Flanieren ist das beste Fitnesstraining, da vergehen die Bobos von alleine. Aber nicht Powerwalken mit diesen Stöcken, die man von weitem klappern hört. Herumspazieren und sich die Welt anschauen, ohne Lärm, ganz gewöhnlich. Bei mir ist natürlich ein Notizblock dabei. Eine Zeichnung ist viel besser als eine Fotografie. Wenn ich eine Skizze mache, bleibt es mir, das ist dann gespeichert in meinem Computer hier oben. Wenn man an etwas gelitten hat, prägt es sich ein.

Ich habe ein sehr gutes Gedächtnis. Drum bin ich jetzt ein wenig angestrengt, weil ich ständig gefragt werde nach Sachen, die die Jungen nicht mehr wissen. Wie ein Archiv komme ich mir vor. Die Jungen wissen viel Neues, aber sehr vieles wissen sie eben nicht. Ich habe ein paar Jährchen gelebt und Leute kennen gelernt. Da kommt etwas zusammen, wahnsinnig. Ich beobachte, wie die Löcher in der Erinnerung der Gesellschaft immer grösser werden. Komischerweise schien es lange Zeit niemanden zu stören, dass hinten so viel fehlt. Jetzt kommt das langsam wieder.

Ein gutes Gedächtnis kommt nicht von nichts. Das kommt bei mir vom Zeichnen. Auch Schreiben geht, aber das Malen und Zeichnen mit der Hand speichert sich am besten ab hier oben. Über das Auge und über das Gefühl gehen die Bilder hinein und bleiben. Ich muss immer einen Block neben dem Bett haben, damit ich zeichnen oder aufschreiben kann, was mir durch den Kopf geht. In der Dunkelheit kommt viel, was sich am Tag nicht hervortraut.

Ein Computer käme mir nicht ins Haus, das sind Prothesen. Ich hasse das alles, diese sklavische Abhängigkeit von Hilfsapparaten. Nur schon dieses Wort, Internet. Mir ist fast alles suspekt, was nett ist. Und ein Handy brauche ich auch nicht, bei der Hanny ist alles handy. Tutti quanti handy bei mir, alles von Hand. Die Sturheit habe ich vom Righini. Bei ihm musste sich sogar das Telefon unter einem Tuch verstecken.

Ich komme aus einer richtigen Künstlerfamilie. Mein Grossvater war der Kunstpapst Sigismund Righini, ein toller Mann. Mein Vater war ein Maler ganz anderer Art und führte eine begehrte Privatmalschule. Meine Mama sass über Schreibheften. Die Kunst, aber auch das Gesellige, das Sich-Mischen und Sich-Einmischen, lag bei uns in der Familie. Ich war ein Einzelkind, aber das Haus war immer voller Leute. Der Vater und vor allem der Grossvater engagierten sich in Gremien und Kommissionen für die Kunst und die Künstler. An der Schanzeneggstrasse 1 wohnten wir, da gab es ein grosses Atelier mit Blick auf den Botanischen Garten und den Fluss. Für Willys Freunde gab es jederzeit Mandarinli oder einen Kaffee vom Kätterli, meistens auch eine warme Mahlzeit. Ich nannte meine Eltern immer beim Vornamen.

Das Kätterli war die Tochter vom Righini und machte kleine Feuilletons. Lustige, farbige Texte. Es kam einmal ein Büchlein heraus beim Orell Füssli. Das Kätterli wäre sehr gut gewesen, aber sie schrieb absolut unleserliche Manuskripte. Der Willy zwang sie dann, es wenigstens so zu schreiben, dass man es in ein Büro geben konnte zum Abtippen. Von uns konnte ja niemand Maschine schreiben. »Seltsamer Abend« heisst das Büchlein. Impressionen waren das, kleine Mansfield-artige Stückchen, ein Schuhladen in Venedig, ein Gewitter im Garten, der Vater im Atelier. Sie hat gut geschrieben, sehr gut. Und sie war auch eine wunderbare Imitatorin. Wenn das Kätterli mit dem Willy ins Cabaret Cornichon ging, lag ich wach im Bett und wartete, bis sie kam und mir vormachte, was sie gesehen hatten. Daheim spross eine freie Bildung, ohne schulischen Druck. Alles ist Schule, wenn man sich darauf einlässt. Die Kunst gehörte bei uns ganz selbstverständlich zum Alltag, das eine bedingte das andere. Ich sass mittendrin, wenn meine Eltern sich über Ausstellungen, Sitzungen der Zürcher Künstlerschaft, über Lesezirkel, den Lyceum-Club, Theater und Konzerte unterhielten. In der Wohnung lagen die Zeitschriften »Der Querschnitt«, »Die Dame« und »Der Simplicissimus« herum. Von diesem Boden zehre ich heute noch.

Ich war das wohlbehütete einzige Kind in diesem Trio familial, und das bekam mir bestens. Als einzige Tochter ist man zwar glücklich, aber auch ein bisschen belastet. Die Lasten der Familie, vor allem die ganzen Vermächtnisse der Vorväter, die trägt man dann auch allein. Weil der Vater so beschäftigt war und mit seiner Kunstschule Erfolg hatte, machte das Kätterli mit der Zeit nur noch den Haushalt und schaute nach dem Rechten. Wunderbar machte sie das, obwohl sie es sicher nicht wirklich liebte. Sie machte es leicht, irgendwie mit links, wie alles, was sie tat. Mich liess sie nie in die Küche, sie wollte nicht, dass ich im Haushalt lernte, sie weigerte sich richtiggehend, mir etwas beizubringen. Vielleicht, damit ich nie in Versuchung käme, das Malen zugunsten von Hausarbeit zu schmeissen. Ich kann bis heute nicht kochen, ausser Spaghetti und Spiegeleier.

In diesem Milieu wurde ich Künstlerin, ohne es zu merken. Ich zeichnete und malte ständig. Am liebsten ganz Gewöhnliches, was grad vor der Nase lag. Ich lernte sehen und das Beobachtete umsetzen. Und ich lernte auch zuhören in diesem Haus, wo alle ein und aus gingen. Künstler reden gern von ihren Problemen und Bobos. Die merkten schnell, dem Hanneli muss man nicht viel erklären, die versteht einen rasch. Menschen haben mich immer interessiert. Ganz normale genauso wie etwa ein Friedrich Dürrenmatt oder der Ludwig Hohl, mit dem ich später acht Jahre zusammenlebte.

Ich ging an der Hohen Promenade in Zürich in die Töchternschule. Aber ich musste mich nicht mit einer Matura abplagen, mir widerfuhr die Gnade, Freischülerin zu sein. Das gab es damals noch. Ich konnte die Fächer auswählen, die mich interessierten und die ich brauchte für die Kunstgewerbeschule. Die Haushaltungsschule strich ich auch, gegen den Willen vom Papa allerdings. Der fand, das brauche man doch als Frau. Aber das Kätterli verstand das sehr gut und unterstützte mich. Dass ich in die Kunstgewerbeschule eintrat, war klar, man verlor kein Wort darüber. Dass ich trotz dieser Selbstverständlichkeit, oder gerade deswegen, einen eigenen Weg suchen musste, merkte ich erst mit der Zeit. Aus dem Schatten der erratischen Blöcke zu treten, die Vater und Grossvater bildeten, war nicht einfach. Es waren aber ebenfalls Männer, die mir halfen, auf meinem selbst gefundenen Weg zu bleiben.

Nach der Kunstgewerbeschule wollte ich eigentlich nach Paris, an eine Mal-Akademie. Aber der Krieg brach aus und die Grenzen schlugen zu. Da zog ich nach Genf, wohnte in einer Pension und studierte an der Ecole des Beaux-Arts. Das war die einzige Möglichkeit für ein Kunststudium in der Schweiz. Dort arbeiteten wir vom Morgen bis zum Abend, malten, bis wir umfielen. Akte, Porträts, immer grossformatig, manchmal mit dem Verlängerungsstab, nicht klein auf den Tischen wie in Zürich. Das gefiel mir sehr. Aber meine Eltern brachten ein grosses Opfer, dass sie mich gehen liessen in dieser schwierigen Zeit. Diese Trennung war für sie schmerzhaft. Das Kätterli schickte mir regelmässig feine schwarze Strümpfe, die ich so gern trug. Der Willy und der Righini mobilisierten väterliche Freunde, die mich unter ihre Fittiche nehmen sollten. »Am Sonntag bist du vorerst immer beim Bildhauer James Vilbert eingeladen«, hiess es. Ich liess sie gewähren, aber nichts hinderte mich am Genuss einer neuen, französisch geprägten Freiheit.

Die behütete Jugend gab mir sehr viel Standfestigkeit. Es ist eigentlich erstaunlich, dass ich in einer solchen Familie eine so gute Bodenhaftung bekam. Bodenhaftung hilft einem, selbständig zu arbeiten, schwierige Wege zu gehen, nicht aufzugeben. Es braucht viel Kraft, wenn man alles selber herausfinden will. Bis man weiss, was man ist und was einen ausmacht. Es ist meistens nicht einfach, so zu leben, dass es sich lohnt, darüber nachzudenken. An den eigenen Sachen festzuhalten, ist ziemlich anstrengend. Natürlich muss man auch merken, was man kann und wo man besonders gut ist. Da hatte ich in dieser Familie einen Vorteil, weil es alle merkten. Und dann gibt es nur noch eins: viel arbeiten, arbeiten, arbeiten. Dann bekommt man plötzlich auch Unterstützung von aussen.

Der grosse Kopf Ludwig Hohl fand es wunderbar, dass ich malte, aber er hasste es, wenn ich tagelang »landschaften« ging. Ihn verliess, bloss um Landschaften zu malen. Er hasste es auch, wenn ich ein paar Tage nach Zürich verreiste. Er litt Qualen, wenn ich nicht da war, so war der Hohl. Lieber begleitete er mich abends zum »Dringlichschalter« der Post am Bahnhof Cornavin. Ich hatte die grossen Couverts mit den abzuliefernden Illustrationen unter dem Arm, ihm hing wie immer die Gauloise von den Lippen. So war er zufrieden, denn es war ja nicht ich, die verreiste, und bald würden meine Arbeiten von Verlagen und Redaktionen honoriert werden – und der Geldbriefträger würde unser Leben erleichtern. Ein solcher Abend endete meistens im Buffet de la Gare, und ich konnte mein Zeichenblöcklein aus der Tasche ziehen und mein Lieblingsthema, das mir bis heute geblieben ist, weiterskizzieren, Bahnhöfe.

Der Hohl war ein phänomenaler Literat und Philosoph, ein genialer Mensch, ein richtiger Solitär im wahrsten Sinn des Worts. Und ein sehr schwieriger Mann. Als ich nach Genf kam, war er noch wenig bekannt. Kennen gelernt habe ich ihn in einem Café. Ich sass ständig in irgendwelchen Parks und Cafés, um zu zeichnen und weil ich nicht kochen konnte. In Genf war es ein wenig wie am Montmartre in Paris, die Cafés waren der Mittelpunkt des Künstlertums. Wunderbar war das. Das Clémence an der Place du Bourg-de-Four war unser Montmartre, das Café du Centre und die grossen Brasserien an der Place du Molard unser Montparnasse.

Ich hockte also an einem Tischchen, und in einer anderen Ecke hockte der Hohl mit seiner Entourage und rezitierte etwas. Er sah einfach fabelhaft aus, wirklich sehr gut sah er aus. Der Hohl war fünfzehn Jahre älter als ich, ich war erst Anfang zwanzig und natürlich sofort beeindruckt von seiner Erscheinung. Er hatte eine enorme Ausstrahlung, wenn er in einer geselligen Phase war. Das war selten. Wahrscheinlich sah er, wie ich an seinen Lippen hing, jedenfalls kamen wir ins Gespräch. Er fand anscheinend sofort, mit dieser Hanny kann ich über alles reden. Das erzählte er mir später einmal. Er interessierte mich, aber ich war ihm nicht untertan, ich war Leute wie ihn gewöhnt. Wir waren uns sofort nah, im Gespräch und auch sonst, vom ersten Moment an. Wir fanden uns einfach gut, jedes den anderen. Das war für den Hohl ein Glücksfall. Und für mich doch auch! Kurze Zeit später stand er vor der Pension Hemmeler, wo ich wohnte, mit einem Billett, »Invitation pour Hanny Fries – pour la lecture de Ludwig Hohl«. Er gab ab und zu solche Abende, die Leute liebten seine Auftritte, weil er wunderbar las und rezitierte. Wenn er in Stimmung war, hatte der Hohl immer Erfolg. Er war sehr beliebt, und er war sehr einsam, beides.

Mit ihm zu leben, war nicht leicht, aber äusserst anregend. Ich kenne niemanden, der dermassen konsequent auf seinem unbürgerlichen Weg beharrte. Gegen alle Widerstände, immer nur seine Arbeit, seine Überzeugung und auch sein Tagesrhythmus. Der Hohl mischte sich kaum, mit nichts. Aber er dachte über alles nach, immer weiter und weiter. Das ist unglaublich, dass einer das ein Leben lang durchhält. Er war so veranlagt, er konnte nicht aus seiner Haut. Es ist das, was der Dürrenmatt und auch der Max Frisch an ihm bewunderten, ja eigentlich beneideten, diese fast unmenschliche Kompromisslosigkeit. Auch mich zog das an, die Rigorosität, mit der er das Eigene durchzog, es durch und durch lebte. Verdient hat er kaum etwas damit.

Wir ernährten uns schlecht und recht von meinen Aufträgen. Ich bekam schon während dem Studium Aufträge für Illustrationen. Der Manuel Gasser von der »Weltwoche« unterstützte mich. Ich arbeitete unter anderem auch für die »Annabelle«, die NZZ, die »Elle« und »Die Frau«. Oder ich illustrierte Bücher für den Peter Schifferli vom Arche Verlag und für den Manesse-Verlag. Sehr gern zeichnete ich auch ganz Profanes, Gärtnergeschichten zum Beispiel für SJW-Heftchen, die Publikation des Schweizerischen Jugendschriftwerks. Es störte mich überhaupt nicht, Hefte mit Bärchen zu füllen, die plötzlich so in Mode kamen. Man muss etwas damit anfangen. Aus banalen Vorgaben etwas kreieren ist eine Herausforderung. Gute Künstler schätzen solche Aufträge, nur die schlechten sind sich zu schön dazu.

Übrigens, nichts lieber, als zum Beispiel der Literatur ein Gesicht verleihen. Wenn ich nicht Künstlerin geworden wäre, hätte ich wohl vergleichende Literaturwissenschaft studiert. Ich illustrierte auch Texte von Silja Walter. Die Silja war sehr erfolgreich, eine vielversprechende junge Schweizer Dichterin. Sie bekam einen Preis um den anderen, und dann ging sie ins Kloster. Auch so eine, marschierte unbeirrt ihren Weg. Wir haben uns eine Zeit lang geschrieben, aber jetzt habe ich jahrzehntelang nichts mehr von ihr gehört. Aber die Silja wird immer wieder erscheinen. Was gut ist, kommt irgendwann wieder.

Auch der Hohl ist einer, der nie vergehen wird. Vor kurzem fiel mir ein Geschenk in die Hände, das er mir einmal machte. Er hatte es selber von Hand genäht und geleimt, »Eine Suite für Hanny«, wunderschön. Es sind Zitate, Bemerkungen, die auf das Leben passen, Sprüche, Gedanken zur Einsamkeit, dann wieder »Geliebtes leuchtet durchs Gedränge« und solche Sachen. Der Hohl konnte unverständlich sein, aber auch äusserst liebenswert, richtig grosszügig. Er überredete mich zum Beispiel, ein Kleid zu kaufen, das mir sehr gefiel und das wir uns gar nicht leisten konnten. Ein Wollröckchen mit Tigermuster, Tigerlook. »Mais achète donc cette robe!«, sagte er. »Kauf es dir doch!« Er sparte es sich lieber vom Mund ab, als auf das Vergnügen zu verzichten, mit mir im Tigerlook durch Genf zu flanieren. Wir redeten oft französisch miteinander. Zum Beispiel über Katherine Mansfield, die wir beide verehrten, über Rahel Varnhagen, über Charles-Albert Cingria. Leider habe ich das Tigerkleid hängen lassen, als ich ging, zusammen mit der fantastischen spanischen Robe, die ich auf einem Flohmarkt entdeckte. Manches Schöne verschwindet eben doch, aber das macht nichts.

Der Hohl war auch ein guter Koch. Wenn wir wenig Geld hatten, stiefelten wir durch die Wälder und sammelten Pilze. Wir waren immer knapp bei Kasse, da änderte der Krieg gar nichts. Zu Hause hatten wir immer das gleiche Problem: Ich wollte die Pilze malen, und er wollte sie kochen. Er schimpfte, dass die Würmer die Pilze gefressen hätten, bis ich fertig sei mit Malen.

Dass der Krieg rundherum wütete, davon habe ich ehrlich gesagt wenig mitbekommen. Ich muss zu meiner Schande gestehen, ich war ziemlich apolitisch. Zu sehr beansprucht von meinen eigenen Lebensproblemen, meiner anstrengenden Lebensweise. Besessen von der Liebe und der Kunst. Ich war in allem erst am Anfang, als der Krieg ausbrach. Die Lehrer von der Académie führten uns ab und zu an die Grenzen um Genf und zeigten uns, wie weit wir gehen konnten. Bis hierher und nicht weiter. Das gab einem gleichzeitig das Gefühl, Glück zu haben und eingeschlossen zu sein. Der Hohl hingegen war politisch äusserst aufmerksam. Er hatte viele jüdische Freunde, die plötzlich bei uns auftauchten. Und die ganze Atombombengeschichte beschäftigte ihn sehr.

Im Elternhaus in Zürich war der Krieg das Dauerthema. Ich war nicht so oft dort, wie ich gewollt hätte, aber die Mutter erzählte und schrieb mir davon. Man fürchtete sich davor, dass die Deutschen ins Land einfielen und alles besetzten. Der Willy gestand dem Kätterli später, dass er sich eine Pistole organisiert hatte, falls die Deutschen doch noch über die Schweiz hergefallen wären. Damit sie uns nicht hätten verschleppen können.

Nach sieben Jahren wilder Ehe heiratete ich den Hohl. Meine Eltern waren entsetzt. Sie schrieben mir Briefe, ich solle das um Himmels willen nicht tun. Aber solche Ratschläge befolgt man als junger Mensch nicht immer, Gott sei Dank. Ich glaube, ich war eine gute Tochter, aber nicht immer folgsam. Wenn überhaupt, folgt man in dem Alter den Freunden, und meine Freunde fanden, dem Hohl würde es besser gehen, wenn wir verheiratet wären. Dass das mit uns nicht gut gehen konnte, wusste ich eigentlich selber. Aber ohne ihn zu heiraten, hätte ich mich nie von ihm befreien können. Bei ihm zu bleiben, hätte mich vielleicht zerstört, und ihm hätte es nicht geholfen. Ich musste es durchleben, weitermachen bis zum Ende und wieder anfangen. Gerettet haben mich die Bodenhaftung und mein gesunder Freiheitsdrang.

Wir gingen zusammen in den Jura und beweinten unsere Trennung eine Weile. Dann kehrte ich nach Zürich zurück. Ich sorgte dafür, dass der Hohl nicht allein blieb, als ich ging. Es war mir nie egal, wie es ihm ging. Die Liebe in ihrer seltenen, grossen Form vergeht nicht. Sie wandelt sich höchstens. Der Hohl war fünfmal verheiratet. Das war vielleicht seine Tragik, er kam über die Entwürfe nicht hinaus.

Das Leben ist ein Wechselbad, dann ist es gut. Alles mischt sich immer wieder neu, wenn es fliesst. Für mich war das so, obwohl ich es nicht suchte. Das Mischen ergibt sich vielleicht auch aus dem Doppelblick. Den muss man üben und pflegen, er bringt diese Mischung automatisch, das war Hohls Maxime für die Beziehung zum anderen. Das scharfe und das rührbare Auge. Er hatte es von Goethe: »Niemand kann sich glücklich preisen / Der des Doppelblicks ermangelt.«

Mit meiner grossen, letzten Liebe lebe ich heute noch zusammen. Seit über vierzig Jahren sind wir ein ziemlich glückliches Paar. Wir haben sogar geheiratet, der Ordnung halber, weil wir beide so viele Verpflichtungen haben. Mein Mann ist ein absolut zauberhafter Mensch. Grosszügig, gesellig, kritisch und aufmerksam. Künstlerisch extrem auf der Höhe, der wäre ein wunderbarer Maler geworden, wenn er nicht einen anderen Weg eingeschlagen hätte und Grafiker geworden wäre. Und er kocht fantastisch.

Ich sehe nicht ein, warum eine Liebe nicht gut alt werden könnte. Wenn sie gesund ist, wird sie alt werden. Das Spannende an der Liebe ist das Sich-Vermischen mit einem anderen Menschen. Neue Farben entstehen, wenn man die Mischung immer wieder ein wenig nuanciert. Und wenn man den Doppelblick übt. Das kann man doch auch mit dem gleichen Partner. Die Kunst ist, das richtige Mass zu finden zwischen der eigenen Freiheit und dem Nachgeben dem andern zuliebe. Sicher muss man oft nachgeben. Aber dort, wo es einen wirklich an einem Lebensnerv trifft, muss man sich behaupten. Dazu braucht es Bodenhaftung, die Sicherheit auf dem eigenen Weg.

Und man muss aufmerksam bleiben. Muss merken, wenn der andere nachgibt, dann schätzt man es und macht es auch selber lieber. Es ist doch etwas vom Schönsten, alte Paare zu beobachten mit ihren wortlosen Einverständnissen. Diese Friedfertigkeit entspannt das Leben ungemein. Spannung ist auch wichtig, die braucht aber keinesfalls immer erotisch zu sein. Es kann auch spannend sein, in eine Beiz mitzugehen, in die man eigentlich nicht gehen wollte, und sich überraschen zu lassen, dem anderen zuliebe. Aber irgendwo muss man sich einen Ort freihalten, wo gar nichts vermischt wird. Wo man absolut machen kann, was einem einfällt. Das ist existenziell für künstlerisches Tun, vielleicht überhaupt. Ich habe das vom Righini gelernt, diese unbedingte Verteidigung eines eigenen Ortes.

20

Mit Kindern geht das schlechter. Kinder wollte ich nie, eigentlich lieber nicht. Meine mütterliche Seite beschränkt sich auf Windeln. Ich musste mich entscheiden, entweder Leinwand oder Windeln. Beides ging schlecht, jedenfalls in jener Zeit. Wahrscheinlich auch heute noch. Ich habe sehr gerne Windeln, diese altmodischen, ich benutze sie als Mallappen. Vielleicht ginge es auch mit Pampers. Es wird nämlich immer schwieriger, diese schönen Stoffwindeln zu finden. Familie hiess für mich der Mann, die Eltern, die Freunde. Freunde habe ich immer als Familie empfunden, ich bin sehr treu. Unter den Künstlern gab es eine gewisse Solidarität, man traf sich regelmässig in den Cafés. In der Kronenhalle sassen wir schon, als uns die Serviertöchter die Konsumation noch vorschiessen mussten. Wir sassen im Odeon, im Select, das ist jetzt alles anders. Und diese wunderbaren EPA-Restaurants, die stinkbillig, gewöhnlich und gut waren, sind verschwunden. Zusammen mit der originellen Kundschaft. Mit dem Hohl ging ich fast täglich ins EPA-Restaurant in Genf. In Zürich zur EPA am Bellevue und ins altjümpferliche Café Gleich in Örlikon. Alles nicht mehr da. Heute hat es überall Lounges, in denen man vor lauter Lockersein nicht mehr richtig sitzen kann. Ich sitze lieber an einem rechten Tisch, als mit Fremden auf Sofas zu liegen. Und die Kundschaft ist inzwischen so originell, dass man sie auf gar keinen Fall malen möchte.

Der grösste Verlust war das Odeon, dort hat der Niedergang dieser Lokale begonnen. Ich glaube, es gibt unter den Künstlern auch diesen Zusammenhalt nicht mehr. Wir gingen regelmässig an die Luft, spazieren. Wir wussten, wo man die anderen trifft. Keiner musste telefonieren, die meisten hatten gar kein Telefon und wahrscheinlich auch keine Lust, sich an einen Apparat zu hängen. Wir hatten Orte, wo wir uns trafen, jammerten, diskutierten, feierten. Diese Orte waren so wichtig wie das Zuhause, für manche wichtiger. Mir scheint, jetzt hockt jeder für sich in seinem Atelier oder Loft und brütet fürs nächste Stipendium. Tüftelt über dem Businessplan, den er dafür abgeben muss. Das kreiert ganz andere Künstler.

Den Dürrenmatt zeichnete ich als jungen Mann im Spital, vor Urzeiten. Den besuchte dort kaum jemand, er war oft krank. Mit dem Dürrenmatt hatte ich eine freundschaftliche Beziehung, die richtige Mischung aus Anteilnahme und Distanz. Ich kannte ihn vom Hohl und vom Schifferli. Wir mochten uns, wir redeten über alltägliche Dinge, Verlegerprobleme, Finanzprobleme, Gesundheitsprobleme und »In welche Beiz gehen wir? Kennst nicht noch etwas anderes als immer diese Kronenhalle?«. Aber er musste nie meine Zeichnungen begutachten, und ich musste nie seine Stücke kommentieren. Ich zeichnete sie nur. Unser Verhältnis war sehr entspannt.

Tausende von Zeichnungen habe ich im Theater gemacht, auch in Opern und im Cabaret. Vom Dürrenmatt und vom Max Frisch zeichnete ich sämtliche Stücke, aber auch von anderen Autoren, die ein kleineres dramatisches Werk schufen. Liegt tutti quanti versammelt in Mappen und Blöcken in den Tiefen meines Theaterschranks. Wohl ziemlich alles wurde in diesem »Work in Progress« festgehalten, was nach dem Zweiten Weltkrieg im Theater passierte. Was im Theater passiert, passiert auch im Leben, das ist wie ein Spiegel. Ich vermute, wenn man diese Zeichnungen in ihrer Abfolge von Jahrzehnten in einen Zusammenhang stellte, käme Interessantes zum Vorschein. Bis jetzt habe ich keine Zeit gefunden, mir das einmal genauer anzusehen. Sie liegen da einfach, und ich arbeite weiter.

Zeichnen ist eigentlich schnell, das passt mir. Man kann die Augen schweifen lassen, flüchtige Eindrücke einfangen, überblenden. Man kann an vielen Orten gleichzeitig sein und es zusammenfliessen lassen. Das Zeichnen liebe ich, schon immer. Malen ist langsam. Dafür hat man keinen Termindruck, kann sich endlos Zeit lassen.

Vor kurzem gab es eine Ausstellung im Centre Dürrenmatt in Neuchâtel. Die nannte ich »Der Besuch der alten Malerin«. Das ist doch gut, alt gefällt mir. Eine Bekannte meckerte sofort, alt könne man doch nicht sagen, das klinge schrecklich. Ich habe kein Problem mit diesem Wort. Ich sehe darin eher einen Rang als eine Beleidigung. Ich hätte auch kein Problem mit Ihrem Untertitel »Alte Frauen erzählen«. Die Leute zucken zusammen beim Wort alt, das ist ziemlich neurotisch. Ich muss sagen, ich hatte die alten Leute immer schaurig gern. Das tönt zwar, als wäre ich selber noch jung, aber es ist so. Ich bin in meinem Leben vielen Alten nachgelaufen, um sie zu zeichnen. Altes ist meistens interessanter als Junges, es ist mehr Leben drin. Und etwas ist ganz fabelhaft. Jetzt, wo ich selber alt bin, ist Altsein irgendwie schick. Suddenly you're old and in.

Ich möchte aber gern noch ein paar Jährchen leben. Vor allem, um Zeit zu verlieren. Das ist mir wichtig im Leben, Zeit verlieren. Weil ich nämlich, indem ich Umwege machte, meistens zu einem guten Ziel kam. Da finde ich zum Beispiel eine Stelle in der Stadt, die ich noch nie betrachtet habe. Auf dem direkten Weg hätte ich sie nie gefunden. Immer, wenn ich einen Umweg machte oder machen musste, ist am Schluss etwas Gutes herausgekommen. Darum muss ich Zeit verlieren, wie andere Fitnesstraining machen. Verlieren tönt negativ, wie das Wort alt. Aber es ist gewinnen. Also möglichst viel Zeit verlieren. Und dann weitermachen, weitermachen bis zum Ende. Und wieder anfangen.

Fränzi Utinger

9. August 1923

*In dieser Küche wird gearbeitet. Sie ist der Mittelpunkt einer klei-
nen Wohnung mit grossem Balkon. Seidenblumen stehen frisch auf
dem Tisch. Im antiken Geschirrschrank lehnen keine Porzellan-
teller, sondern Marien, Jesuskinder, Apostel mit goldenem Hintergrund und warten auf ihre Vollendung. Fränzis Abenteuer sind
heute Ikonen.*

Enge gefiel mir nie. Ich fühlte mich schnell eingesperrt und
angebunden, das hielt ich nicht aus. Ich hatte es gern, wenn
etwas lief, sonst wurde es langweilig. Meine Kindheit war nicht
gerade ruhig. Aufgewachsen bin ich in Örlikon, an der Zapflerstrasse, die heisst heute Probusweg. Zuerst waren wir im Eiser-
nen Zeit, das war etwas Edleres. Dann gingen wir hinunter
nach Seebach, das war billiger. Dann an die Rütlistrasse, das
war ein bisschen grösser. Sie heisst heute Berninastrasse. Dann
hinauf an die Zapflerstrasse, die war heller. Danach mit der
Mutter noch an die Langackerstrasse. Die Strassennamen än-
derten, als das Dorf Örlikon zu Zürich kam im Vierunddreis-

sig. Wir waren drei Kinder, ich bin die Älteste, dann kam das Anita, dann der Theo. Das Anita ist plötzlich gestorben an der Rütlistrasse. Es war ein wenig feucht dort. Sie war schwach und starb an einer Lungenentzündung, mit drei Jahren. Da zogen wir weiter, ich war in der Chegelischule, im Kindergarten. An der Zapflerstrasse war alles modern. Die Kühe vom Milchbuck und von der Hirschwiese weideten bis vor unser Haus.

Dass wir so viel umzogen, hatte auch mit meinem Pape zu tun, mit seinen Geschäften und Zeug und Sachen. Er war eigentlich Drogist, zwischendurch hatte er einmal eine Drogerie. Zur Palme hiess das dort, am Schaffhauserplatz. Es lief aber nicht, und wir gingen Konkurs. Wahrscheinlich, weil mein Vater zu wenig Wissen und Erfahrung hatte als Geschäftsmann. Er wurde wieder Reisender, Handelsreisender in Drogeriewaren. Ich erinnere mich nicht im Detail, ich war noch klein in der Palme. Die Mutter erzählte mir davon, als ich später mit diesem Schuldschein nach Hause kam. Das war kurz nach Vaters Verschwinden, wir wohnten schon wieder woanders.

Das mit dem Pape war in der Zeitung rumgeschleppt worden, und eines Tages – Jahre später – sprach mich beim Caveglia an der Löwenstrasse im Treppenhaus einer an. Ich arbeitete dort und kannte den flüchtig, weil er im gleichen Haus wohnte. Er hatte einen griechischen Namen und handelte mit Schwämmen, auch ein Reisender. Er fragte mich, ob ich die Tochter sei von diesem Utinger in der Zeitung. Und dann überreichte er mir einen Schuldschein, den habe er vor Jahren bei Vaters Konkurs bekommen. Aber er werde ihn nie einlösen, die Mutter habe genug Kummer. Sie brach wieder in Tränen aus, als ich ihr den Schein brachte.

Der Vater war beim Wernle als Drogist angestellt gewesen, die Mutter arbeitete dort im Büro, so hatten sie sich kennen gelernt in den Zwanzigerjahren. Er war Zuger, sie hiess Viola und war die Tochter von Giovanni Giacomin, einem eingewanderten italienischen Gemüsehändler aus dem Zürcher Niederdorf. Auch mit diesem Grossvater kam es nicht gut. Die Mutter brachte uns jedenfalls nie Italienisch bei, sie schämte sich eher, Italienerin zu sein. Die Italiener waren die Fremden in der Schweiz, und Fremde waren sehr unbeliebt. Ich lernte dann später selber Italienisch.

Der Vater hatte viel vorgehabt, mit sich und mit uns. Er wollte selbständig sein, der Familie etwas bieten. Darum war er oft nicht da, auch über Nacht nicht, weil er herumreiste, um Geld zu verdienen. Ohne Auto, mit dem Zug, mit dem Velo oder zu Fuss. Es lag ihm viel an unserer Erziehung, er war ein guter, aber strenger Vater. Wenn er zu Hause war, wollte er immer, dass ich mich ruhig zu ihm setze und mit ihm zeichne. Ich weiss noch, ich musste Zeichnungen machen, er zeigte mir die Schattierungen und Zeug und Sachen. Wenn ich zu schnell war, sagte er: »Nicht kritzeln, Fränzi. Langsam.« Er malte selber auch, und mit meinem Bruder machte er Mechanik. Handwerklich war er sehr begabt, er baute uns ein Zimmer aus alten Obstkistchen, Stühle, Schränke, Regale, und strich alles grün und orange an. Ein wunderschönes Kinderzimmer hatten wir.

Wenn sie am Samstag vom Hermes-Verein der Handelsreisenden bei uns Sitzung hatten, bastelte der Vater stundenlang Aufschnittplatten, hochdekorierte. Aus Eiern und Tomaten schnitzte er Schwäne und Blumen, aus den Cornichons Igelchen. Er entwarf auch das Verbandswappen. Sonst malte er vor allem Blumen. Er wollte, dass ich das auch lernte, einfach so für mich. Vielleicht dachte er, damit ich einmal ein Hobby habe. Er spielte auch Geige mit mir, und ich durfte ihn auf dem Klavier begleiten. Ab und zu gab ich sogar ein kleines Vortragskonzert im Gemeindesaal in Örlikon, mit Publikum. Als der Vater nicht mehr da war, habe ich mit diesen Sachen aufgehört.

Wenn die Mutter zum Arzt musste in die Stadt, gab sie mich bei den Grosseltern im Niederdorf oder am Gemüsemarkt beim Bahnhofquai ab. Manchmal durfte ich mit dem Grossvater auf die Felder im Seefeld, dort hatten die Grosseltern Land gekauft und bauten Gemüse an. Ich liebte den Grossvater, und ich liebte den Markt mit den vielen Italienern. Es gefiel mir auch in den verrauchten Beizen, in die er mich mitnahm. Der Mutter gefiel das nicht. Sie fand, diese Touren seien kein guter Zeitvertreib für ein Mädchen. Eigentlich auch nicht für den Grossvater.

Sie hatte recht, denn eines Tages verschwand er nämlich. Er war an einem schönen Abend nach der Arbeit mit ein paar Kollegen beim Bellevue auf den See hinausgerudert. Sie hatten schon ein paar Aperitifs getrunken, Feierabend. Nach einer Weile kamen die Kollegen zurück. Aber der Grossvater war nicht mehr dabei. Niemand konnte sagen, was geschehen war. Man fand ihn nie. Wahrscheinlich liegt er jetzt noch irgendwo auf dem Seegrund beim Bellevue.

Meinen Pape fand man dafür. Das war im Fünfunddreissig, da war ich gerade zwölf geworden und der Vater zweiundvierzig. An einem Freitagabend im September kam er auch nicht mehr nach Hause. Er war die ganze Woche auf der Reise gewesen und hätte heimkommen sollen an die Zapflerstrasse, aber er kam nicht. Meine Mutter wartete und wartete und war sehr nervös, weil auch kein Anruf kam. Gegen Morgen telefonierte sie auf die Polizeiwache Örlikon. Und der Polizist sagte: »Gute Frau, beruhigen Sie sich. Der wird bei einer sein. Der wird schon wieder kommen.« Nicht gerade die feine Art. Es wurde Samstag, und er kam nicht. Die Mutter weinte nur noch und telefonierte herum. Sie fand eine Frau, bei der der Vater zuletzt gewesen war, in einem Kaff hinter Bülach. Die erzählte ihr, dass er bei ihr am Abend um sechs weggegangen sei, dass er den Zug verpasst habe und zu Fuss nach Kloten laufen wollte. Zu einem Freund, der eine Zigarettenfabrik besass und ein Auto. Der hätte ihn nach Hause fahren sollen. Eine Woche später hätte mein Vater selber ein Auto bekommen. Er war schon angemeldet für die Fahrstunden. Dann wäre das nicht passiert. Janu, das war zu spät.

Am Sonntag kam ein Onkel mit Militär, die suchten die Gegend ab. Der Onkel fand den Pape, am Rand vom Bülacher Wald. Am Strassenrand, im Gebüsch. Er war noch aufgestützt, so, auf die Ellbogen. Anscheinend hatte er versucht, noch einmal aufzustehen. Er hatte eine Mappe mit Müsterchen bei sich gehabt, die war weg. Auch die zwanzig Franken, die er jeweils auf die Reise mitnahm, waren weg. Und auch die Taschenuhr, eine Plaqué, kein echtes Gold, war weg. Das Messer hatten sie ihm gelassen. Er hielt es in der Hand, das rote, mit offener Klinge. Alles war voller Blut. Ein Loch im Nacken und ein Loch im Rücken, von hinten erschossen. Den Mörder fand man nie.

Es hiess nachher, er habe mit der Nationalen Front sympathisiert. Die Rechten sagten das, und die Linken sagten das auch. Es sei wahrscheinlich ein politischer Mord gewesen. Dabei war er nicht dabei bei denen, er war nirgendwo dabei, nur bei den Handelsreisenden. Man hatte meinen Vater für zwanzig Franken und eine unechte Uhr umgebracht. Aber die Zeitungen fanden einen besseren Grund. Der Hitler war in Deutschland schon an der Macht, alles war aufgeheizt. Für uns war der Vater einfach tot.

Von einem Moment auf den anderen wurde es sehr still in unserer Wohnung. Eine Witwe bleibt meistens einsam, das habe ich später oft beobachtet. Mutters Leben fiel um, zack. Wir zogen Hals über Kopf in die winzige Wohnung an der Langackerstrasse. Die konnte sie mit den hundertachtzig Franken von der Suval, der Unfallversicherung, gerade bezahlen. Die Mutter litt von jetzt an nur noch, furchtbar. Oft schwänzte ich die Schule, weil ich befürchtete, dass sie den ganzen Tag heult und sich etwas antut. Davor hatte ich am meisten Angst. Ich blieb bei ihr und log in der Schule, fälschte auch Unterschriften, damit ich sie im Auge behalten konnte. Nicht unbedingt aus Erbarmen. Eher aus einer Art schlechtem Gewissen heraus. Wie soll ich sagen – es machte mich wütend, dass sie immer weinte. Sie war sehr schwach, gebrochen, und ich ertrug das schlecht. Und fühlte mich irgendwie verantwortlich.

»Warum ausgerechnet wir? Warum ich?«, das war der Refrain. Der Vater, die fröhlichen Abende und unser schönes Zimmer waren fort, die Mutter ergab sich dem Leiden. Sie klammerte sich von nun an an mich. Ich wurde ihr Lebensinhalt. Der Bruder ging später, sobald er wegkonnte, nach Afrika und verkaufte schwarzen Frauen Nähmaschinen. Mutters einzige Stütze war ich, für alles und jedes, auch finanziell. Ich blieb bei ihr in der winzigen Wohnung, bis ich achtundzwanzig war.

Der Freund meines Vaters, der mit dem Auto, gab ihr eine Stelle in seiner Zigarettenfabrik, Mahalla hiess sie. Sie kannten sich von Seebach, er hatte bei der Turmac angefangen, einer anderen Zigarettenfabrik. Bis ich etwas verdiente, arbeitete die Mutter dort. Sie schob grossbusige Amerikanerfrauen zwischen die Zigaretten, so ein glänzendes Filmstar-Bildchen kam in jedes Päckchen. Die gingen weg wie warme Semmeln. Sie begann dort auch zünftig zu rauchen. Am Morgen stellte die Firma den Frauen am Arbeitsplatz Hunderterschachteln Zigaretten zur freien Verfügung, als Zwischenverpflegung. Manchmal brachte sie uns Bildchen nach Hause.

Die Verantwortung zu Hause nach dem Tod meines Vaters musste ich übernehmen, mit zwölf. Über Mittag rannte ich heim und kochte Mahlzeiten, die der Bruder nie ass. Ich konnte gar nicht kochen, und er ass nie, was ich fabrizierte. Bis es nicht mehr ging. Wir stritten nur noch und assen zudem nichts. Da musste der Bruder in den Hort, und ich hatte wieder mehr Zeit, mich auf die Sekundarschule zu konzentrieren. Ich hatte Pläne und eine Begabung für Sprachen. Ich sehnte mich danach, fortzukommen aus der Enge, unabhängig zu sein und frei. Ich wollte Dolmetscherin werden, die waren selbständig und kamen auch als Frauen in die Welt hinaus. Mein riesengrosser Traum war das.

Nach der Schule ging ich also ins Welschland fürs Französisch, danach nach Italien, und zum Schluss wollte ich nach England. Dann in die Dolmetscherschule. Die Sprachaufenthalte bezahlte die Versicherung. Für jedes Kind bekam die Mutter Ausbildungsgeld, aber nur für das. In Mailand konnte ich bei einem Onkel wohnen, dem Bruder der Mutter, er hatte eine riesige Wohnung. Der war Ingenieur und Royalist. Nach dem Studium in der Schweiz war er nach Italien gegangen, weil er in Abessinien für »seinen König« kämpfen wollte, wie er sagte. Aber der König wollte ihn gar nicht. Da verliebte er sich stattdessen, blieb in Mailand, entwarf Lifte und verspielte viel Geld bei Pferdewetten. Mein Kostgeld kam ihm sehr gelegen. Aber ich musste es hüten wie die kleinen Kinder des Onkels, sonst landete auch mein Geld bei den Pferden, bevor es die Tante zu Gesicht bekam.

Ich fühlte mich sofort zu Hause in Italien. Die Lebensart, der Betrieb, das Essen, die Leute, alles gefiel mir. Jeder im Haus kannte mich, man besuchte einander, schwatzte, umarmte und stritt sich, freute sich aneinander. Alles war offen und herzlich und lustig. Ich hätte für immer dortbleiben wollen. Ich ging in die Schule und mit den Kleinen spazieren, nahm wieder Klavierstunden und flirtete mit den italienischen Ragazzi, die konnten das. Natürlich auch mit den Schwarzkäpplern, die überall herumstanden, mit allen. Ich war sechzehn und sah in den Käppchen wenig Unterschied. Das Leben war herrlich, es hätte ewig so weitergehen können.

Aber dann kam der Krieg und ein Anruf der Mutter. Ich müsse auf der Stelle nach Hause kommen. Die Schweizer Grenzen gingen zu, und dann könne niemand mehr heim. Aus der Traum, sie brachten mich auf den Zug. Diese Reise zurück in die enge Wohnung der Mutter war schrecklich. Immerhin wenigstens spannend, sie verhörten mich nämlich. Ein Grenzpolizist mit Pelzkäppchen bewachte mich bis Göschenen und löcherte mich. Woher ich käme, wo ich wohne in der Schweiz, mit wem ich zusammen gewesen sei in Mailand und was ich vorhabe. Er merkte dann, dass ich eine gewöhnliche Sprachschülerin war und keine Spionin. Auch im Gepäck fand er nichts, damals hatte ich noch nichts zu verbergen.

So landete ich wegen diesem blöden deutschen Krieg wieder bei der Mutter. Ich weiss ja, dass die heutigen Deutschen nichts dafür können, aber das habe ich ihnen nie verziehen. Statt mich in Mailand oder London auf ein Leben voller Abenteuer vorbereiten zu können, musste ich zurück zur Mutter nach Örlikon und in eine Schule für Haushalt. Alles konnte ich mir vorstellen, aber niemals, Hausfrau zu werden. In einer kleinen Wohnung mit Kindern eingesperrt sein und Hemden bügeln. Auf einen Ehemann warten. Weder von einem Chef noch von einem Ehemann wollte ich abhängen. Vielleicht wusste ich das damals noch nicht so klar, ich sah nur dieses Bild, wie ich eingesperrt bin, warte und bügle. Oder vor einem Stenoblock hocke und aufs Diktat warte.

Man musste nehmen, was es gab, ich hatte keine Wahl. Dolmetschen ohne Englandaufenthalt kam nicht in Frage, also lernte ich Stenografie in vier Sprachen und Schreibmaschineschreiben wie der Teufel, das konnte man immer brauchen. Ich bewarb mich und wurde sofort genommen, für hundertzwanzig Franken im Monat. Die meiste Zeit des Krieges verbrachte ich mit Arbeiten, auf Partys und in der Oper. Wir sagten nicht Partys, wir sagten eigentlich gar nichts, wir trafen uns einfach und feierten die Nacht durch. Ich hatte eine Stelle bei der Kugellagerfabrik SRO, Schmid-Roost Oerlikon, und das Leben war trotz Krieg wieder etwas weniger deprimierend. Ich war verliebt in den Hagi, und wir trafen uns alle meistens beim Maieli, die hatte schon eine eigene Wohnung. Der Mutter sagte ich jeweils: »Ich bin eingeladen bei der Kollegin.« Was wir machten, sagte ich nicht, und sie fragte auch nicht. Wahrscheinlich dachte sie, es sei besser, wenn sie nicht zu viel wusste. Sie liess mich gehen mit dem Spruch: »Ich habe dich erzogen, du weisst, was sich gehört.« Als sie älter wurde, verlor sie jedoch diese Gelassenheit und erwartete, dass ich sogar am Mittag nach Hause komme zum Essen. »Jetzt habe ich dir extra Schnittlauchwähe gemacht«, jammerte sie und hatte wieder einen Grund, unzufrieden zu sein.

Dass die Mutter mit ihrem Leben haderte, konnte ich verstehen. Aber dass sie mir deshalb quasi verbot zu heiraten, das nahm ich ihr übel. Vielleicht wollte sie mich unbewusst davor bewahren, ewig auf jemanden warten zu müssen, der nicht kommt. Ich verzieh es ihr jedenfalls nicht, dass sie hinter meinem Rücken dem Hagi sagte, er müsse sich nicht einbilden, mich heiraten zu können. Es werde noch nicht geheiratet, zuerst müsse etwas Rechtes aus mir werden. Und sowieso brauche sie mich noch. Das machte mich wahnsinnig wütend. Ich hatte nie vorgehabt, sie zu fragen, ob ich heiraten dürfe. Eigentlich merkwürdig, dass ich nicht aus Trotz heiratete.

Die Oper war meine grosse Leidenschaft. Ballett liebte ich über alles. Überhaupt die Musik, seit der Vater lachend mit seiner Geige neben mir musiziert hatte. Wenn man zur Musik auch noch tanzen konnte, wunderbar. Ich ertrotzte bei der Mutter Klavierstunden, bis ich selber etwas verdiente, aber bei den Ballettstunden weigerte sie sich. Ein paar Stunden stotterte ich mir zusammen, und dann sah ich in der Zeitung eine Anzeige. Der Herr Rosen an der Seerosenstrasse suche Statisten fürs Opernhaus. Man bekomme dafür Gratisunterricht beim Ballettmeister. Ballett gab es kaum zu der Zeit, nur in Operetten und Opern. Ich raste an die Seerosenstrasse, tänzelte vor dem Rosen in einem Haufen junger Mädchen quer über die Bühne, wurde rausgezupft und konnte bleiben. Und bekam nun zweimal in der Woche Ballettstunden beim Rosen und beim Hans Macke, das waren grosse Männer. Eigentlich war ich viel zu alt fürs Ballett, aber für den Hintergrund ging es.

Wir machten alles, was das Ballett nicht machen wollte. In Operetten hatten wir sogar leichte Rollen. Und da passierten immer Zeug und Sachen. Wir Statisten waren beliebte Opfer für die vom offiziellen Ensemble. Einer hiess Pistorius, ein Sänger, der hatte es auf mich abgesehen. Beim Weihnachtsmärchen versteckte er sich hinter dem grossen Christbaum, ich stand als erster Engel davor und sollte den Ton geben für »Stille Nacht«. Und hinter dem Baum sang der Pistorius leise, aber laut genug: »S Bäbeli hät –, s Bäbeli hät –, s Bäbeli hät es Loch im Buch«, so dass ich furchtbar falsch sang. Es war nie langweilig an der

Oper. Im »Lohengrien« spielte ich fünfunddreissigmal den Pagen, und jedes Mal gern.

Bei der Arbeit war weniger los. Ich war bei der Firma König in der Enge angestellt, die handelten engros mit Uhren. Ich machte Korrespondenz und Fakturierung. Der Wirtschaft ging es mies, die Grenzen waren zu, und die Schweizer hatten andere Sorgen, als Uhren zu kaufen. Wenn gar nichts lief, setzte ich mich manchmal ins Gärtchen vor dem Haus an die Sonne und schaute den Passanten zu. Diese Gewohnheit behielt ich während all den Jahren, die ich in der Enge war. Eine Zeit lang spazierte jeden Tag der Hund von der Papeterie Nabholz vorbei, mit einem Lehrling an der Leine. Der musste den Hund vom Chef spazieren führen im Parkring. An den Spaniel erinnere ich mich genau, aber seltsamerweise an den Lehrling am anderen Ende der Leine nicht. Obwohl das ein hübscher Boy war, aber sehr viel jünger als ich. Wenn ich gewusst hätte, dass er viele Jahre später der wichtigste Mann in meinem Leben würde, hätte ich wohl genauer hingeschaut.

Als der Krieg fertig war, wollten alle Uhren. Die Zeit wurde irgendwie kostbar. Vielleicht, weil niemand nach diesen Jahren der Erstarrung mehr Zeit verlieren wollte. Manchmal zogen wir die ganze Nacht hindurch Uhren auf, in den Geschäftsräumen an der Ulmbergstrasse tönte es wie in einem Wespennest. Der Export begann zu blühen. Wir verschickten die Uhren hauptsächlich nach Amerika, nach Deutschland und Skandinavien. Oft verpackten wir fünfhundert Rosskopf pro Sendung, billige Armbanduhren. Wir mussten sie vorher aufziehen und kontrollieren, ob sie richtig liefen. Für diese Extrastunden gab uns der Chef ein Zwanzigernötli, manchmal auch vierzig Franken. Er behandelte uns gut, die Frauen besonders. Bis er ins Chefi kam, eingelocht wurde wegen Unsauberkeiten in der Buchhaltung.

Da schlug meine Stunde. Der Traum vom eigenen Geschäft rückte so in die Nähe, dass ich nur noch zugreifen musste. Mit leeren Händen notabene, ich hatte ja nichts. Aber mein Compagnon, auch ein ehemaliger Mitarbeiter aus der Firma, trieb eine Tante auf, die mir Geld lieh. Ich konnte zwanzigtausend Franken Aktienkapital in die eigene Firma einzahlen. Mein Compagnon übernahm den Rest. Es war nicht mein Geld, aber schon das eigene Geschäft. Bis es auch mein Geld würde, war es ein weiter Weg. Es hiess arbeiten, das Geschäft in Schwung bringen, das Darlehen abarbeiten. Überhaupt die ganze Welt wieder in Schwung bringen.

Viele unserer Engros-Kunden waren GIS und Juden. Und Radrennfahrer. Ich kannte einige von der berühmten Offenen Rennbahn in Örlikon. In Örlikon kannten alle die Radrennfahrer. Den schönsten sowieso, den Hugo Koblet, der brachte sich leider um. Den Oskar Plattner, der so oft am besten fuhr und doch nicht gewann. Der wohnte ganz in unserer Nähe und machte später eine Bar auf an der Langstrasse. Den Fritz Pfenninger und den Fritzli Schär, den wir Pillenfritz nannten, weil er vor den Rennen immer so viele Pillen ass. Auffallend viele Pillen. Den Jacques Besson. Die Rennbahn war der wichtigste Treffpunkt der Jugend von Örlikon. Nach den Rennen traf man sich beim Stiere Egge vis-à-vis vom Kino Excelsior, wo jetzt die Beiz ist vom Rennfahrer Nannini, dem Bruder von dieser Sängerin Gianna Nannini. Vis-à-vis vom Stiere Egge wohnte auch eine Sängerin. Die Lys Assia, die war sehr häufig auf der Rennbahn. Ich hatte später einen Kunden, der bluffte damit, dass er dem Rosli Schärer, wie sie in Örlikon hiess, die Unschuld raubte. Diese Rennfahrer kamen alle zu uns, Superkunden, sie kauften in grossen Mengen ein und nahmen die Uhren in ihre Heimat mit oder an Radrennen im Ausland. Die Rennradreifen auf den vw-Bussen der Mannschaft waren doch meistens vollgestopft mit billigen Schweizer Uhren. Der Schwarzmarkt blühte.

Sehr gute Kunden waren auch die Juden. Schon während dem Krieg waren sie zu uns gekommen, die meisten emigrierten aus Deutschland und versuchten, sich hier wieder eine Existenz aufzubauen. Sie holten bei uns günstige Uhren »zu treuen Handen« und verkauften sie auf der Strasse, im Bekanntenkreis oder in einschlägigen Lokalen. Erst, wenn sie die Uhren verkaufen konnten, mussten sie sie bezahlen. Die Juden waren sehr gute Händler, viele bauten sich in kurzer Zeit wieder ein eigenes Geschäft auf. Der berühmteste in Zürich war ein Smaragdkönig, der fing auch so an und wurde dann mehrfacher Millionär. Ein sehr netter Mensch, bis er in die Luft gejagt wurde. Er hatte das grosse Pech, bei der Hochzeit seiner Tochter eines der ersten Attentatsopfer in Israel zu werden.

Handel und Schmuggel waren an der Tagesordnung. Fast jeder betrieb nach dem Krieg irgendein Geschäftchen, wenn er konnte. An den Grenzen gab es kaum Kontrollen. Was wir in unserer Firma verkauften, versteuerten wir immer, für uns war alles legal. Im Gegenteil, diese Geschäfte und die Aktivität der Leute waren das Schmiermittel der Wirtschaft. So kam das halbtote Europa nach dem Krieg wieder auf die Beine. Mit der Moral nahm man es nicht übertrieben streng, dazu hatte man schlicht keine Zeit. Jeder investierte, was er konnte, damit es wieder aufwärtsging.

Einige investierten auch ihr Leben. Wir hatten zwei Dänen, sehr nette Leute. Sie reisten regelmässig in die Schweiz und deckten sich bei uns mit Uhren ein. Ein alter und ein junger, wahrscheinlich Vater und Sohn. Der alte war mit allen Wassern von zwei Kriegen gewaschen, der junge ein sehr sympathischer

Draufgänger. Er lernte mit meinem Compagnon und mir zum ersten Mal richtige Berge kennen. Raste mit den geliehenen Holzski ohne einen einzigen Bogen von der Klewenalp schnurgerade ins Tal. Unten wartete er und grinste. Ich mochte den. Diese beiden Dänen verpackten die Uhren immer sorgfältig in Plastik, bevor sie wieder abreisten. Sie verstauten sie zwar nicht im Loch von Dosen-Ananas, die nachher in grosse Büchsen verlötet wurden, so wie andere das machten. Ihr Versteck war das Dach über den Toiletten von Fernzügen. Dort hatte es einen Hohlraum. Der Alte stieg am Hauptbahnhof in Zürich ganz normal in den Nachtzug nach Kopenhagen, der Junge stieg aufs Dach. Dort verstaute er die Uhren, und in Basel stieg er zum Alten ins Abteil.

Eines Morgens kam der Alte völlig aus dem Häuschen an die Ulmbergstrasse zurück. Sein Junge sei in Basel nicht zugestiegen. Ich ging in eine Telefonkabine und rief die SBB an, unter falschem Namen, fragte, ob in dieser Nacht auf der Strecke Zürich–Basel etwas nicht gestimmt habe. Das wurde bestätigt. Ein tragischer Unfall. Einen jungen Mann, einen Schwarzfahrer, habe es bei einem Tunneleingang vom Zugdach gerissen. Er sei auf der Stelle tot gewesen. Normalerweise fuhr der Zug nicht durch enge Tunnels auf dieser Strecke. Aber in dieser Nacht war er eine andere Route gefahren.

Das machte mich sehr traurig, aber nicht ängstlich, im Gegenteil. Ich ging jetzt manchmal auch selber mit der Ware ins Ausland. Die Rennfahrer hatten mich darauf gebracht, sie fragten, ob wir die Uhren nicht auch bringen könnten. Das liess ich mir nicht zweimal sagen. Nach Deutschland und nach Kopenhagen lieferte ich, in einem Auto mit doppeltem Boden. Angst gehörte so wenig zu meinem Lebensgefühl wie moralische Bedenken. Ich schadete ja niemandem damit, wenn ich Uhren im

Auto versteckte. In der Schweiz rechnete ich den Verkauf ganz normal ab. Nur in Dänemark und Deutschland waren die Einfuhr und der Schwarzmarkt eigentlich verboten. Ich überlegte nicht so viel in diese Richtung in meinem Überschwang. Ich wusste einfach, ich musste das Darlehen abbezahlen, und wollte endlich unabhängig sein – eine eigene Wohnung, weg von der Mutter. Und wenn man so quer durch Deutschland fuhr nach diesem Krieg, dann war einem sowieso nicht nach erhobenem Zeigefinger zumute, eher ums Heulen. Schrecklich deprimierend war es, man kann sich das nicht vorstellen. In der Schweiz hatte man eigentlich keine Ahnung, wie das ennet der Grenze aussah, die Ausmasse. Deutschland gab es nicht mehr. Hunderte von Kilometern, nichts, nichts, nichts. Schutt und Asche. Alles kaputt. Ich fand nichts Schlimmes dabei, in diese kaputten Gegenden Uhren zu bringen, die schön waren, funktionierten und die sich die Leute leisten konnten.

Ich hatte nie Angst vor den Menschen, aber heute, um Gottes willen, würde ich das nicht mehr machen. Jetzt würde mir wohl nichts mehr passieren, aber jetzt hätte ich Angst. So ist das im Leben. Brenzlig wurde es zum Beispiel in Hamburg, da war ich allein mit meinem Koffer in einem düsteren, leer stehenden Haus. Meine Kundschaft war zuoberst, zwei komische Typen in fleckigen Arbeitsschürzen. Sie hockten in einem Zimmer und rauchten. Rundherum zitterten in Käfigen Mäuse. Es stank ganz grässlich nach Urin. Überall Gläser und Zeug und Sachen, Schläuche, Bunsenbrenner. Das sei ein Labor, erklärten sie. Nicht sehr vertrauenerweckend sah das aus. Sie machten Schwangerschaftstests mit dem Urin von schwangeren Frauen, kauften grosse Mengen Schweizer Uhren, und wozu sie die Mäuse brauchten, weiss ich nicht mehr. Sie waren unheimlich, und ich musste dringend aufs Klo. Das sei zuunterst im Haus, sechs Stockwerke tiefer. Ich musste ihnen meinen kostbaren Koffer dalassen und war sicher, jetzt würde ich ausgeraubt. Aber es geschah nichts. Sie bezahlten höflich ihre Ware, und ich konnte gehen. Wenige konnten es sich leisten, nur eine gute Figur zu machen nach diesem Krieg. Jeder musste schauen, wie er irgendwie über die Runden kam.

Haarscharf schief ging es einmal in Kopenhagen. Dort blieb ich jahrelang Persona non grata, auf der schwarzen Liste, durfte nicht mehr einreisen. In Kopenhagen mietete ich immer ein Hotelzimmer, und dann kamen die Kunden und holten die bestellte Ware. Die Prozedur im Hotelzimmer dauerte jeweils eine Viertelstunde, dann gingen die Kunden wieder. Auch einige Rennfahrer kamen, und wir feierten das Wiedersehen. Sie führten mich aus, mal der, mal der, das war lustig. Am Schluss nähte ich das viele Geld in den Mantel und ins Futter meines Koffers, picobello.

Ich war beinahe fertig, da klopfte es. Der Hotelmanager stand an der Tür und linste ins Zimmer. Was ich hier eigentlich mache? Sie seien kein Stundenhotel! Ich erklärte ihm das mit den Uhren, da hatte er nichts mehr dagegen, kaufte sich auch eine und war mir fortan sehr wohlgesinnt. Er rettete mich sogar. Als mich einer verpfiffen hatte, wahrscheinlich aus Eifersucht. Das kam in der Zeitung in Kopenhagen, ein Rennfahrer brachte sie mir später nach Zürich. Ich hatte riesiges Glück und einen noch grösseren Schutzengel. An einem Morgen beim Erwachen spürte ich seltsamerweise, dass ich sofort abreisen musste, keine Zeit verlieren. Es war sonst alles normal, aber ich spürte ganz stark eine Gefahr. Ich sagte dem Hotelmanager, ich müsse sofort in die Schweiz zurück. Ob er mir helfen könne, zu einem Flugticket zu kommen. Eine halbe Stunde später hatte ich eins und konnte abreisen. Am Flughafen kam mir in der Hektik noch der kostbare Koffer abhanden, aber das Bodenpersonal trug ihn mir freundlich nach. Im Hotel kreuzte unterdessen die Polizei auf und durchsuchte das Zimmer. Die hätten mich verhaftet, aber der Manager verriet mich nicht.

Es war irrsinnig spannend, so das Geld zu verdienen, mir gefiel das. Ich machte es viele Jahre. Mit der Zeit lief das Geschäft von allein, und ich hatte diese Reisli nicht mehr nötig. Ich konnte mein Darlehen abbezahlen und eine eigene kleine Wohnung mit Balkon mieten. Touristen kamen, die Nachfrage nach Bijouterien wurde grösser. Wir zogen weg von der Enge an die Bahnhofstrasse, dort gab es plötzlich viele Amerikaner. Die GIs kamen mit ihren Frauen wieder, sie waren immer noch begeistert von den Schweizer Uhren, leisteten sich jetzt etwas Teureres. Den Frauen gefiel der Schmuck, den wir im Sortiment hatten. Wir engagierten einen Schlepper von American Express, der leitete die Kunden aus den Hotels in unser Geschäft und bekam dafür Provision. Oft schauten sie nur herum und benutzten ausgiebig das WC, das ich am Abend putzen durfte. Bis ich jedes Mal sagte, es sei leider defekt, aber am Paradeplatz habe es ein schönes öffentliches. Ich hatte mein Leben lang nie eine Putzfrau.

Es lief so gut, dass mein Geschäftspartner und ich uns Ende der Fünfzigerjahre je ein Häuschen bauen konnten. Er für seine Familie und ich für mich. Bei Grosseto an der italienischen Küste war ein Stück Land zu verkaufen. Das Meer, ein Pinienwald, ein Sandstrand und eine Beiz mit grüner Neon-Leuchtschrift, Verde Luna Bar, sonst nichts. Die Tochter des Barbesitzers heisst Tosca und verkauft heute meine Ikonen in Italien, Ägypten und Amerika. Dort am Meer lief mir der Junge von der Papeterie in der Enge wieder über den Weg, und ich nahm ihn zum ersten Mal wahr.

Vorher stürzte ich aber beim Verde Luna in die schwere Liebe. Die Liebe aus der Oper, gross, verrückt und unmöglich. Je unmöglicher, desto grösser werden solche Lieben, schön und tragisch. Könnte man sie leben, würden sie ganz normal. Er zog mich aus dem Sand, in dem ich mit dem Umzugsauto versunken war, mit seinen Rekruten. Er war Offizier bei der italienischen Armee, in Civitavecchia einquartiert. Als Offizier gab er ein paar kurze Befehle, brachte alles an seinen richtigen Ort und half mir galant aus dem Lieferwagen. Es war dieses Gefühl, das einen nur sehr selten überkommt, wenn man einen Mann zum ersten Mal sieht. Alles geht auf. Wir verliebten uns schrecklich. Er konnte als Berufsmilitär aber unmöglich zu mir in die Schweiz ziehen. Und ich konnte unmöglich nach Italien umziehen, nachdem mein Traum so gut lief. Ich konnte mir nicht vorstellen, alles hinzuschmeissen und Ehefrau zu werden. Es wäre eine Hotelliebe geworden. Nichts Richtiges, nichts für mich. Ich brach es nach einer Weile ab. Er schrieb mir noch lange Kärtchen, konnte es nicht lassen, und ich litt. Ich sehe ihn noch heute vor mir, als wäre keine Zeit vergangen. Schon eigenartig.

Ich hatte mich darauf eingestellt, als alleinstehende Geschäftsfrau mein Leben zu geniessen. Kinder mussten nicht sein, und heiraten schon gar nicht. Ich war meine eigene Chefin, hatte mein Häuschen in Italien, war selbständig und zufrieden. Ich ging schon gegen vierzig, als ich wieder einmal im Liegestuhl beim Verde Luna lag und las. Da tauchte dieser junge Mann auf, ein wirklich hübscher Kerli, gescheit und ein wenig schüchtern. Er hatte mit Freunden das Häuschen meines Geschäftspartners gemietet. Der Metzger Meister von der Krone Unterstrass in Zürich, wo mein Compagnon Stammkunde war, hatte es ihnen vermittelt. Der Junge setzte sich neben mich in den Sand und behauptete, er kenne mich. Aus dem Tram Nummer sieben in Zürich, wo ich am Morgen immer am Milchbuck eingestiegen sei und er mir den Vortritt gelassen habe. Er habe mich auch in der Enge gesehen, als er den Hund vom Chef an der Leine ausführte.

Wir spazierten lange den Strand entlang, tranken Campari Soda im Verde Luna, neckten uns und diskutierten. Scheints habe ich ihn auch in den Arm gebissen. Dann fuhr ich ganz wie immer nach Zürich zurück. Er war eine lustige und angenehme Gesellschaft, aber viel zu jung für mich, dreizehn Jahre jünger. Zudem wollte ich unabhängig bleiben. So kann man sich täuschen.

Im See beim Bellevue, wo mein Grossvater so plötzlich verschwunden war, änderte sich auf einen Schlag auch mein Leben. An einem strahlenden Sonntag, dem ersten August. Der junge Buchbinder aus der Enge lud mich zum Segeln ein. Segeln, aha. Wir kreuzten allein und vergnügt zwischen Enge und Horn, da schlug aus der Bläue ein Sturm los. Schwarzes, schweres Gewitter. Wir kenterten, und ich plumpste wie ein Frosch ins Wasser. Mein Retter mir nach. Die Seepolizei fischte uns kurze Zeit später aus dem See und stellte uns klatschnass am Bellevue aufs Pflaster. Wir setzten uns in ein Taxi und fuhren zum Trocknen in meine Wohnung beim Milchbuck. Der schöne Junge blieb. Und wurde mein Mann und Zeug und Sachen, vor über vierzig Jahren. Eine Liebe gegen alle Regeln wurde das. Geheiratet haben wir nie. Das Lieben hat trotzdem nie aufgehört, bis heute nicht.

Nachdem ich kein Geld mehr verdienen musste, habe ich angefangen mit dem Malen. Schön langsam, wie es der Vater mir zeigte. Strich um Strich, in aller Seelenruhe. Ein grosses Abenteuer.

Stephanie Glaser

22. Februar 1920

In der blauen Zone am Rand der grossen Stadt steht ein Mini Cooper aus alter Zeit. Ein Fussweg schlängelt sich durch die Siedlung zu einer Wohnung im Parterre, an deren Tür ein Zettel klebt: »Es ist offen. Bitte eintreten und die Treppe hinunter«. Stephanie ruft einen Gruss herauf, mit jener Stimme, die das Herz lachen lässt.

Ich bin ein bisschen kurzatmig, seit ich die Operation machen musste. Das war vor zwölf Jahren, da haben sie mir ein Stück herausgeschnitten, das merke ich einfach. Der Doktor sah beim Durchleuchten einen Punkt, und ich meinte, es sei von der Tuberkulose, die ich als Kind hatte, ohne es zu merken. Aber er meinte, das sei etwas anderes, und das müsse raus. Ich sagte: »Herr Doktor, wie machen wir das? Ich bin mitten in einer Arbeit, können wir das später machen?« Und er sagte: »Auch wenn Sie mir ein Messer an die Brust setzen, Sie bleiben.«

Ich hatte überhaupt keine Angst nach diesem Bescheid, überhaupt nicht. Das ist bei mir eigenartig. Nichts, gspässig, keine Aufregung. Ich realisierte voll und ganz, was das heisst, aber irgendetwas in mir akzeptierte es. Ich musste mir gar keine Mühe geben, es war einfach so. Und ich vermute, toi, toi, toi, dass es mir darum eigentlich meistens gut geht. Ich habe selten Angst. Ich bin von Natur aus nicht sehr ängstlich. Allem Anschein nach. Ab siebzig ist das Leben geschenkt, das dachte ich immer. Ja gopfriedstutz, das ist wirklich ein grosses Geschenk. Ich sollte schon lange tot sein, könnte doch jeden Tag tot umfallen. Das ist mir sehr bewusst. Aber Angst habe ich nicht.

Das war schon beim ersten Mal so, als sie mich operierten, in den Dreissigerjahren. Da konnte ich im Sommerloch in einem Lustspiel mitmachen, am Stadttheater Bern. Sie engagierten mich, weil sie eine Junge brauchten, und ich war natürlich überglücklich. In Bern Theater spielen! Im Stadttheater! Heja Volvo, das war sensationell für mich! Und plötzlich wurde mir schlecht. Es war der Blinddarm, ich ging ganz ruhig ins Spital, und man nahm ihn raus. Da rauchte ich übrigens schon wie ein Schlot, sicher anderthalb Päckchen. Als ich aufhörte, war ich auf drei Päckchen, wenn schon, denn schon. Aber in jenen Zeiten fand niemand, ich sollte aufhören. Erst in den Neunzigerjahren gab ich das Rauchen auf. Von einem Tag auf den anderen fasste ich nie mehr eine Zigarette an. Und kurze Zeit später fanden sie dann diesen Schatten.

Ich hätte wohl auch nicht gehorcht, wenn sie etwas gesagt hätten. Ich hatte es nicht so mit der Folgsamkeit. Das einzige Problem für mich im Spital war, dass man vierzehn Tage ruhig liegen sollte. Mit einem Chriesisteinsäckchen auf dem Bauch, damit die Narbe schön werde. Nach kurzer Zeit verleidete mir das, ich tat diese Kirschensteine weg und spazierte im Korridor herum. Sank dem nächstbesten Arzt in die Arme, richtig theatralisch! Ich habe doch selten gemacht, was ich sollte. Das war nicht einfach mit mir, furchtbar!

Wenn ich daran denke, ich muss ein furchtbarer Gof gewesen sein. Sehr eigensinnig, schon als Kind. Viel lieber wäre ich jedoch lieb gewesen, ich wusste aber nicht wie. Es kam mir nicht in den Sinn, dass jemand nicht das Gleiche toll finden könnte wie ich. Ich war einfach ich, viel mehr konnte ich mir nicht vorstellen. Den harten Kopf bekam ich von beiden Eltern mit auf den Weg.

Mein Bruder war ganz anders. Aber mit ihm meinte es das Schicksal nicht so gut, es war eine schreckliche Sache. Ein grauenhaftes Unglück passierte, als er etwa zehnjährig war, ich war zwölf. Er spielte mit zwei Freunden mit einem Flobert-Gewehr, wie das viele Buben machten zu der Zeit. Aber eines der Kinder wurde erschossen. Mein Bruder wollte sich nachher aus dem Fenster stürzen, aber im letzten Moment kam jemand dazwischen. Er litt sein Leben lang darunter, es kam für ihn nie mehr in Ordnung. Ein dummer Zufall, und nichts war mehr, wie es war, nie mehr. An einem solchen Unfall kann man zerbrechen.

Die Eltern arbeiteten beide voll. Sie waren Wirte und Hoteliers, und unser Familienleben kam eher unter ferner lief. Zwei wunderbare Bertas hüteten uns und zogen uns auf, zuerst die eine, dann die zweite Berta. Das waren fantastische Frauen. Nachher kamen noch andere, aber es war nicht mehr das Gleiche. Die erste Berta wohnte eine Zeit lang mit mir im gleichen Zimmer. Leider heirateten beide und blieben nicht bei uns, das traf meinen Bruder sehr. Ich litt nicht darunter, dass die Eltern wenig Zeit für uns hatten. Im Gegenteil, so war ich freier und konnte machen, was ich wollte. Aber ein Familienleben, Daheimsein, eine Nestgeborgenheit, das lernte ich erst sehr spät kennen, eigentlich erst mit meinem Mann. Vorher war ich nirgends und überall zu Hause, aber überhaupt nicht unglücklich. Ich bin von Haus aus eine richtige Stadtbernerin. Ausser der Tubelischule für ganz Lernschwache kannte ich alle Schulen in Bern. Ich ging nur acht Jahre, weil ich eine schlechte Schülerin war. Ach, es langweilte mich einfach, es interessierte mich nichts. Ausser wenn sie uns Geschichten erzählten, aber sie mussten gut erzählen, sonst springt der Funken nicht. Und schon läuft der Kopf woanders hin, mein Kopf jedenfalls lief gern weg. Statt aufzupassen, schaute ich lieber aus dem Fenster und träumte den Blümchen nach. Einmal sah ich sogar den Wind höchstpersönlich, daran erinnere ich mich haargenau. Ich meine, ich sah den Wind als Person. Durchs Fenster starrte er mich an und blies mich aus dicken Backen an. Ich schrie laut auf, aber es hiess nur, es sei nichts, und ich solle endlich aufpassen. Oder ich wollte wissen, was der Heiland für eine Schuhgrösse habe. Aber so wichtige Dinge wusste der Lehrer wieder nicht. Ich konnte schlecht stillsitzen, und noch schlechter konnte ich aufs Maul sitzen.

Immer schon liebte ich Geschichten. Nichts Schöneres, als stundenlang am Boden auf unserer grossen Bibel zu liegen und die Bilder anzuschauen. Sie erzählten die schönsten und grauslichsten Sachen. In Geschichten konnte ich mich verlieren, ich wurde ein Teil davon. Auch beim Lesen ging es mir so. Später wurde ich richtig kinosüchtig. Ich schlüpfte furchtbar gern in andere Welten.

Vom Theater wurde ich schon als Kind infiziert, ich weiss sogar noch genau, wann. Das war 1932, als im Stadttheater »Peterchens Mondfahrt« gegeben wurde. Da war es um mich geschehen. Ich sass sehr erwartungsvoll vor der Bühne. Endlich ging der schwere Vorhang auf, und eine Wolke von Düften

48

wogte mir entgegen. Geheimnisvoll, verheissungsvoll. Wahrscheinlich war das die Schminke, die früher noch in dicken Layers aufgetragen wurde. Heute hängt dieses Parfüm nicht mehr in den Häusern, Theater riecht leider nicht mehr. Der zweite unvergessliche Eindruck waren die Kulissen, diese üppige und sehr märchenhafte Dekoration. Aber das Schönste war, wie die Schauspieler fliegen konnten. Dass sie richtig fliegen konnten! Es gab einen Käfer, der flog vor meiner Nase herum, und ich wusste sofort, das möchte ich auch einmal.

Ich war ein Kind, das ab und zu einen Schutzengel brauchte. Einen mit grossen Flügeln. Zu meiner Zeit hatten die Schutzengel noch grosse weisse Schwingen. Ich hatte mehrere Erlebnisse mit dem Schutzengel, ich bin ganz sicher, dass es sie gibt. Heute muss er wieder mehr auf mich aufpassen als auch schon, und er macht das nicht schlecht. Manchmal sagt er auch etwas. Ich könnte es nicht wiederholen, aber ich höre ihn.

Einen Schutzengel hatten mein Bruder und ich bei dieser Dachpromenade im Hotel Bürgerhaus. Wir wohnten im Dachgeschoss, und man sah aus der Lukarne in den Dachkännel. Ich wollte unbedingt wissen, was in diesem Dachkännel war, und stieg aufs Dach hinaus, rutschte zum Kännel hinunter und kauerte mich hinein. Dann rief ich dem Bruder, damit er auch komme, weil es so spannende Sachen zu finden gab. Farbstifte und sogar Münzen fanden wir. Irgendwann ging es los unten auf der Strasse: »Jessesgott, dort sitzen zwei Kinder im Dachkännel.« Es ging ziemlich tief runter, aber Angst spürte ich keine.

Die Eltern waren sich von mir einiges gewohnt, aber von meinen Zukunftsplänen waren sie mässig begeistert. Sie sagten nicht einfach Ja, aber sie legten mir auch nie Steine in den Weg. Sie bestanden darauf, dass ich vorher etwas Richtiges lerne. Wir hatten das Hotel de la Poste et France an der Neuengasse 43, nachher das Bürgerhaus und dann das Hotel Bubenberg am Bubenbergplatz. Vor allem im Bürgerhaus verkehrten viele Künstler, es gab jeden Tag um elf einen Apéro-Stammtisch. Da kamen die Maler, der Fivian, der Wälti, der Edi Boss, und der Vater setzte sich dazu.

Alle an diesem Stammtisch wussten, dass ich zum Theater wollte. Die Eltern sagten: »Zuerst lernst du Französisch und Englisch, dann lernst du das Hotelgewerbe, das kannst du bei uns, und dänn wämmer luege.« »Dann werden wir schauen«, das war ihr geflügeltes Wort. Aber sie nahmen meinen Traum ernst. Es war in den Dreissigerjahren, und in einem Sommer spielten sie den »Jedermann« vor dem Berner Münster. Ach, das waren Götter für mich, die da vorn auf der Bühne spielten. Ich war in mehreren Vorstellungen und stand nachher immer beim Brunnen herum, bis alles aufgeräumt war und die Lichter gelöscht wurden. Ich konnte einfach nicht nach Hause. Die Eltern fragten einen Schauspieler, ob ich einmal vorsprechen könne, damit man wisse, ob diese Idee mehr sei als eine meiner Spintisierereien, und ob das Hand und Fuss habe. Er war einverstanden, und ich lernte das »Rautendelein« von Gerhart Hauptmann auswendig. Das ist eine Elfe, die sagt: »Du Sumserin von Gold, wo kommst du her …« Wahrscheinlich stellte ich mir »Peterchens Mondfahrt« vor, diese Sumserin von Gold konnte nämlich fliegen, wunderbar. Ich probierte es einfach. Allem Anschein nach gefiel das, und der Rat der Alten befand, dass ich mich zu gegebener Zeit am Reinhardt-Seminar in Wien anmelden solle.

Vorher musste ich noch in die Löffelschliefi in Lucens, das gehörte sich einfach für ein Mädchen, das Haushaltjahr im Welschland. Da bekam man das Französische fixiert und das

Abc der guten Hausfrau. Es blieb bei mir aber nicht so haften. Bei mir musste es vor allem bequem sein. Ich koche gern, aber nicht mit zu viel Aufwand. Ich mag es einfach um mich herum.

Nach dem Französisch kamen das Englisch und die Greta-Garbo-Phase. Als Paying Guest ging ich nach England, man bezahlte etwas, damit man im Haushalt mitarbeiten durfte. Da war ich höchstens fünfzehn. Ich staune eigentlich, wie früh mich meine Eltern selber machen liessen. Ich ging mit wehenden Fahnen weg von zu Hause, obwohl ich ein ausgesprochen gutes Verhältnis zu meinen Eltern hatte. Aber ich war so neugierig, es interessierte mich alles brennend, was fremd war. Ich wollte etwas erleben, o ja! In jeder freien Minute ging ich ins Kino, vor allem in Filme mit der Greta Garbo, die war mein grosses Vorbild. Ich wollte werden wie sie, gross und dramatisch. Daraus ergab sich ja fast das Gegenteil, mein Metier wurde die Komödie, aber das ist wunderbar.

Manchmal sass ich den ganzen Tag durchgehend in der »Kameliendame«, man konnte am Morgen rein und in der Nacht wieder raus. War das schön! Ich vergötterte die Garbo, weil sie so hinreissend leiden konnte. Die Marlene Dietrich gefiel mir gar nicht, die war mir viel zu künstlich, zu abgehoben. Grauenvoll. Aber diese Garbo! Den Dialog in der »Kameliendame« konnte ich auswendig. Und wenn das Kino schloss, setzte ich mich an die Themse und heulte.

Einmal kam sogar ein Polizist und wollte mich retten, weil er dachte, ich gehe ins Wasser. Das hätte wunderbar gepasst, ich litt furchtbar aus zweiter Hand. Es war alles so romantisch und tragisch. Dieser wunderschöne Mann, der Robert Taylor, den sie nicht haben durfte. Diese unendlich traurige Liebe. Das übergrosse Opfer, indem sie auf ihn verzichtet. So viel hehres Gefühl!

Ansonsten musste ich ein wenig unten durch, an dieser ersten Stelle in England blieb ich nicht lange. Die Landlady war ein Reibeisen, und eines Abends reichte es mir, und ich packte. Ich nahm das Farbfoto der Garbo von der Wand, drückte es an den Busen unter dem Wintermantel und zog los, die tragische Gestalt in der kalten Nacht, per Autostopp. Ich fand ein Zimmer beim YWCA, dem Verein für christliche junge Frauen am Great Russell Square in London, und sofort wieder eine Au-pair-Stelle, bei Schotten. Bei denen musste ich zwar die Kinder jeden Morgen mit eiskaltem Wasser abschrubben, aber sonst gefiel es mir gut. Sie waren ein wenig verrückt, aber nett, und ich schrieb stolz nach Hause: »Ihr müsst mir jetzt nichts mehr bezahlen. Ich arbeite.«

Dann hatte ich mir endlich die Sporen abverdient und durfte nach Wien. Zuerst musste ich an die Prüfung am Reinhardt-Seminar, mit siebzehn, und tatsächlich nahmen sie mich. Wir waren siebenhundert, und am Schluss blieben noch dreissig. Angst hatte ich weder da noch dort. Und meine Mutter gab mir auch nichts mit, nichts im Sinn von »Bleib anständig« oder so. Sie dachte sicher, wenn sie es bis jetzt nicht gelernt hat, ist es eh zu spät. Dass ich in Wien im Tingeltangel auftrat, um ein bisschen etwas zu verdienen, wusste sie natürlich nicht. Es war nicht richtiger Tingeltangel, es war eine Bar, Blaue Spinne hiess sie. Sie lag in einem Keller und war ein wenig verrucht. Dort sang ich im kleinen Schwarzen zu Klavierbegleitung auf Deutsch, Französisch und Englisch. Später auch noch in anderen Lokalen. Man nannte das Tour de Chant. Ich wollte unbedingt entdeckt werden, für den Film entdeckt, berühmt werden, das war mein Traum. Film war das hochmoderne Medium, und vor allem war es weltweit, international, wahnsinnig spannend. Film hiess in die Welt hinauskönnen. Ich sang

Schlager von Zarah Leander und Lale Anderson, die gefielen mir. Musik hatte schon vorher zu meinem Leben gehört, wir hatten zu Hause ein Musikzimmer und musizierten und sangen. Auch im Theaterseminar bekamen wir Gesangunterricht. Mit einer Kollegin teilte ich bei der Frau Pollack im Franz-Lehar-Haus an der Theobaldgasse eine kleine Wohnung. Die Kollegin wollte auch entdeckt und berühmt werden, als Schönheit. Sie stand im Büstenhalter auf der Cabaret-Bühne und träbelte ein bisschen herum. Aber wir wurden ja beide nicht entdeckt, sondern der Krieg kam.

Den Einmarsch Hitlers in Wien erlebte ich hautnah, das war furchtbar. Nicht weil man viel Blutiges gesehen hätte, aber die Leute veränderten sich kolossal, praktisch von einem Tag auf den anderen. Plötzlich war die grosse Mehrheit pro Nazi. Vorher trugen die meisten Armbinden mit den Farben von Österreich und dem Adler drauf. Und kaum hörte man den Hitler heranrasseln, wurden die Armbinden umgedreht, und das Hakenkreuz kam zum Vorschein. Das war wie in einem Albtraum. In den Kreisen, in denen ich verkehrte, war das nicht so, aber sonst änderte die Stimmung radikal. Auch das Tram fuhr von einem Tag auf den anderen rechts statt links. Wien hatte vorher verkehrten Verkehr gehabt, wie in England. Das wurde auf einen Schlag angepasst, ein deutliches Zeichen. Ich ging immer bei Juden einkaufen, aus Protest. Ich ging nur in Läden einkaufen, wo grosse Hakenkreuze auf die Schaufenster geschmiert worden waren. Einmal hielt mich auf der Strasse ein Nachbar an und erklärte mir:»Gä, das is a Jud. Gä, da gemma nid rein.« Ich sagte nur:»Ich bin Schweizerin. Ich mache, was ich will«, und liess den stehen.

Die Mutter schickte ein Telegramm, ich müsse auf der Stelle heimkommen. Ich wollte nicht, ich fand es gar nicht so gefährlich, aber sie holte mich kurz entschlossen mit dem Zug nach Hause. Das war natürlich richtig und wohl auch im letzten Moment. Ich hörte später von einer Freundin, wie brenzlig es geworden war und dass sie und ihre Kinder mit einer ganzen Kohorte Schutzengeln gerade noch nach England gekommen waren. Hinter ihnen begannen in Europa die Häuser einzustürzen. Das war meine beste Freundin mit ihren kleinen Kindern, und ich bin diesen bärenstarken Schutzengeln heute noch dankbar. Zurückzukehren in die kleine Schweiz, in den Schoss der Familie, war für mich furchtbar. Es hiess, die Schauspielausbildung vergessen, die grossen Filmträume vergessen, zu Hause sitzen.

Eine Zeit lang wohnte ich wieder in Bern, aber nicht bei den Eltern, das hätte mir der Kopf nicht zugelassen. Ich nahm ein Zimmer bei Madame de Meuron. Madame de Meuron-von Tscharner, das war die letzte echte Dame von Bern, eine Patrizierin und ein Original. Ich trank mit ihr Tee, und sie gab mir eine Kammer auf der lätzen Seite der Junkerngasse, auf der Schattenseite, der linken, wenn man von oben schaut. Dort waren die Stallungen und die Knechte, und es war billig. Die Madame de Meuron war zwei Köpfe grösser als ich, hatte einen grossen schwarzen Hut und ein Hörrohr. Sie schrie, ich könne das Zimmer haben für fünfundzwanzig Franken, aber es sei halt eher eine Theaterkulisse. Das störte mich nicht im Geringsten. Und sie warnte mich noch, es habe Geister dort, aber die machten nichts. Sie habe im Estrich die richtigen Fäden gespannt, alles voll, da kämen Gespenster nicht durch. Jedenfalls traf ich nie eins an. Die Madame redete auch mit dem Polizisten, er solle auf mich aufpassen, weil ich noch so jung sei. Ich nannte mein Zimmer Burg, weil es auch ein Türmchen hatte, und war damit zufrieden.

Ich hatte mich mit dem Schicksal abgefunden. Geld hatte ich kaum, man kann sagen, ich lebte arm, aber ehrlich. Das Überleben war ein ständiges Thema. Die Eltern sagten: »Eines Tages findest du den Weg schon wieder an den Suppentopf.« Aber da irrten sie sich, lieber ass ich die ganze Zeit nur Brotsuppe, als bei ihnen wieder unterzukriechen, dafür war ich viel zu stolz. Ich wollte nur eins: unabhängig sein, Theater spielen.

Am Stadttheater Bern spielte ich viele kleine Rollen, später bekam ich ein Engagement bei der Soldatenbühne Bärentatze. Man unterhielt die Soldaten, das war ein sehr dankbares Publikum, und bekam dafür fünf Franken Sold pro Vorstellung und vor allem etwas Anständiges zu essen. Wir gaben auf gezimmerten Ad-hoc-Bühnen im Freien unser Bestes, auf irgendwelchen Älpchen, mehr schlecht als recht beleuchtet von Acetylen-Lampen. Nicht gerade Garbo-like, aber immerhin war es spielen. Vorher hatte ich auch unzählige kleine Auftritte am Städtebundtheater Biel-Solothurn. Es ging da und dort etwas, aber ich kam nicht voran, wie ich es mir erträumt hatte.

Lange, lange Zeit war ich nie zufrieden mit mir, auch in schauspielerischer Hinsicht nicht. Ich kam einfach nicht weiter. Ich weiss heute, dass das nicht nur am unterbrochenen Studium lag, sondern komplizierter war. Ich hatte viel zu viel Respekt. Das bekamen wir mit der Muttermilch eingeimpft, diesen übergrossen Respekt vor allem, was älter war und schon etwas geleistet hatte. Es machte uns selber klein, mich auf alle Fälle. Es ist schon in Ordnung, wenn man Respekt hat, das ist eine wichtige Kraft. Selbstüberheblichkeit ist etwas Grässliches und lächerlich. Aber diese Unterwürfigkeit, die unsere Generation noch lernte, war auch nicht gut. Gegen aussen merkte man es mir kaum an, aber wenn ich es mir überlege, war mir oft gar nicht wohl in meiner Haut. Ich war innerlich viel zu wenig frei. Das merkt man selber sofort, wenn man auf der Bühne steht und es geht einfach nicht weiter. Es entwickelt sich nicht so, wie man weiss, dass es könnte. Man steht sich selber im Weg.

Ich weiss noch, es gab eine Situation, das sagte jemand, der mir überaus wichtig war:»Du, man kann auch selber denken!« Ich übernahm viel zu sehr, was man mir sagte, ich wartete geradezu darauf. Dem, was ich selber spürte und wusste, mass ich keine Bedeutung zu. Das ist eigentlich seltsam, weil ich ein sehr reges Innenleben hatte. Unglaublich, was sich da drin alles tat! Aber nur für mich, ich setzte es nicht um, weil ich es nicht ernst nahm. Es ist nicht gut, wenn man sich innerlich sofort Schranken setzt. Das ist etwas, was ich an den Jungen heute fantastisch finde, dass sie viel weniger Hemmungen haben und nicht mehr diesen übertriebenen Respekt vor Autoritäten. Damit räumte wahrscheinlich der Krieg auf. Das Ungehemmte kann auch zu weit gehen, dann ist es ordinär und widerlich. Aber für die Jungen ist es toll, dass sie freier sind.

Ich war zwar nicht voll und ganz zufrieden damit, aber heute weiss ich, dass das Stadttheater und die Soldatenbühne wunderbare Schulen waren. Man schliff am Talent, im Kleinen. Das war für mich wahrscheinlich besser, als wenn ich sofort wichtigere Rollen bekommen hätte. Meistens sind die, die früh alles haben, auch früh unglücklich.»Too Much Too Soon«, so hiess eine Biografie, die ich einmal gelesen habe, ich glaube, dass das stimmt. Das Glück liegt oft dort, wo man sich ein wenig anstrengen muss, wo man warten können und an sich arbeiten muss. Ganz sicher ist das so im Showbusiness. Aber wahrscheinlich auch in der Liebe.

In der Zeit in Bern traf ich die Liebe meines Herzens. Sehr früh, sie kam noch während dem Krieg. Die Stadt war fast immer verdunkelt, und wir gingen nach der Vorstellung zusammen durch die stockfinsteren Strassen hinunter in die Junkerngasse. Manchmal sah man winzige blaue Pünktchen von Taschenlampen, wie Glühwürmchen zitterten sie durch die Nacht. Es war das einzige Licht, das gestattet war, und man wusste, dort ist auch noch ein Mensch. Meistens gingen wir vom Casino hinunter durch die absolut Stille, ohne Laute waren die Nächte im Krieg. Aber man hatte keine Angst, ich fand es eher romantisch. Für diese Liebe war ich eindeutig zu wenig reif. Darüber möchte ich aber nicht reden. Sie ging vorbei, es tat weh. Sie war nicht für mich bestimmt. Sie ist eine wichtige Erinnerung geblieben.

In meinem Leben gab es mehrere Lieben, auf alle Fälle. Nicht viele, aber mehr als eine. Die letzte war mein Mann, absolut, mit ihm lebte ich fast dreissig Jahre zusammen. Dass ich je heiraten würde, hätte ich nicht gedacht. Viel zu wichtig war mir der Beruf, und auch meine Freiheit. Ich landete nach dem Krieg in Zürich, im Cabaret Fédéral, das war das Nachfolgeprojekt von Otto Weissert vom Cabaret Cornichon, aber weniger politisch. Zwischendurch spielte ich noch in Gotthelf-Verfilmungen von Franz Schnyder, und dort lernte ich auch meinen Mann kennen. Er war Produzent und hatte mich engagiert.

Unsere Liebe war eine auf den zweiten Blick. Diesen zweiten Blick warfen wir erst ein paar Jahre später, an einem Frühlingsanfang. Oscar Duby kam in eine Vorstellung vom Fédéral am Hirschenplatz. Im Saal vom Hotel Hirschen war schon das Cornichon einquartiert gewesen. Er war anscheinend in mehreren Vorstellungen gewesen, und an diesem Frühlingsabend sprach er mich an der Hirschen-Bar an, das war 1955. Und dann ergab es sich einfach, obwohl er eigentlich verheiratet war. Bis wir heirateten, dauerte es aber noch zehn Jahre. Eines Tages sagte Oscar beiläufig: »Wir könnten heiraten.« Und ich sagte: »Warum?« Und er sagte: »Doch.« Und ich: »Gut.« Und dann blieben wir zusammen bis am Neujahr 1982, als er hier in dieser Wohnung für immer einschlief. Ja –.

Beim Cabaret fühlte ich mich ausgesprochen wohl, das war mein Element. Ich kam gut an bei den Leuten, und die Arbeit an Sketchs faszinierte mich. Man muss im Cabaret in kürzester Zeit etwas entwickeln, für das man beim Theater mehrere Akte braucht. In einem Sketch muss es da sein, wenn du auf die Bühne kommst, und sitzen. Ich wurde Kabarettistin und Volksschauspielerin, mein Weg ging so, ohne dass ich es gesucht hätte, und es war gut. Um klassische Schauspielerin zu werden, hatte ich viel zu grossen Respekt. Verse! Diese Sprache! Diese Erhabenheit! Bei mir ging es gerade bis zu Nestroy, Lorca mag ich auch, aber die klassischen Rollen schüchterten mich ein. Sogar Shakespeare-Dramen in der Schlegel-Tieck-Übersetzung, schauderhaft! Es hat mit der Sprache zu tun. Aber wenn ich es überlege, schüchterte mich das allzu Hochliterarische nicht nur ein, es gefiel mir nicht. Alles Gekünstelte mochte ich nie, das Geschraubte, Hochgestochene bleibt mir verschlossen. Für mich ist das Gute etwas Einfaches und kommt eher vom Herzen als vom Kopf. Vielleicht war es auch nichts für mich, weil man sich hätte hinsetzen müssen, knorzen, sich reinbeissen. Ich stürmte lieber los, das Grübeln liegt mir nicht.

Komödien liebe ich. Auch die Shakespeare-Komödien, die sind sogar in der Schlegel-Tieck-Übersetzung wunderbar. Da ist alles drin, was man vom Leben wissen muss. Auch, dass es in allem Schweren immer Heiteres gibt. Vielleicht ist das Leben ja überhaupt eine Laune des Universums, eine Spielerei. Und

Spielen ist etwas Heiteres an und für sich. Aber ich hüte mich vor hausgemachter Philosophie. Jedenfalls konnte ich nur spielen, was ich auch leben konnte.

Man muss alles in sich selber finden, wenn man spielt, jedenfalls ich musste das. Aber suchen darf man nicht allzu sehr, sonst kommt es aus dem Kopf und ist ohne Zauber. Wenn es jedoch Kligg macht, ist es magisch. Wenn es sitzt, wenn es läuft, von allein. Es geht auch ohne das, aber es ist einfach nicht so gut, wie es sein könnte, und das weiss man immer. Wenn es gelingt, ist man selig. Das ist absolut beglückend. Und dieses Glück gibt sich weiter, das überträgt sich, das spürt man bis in die hinterste Reihe. Ich glaube, im Innersten wollte ich immer das. Ja, ich glaube, das war es. Die Menschen ein wenig beglücken mit dem, was ich tue. Ob als Sternchen streuende Elfe, Zwerg Nase, als Jugend, als Ribise oder Tante Elise. Die Leute für einen Moment glücklich machen. Aber das wusste ich nicht.

Wenn es richtig gut gelang, dann sagte ich oft dort oben »Merci vielmal«. Ich bin nicht besonders gläubig, aber der Pfarrer in der Heiliggeistkirche in Bern machte mir mit seinen Geschichten bleibenden Eindruck. Ich versprach ihm ja bei der Konfirmation, ich komme sicher immer in die Kirche. Aber Pfifedeckel! Nichts mehr. Danke gesagt jedoch schon. Ich bin gerne in Kirchen. Ich sitze einfach da in einer Bank, so für mich. Die Ruhe und der grosse Raum tun mir gut, die wussten schon, wie sie es machen mussten. Und der Glaube hilft einem beim Leben, ganz sicher, er macht es einfacher.

Vielleicht hat das auch mit dem Alter zu tun. Man sitzt gern so ein wenig in aller Ruhe. Man vertraut dem Leben und dem Lauf der Dinge viel mehr als in jungen Jahren. Gottvertrauen ist das vielleicht. Man fühlt sich aufgehoben, beschützt und getragen. Das hat sehr viel mit Vertrauen zu tun. Man muss lernen, Vertrauen zu haben, in sich und in das Leben. Ich musste das. Plötzlich ist es da, dieses Gottvertrauen, und man weiss eigentlich nicht, was es ist. Aber man hört die innere Stimme. Manche können das schon, wenn sie jung sind. Manche hören sie wahrscheinlich nie. Ich höre sie manchmal ganz deutlich, dann führe ich richtige Gespräche. Ob das Gott ist oder der Schutzengel oder sonst etwas, das da mit mir plaudert oder schimpft, ist mir eigentlich egal. Höchstwahrscheinlich bin ich es ja selber, so richtig ein bisschen schizophren. Ich sage dann: »Jaja, ist schon recht, hast ja recht. Ich weiss es eigentlich.«

Ich hatte grosse Krisen im Leben. Als wir merkten, dass wir mit dieser Art Cabaret nicht mehr weiterkamen, war das ein sehr tiefer Einschnitt. Ich war neun Jahre dabei gewesen. Der Doktor Weissert, der Chef des Ensembles, weihte in den Sechzigerjahren mit der Truppe noch das Hechtplatz-Theater in Zürich ein, und dann sagte er: »Mit dem Cabaret ist es fertig.« Zum Abschluss machte er noch ein Programm mit Jungen, das hiess »Schön ist die Jugend«, da waren der Peter W. Loosli vom Puppentheater und der ganz junge Bruno Ganz dabei. Und dann war wirklich fertig. Heute feiert das Cabaret ja einen Aufschwung, aber wahrscheinlich brauchte es nach dem Krieg seine Zeit, bis man es neu erfinden konnte. Es kam wieder etwas Neues für mich, aber es kamen auch Tiefschläge. Einen Riesenerfolg hatte ich danach im Fernsehen, mit der Tante Elise im »Teleboy« von Kurt Felix. Aber dann ging das auch vorbei, und ich versuchte es mit einem Soloprogramm, Elise Muggli privat. Und das war die reine Pleite.

Wir hatten so lange daran gearbeitet und waren überzeugt, auch mein Mann, das wird ein Wurf. Und dann lachte das Publikum nicht an der Premiere. Sie fanden es langweilig, gopfriedstutz! Und wir hatten während den ganzen fleissigen Proben nicht gemerkt, dass es nicht funktioniert. Eine Katastrophe. Ich bin sowieso ein hoffnungsloser Fall, wenn ich am Schaffen bin, bin ich ganz in den Szenen und habe wenig Ahnung vom Ganzen. Erst nachher wieder, und da war es schon zu spät. Dass es aber nicht einmal mein Mann merkte, der sonst eine sehr gute Nase hatte und viele Stücke für mich fand, kann ich heute noch nicht begreifen. Vielleicht standen die Sterne schlecht. Jedenfalls rasselte das Stück bei der Premiere in Zürich durch, und dann ist es gelaufen. Wir hatten nachher in Luzern noch guten Erfolg damit, aber die Premiere hockte mir lange in den Knochen. Mich hat das schon geknickt, aber das geht vorbei. Das Scheiternkönnen gehört zu diesem Beruf, das muss man aushalten.

Es ging immer irgendwie weiter, immer wieder kam etwas. Aber es ging rauf und runter. Es gab Momente, wo ich dachte: »Was willst du eigentlich vom Leben?« In der Schweiz ist es nicht einfach, erfolgreich zu sein, da wird man schnell ein wenig suspekt. Eine Zeit lang war ich sehr populär. Da bekommt man leicht eins auf den Deckel, damit man die Nase nicht zu hoch trägt. Jedenfalls sah ich eine Weile keinen Ausweg mehr und beschloss, ich steige aus dem Beruf aus. Jetzt mache ich etwas ganz anderes, fertig, Schluss. Ich arbeitete in einer Verlagsauslieferung, verpackte Bücher, schrieb Rechnungen und machte die Neunerprobe zur Kontrolle. Die kriege ich übrigens nicht mehr zusammen, das macht mich richtig hässig.

Es gab einen Rezensenten, der verriss mich jedes Mal. Der liess nach jeder neuen Vorstellung keinen guten Faden an mir. Er war auch Astrologe, Alfred Fankhauser hiess er. Während dieser grossen Krise beschloss ich, jetzt gehe ich zum Fankhauser nach Bern. Wenn jemand mir die Wahrheit sagt und den richtigen Rat gibt, dann der. Er fragte mich nach meinem Geburtsdatum und der Zeit. Die musste ich zuerst in Neuenburg anfordern, aber sie wussten sie nicht genau, nur ungefähr. Da rief der Fankhauser:»Frau Glaser, niemals! Das kann gar nicht Euer Geburtsdatum sein. Dir heit es Füürzeiche! Irgendwo ist bei Euch ein Feuerzeichen, darum solltet Ihr unbedingt weitermachen.« Und so kam dann wieder etwas, das berühmte Türchen ging wieder auf. Immer wieder eins, eins geht zu, eins auf. Das glaube ich übrigens nicht, das weiss ich.

Noch im Fédéral gab es für mich einen der unvergesslichsten Momente, wenn auch einen haarsträubenden. Es war in einem Sketch mit Cesar Keiser, und es war absolut entsetzlich. Aber nicht, weil es nicht erfolgreich gewesen wäre, ganz im Gegenteil. Ces und ich sassen einander vis-à-vis und hatten diesen hochphilosophischen Dialog, er fragt:»Bisch toube?« – Ich:»Neeei, i bi nid toube.« –»Bisch sicher?« –»Jaaa, i bi sicher.« –»Bisch sicher nid toube?«, und so weiter.»Toube« kann auf Berndeutsch»taub« oder»eingeschnappt, böse« heissen, und der fragt das, bis sie wirklich böse wird, sie reden als eingefuchstes Ehepaar total aneinander vorbei. Das war lustig, aber schlimm war, dass wir in einer Vorstellung lachen mussten. Wir bekamen den»fou rire«, wir konnten nicht mehr aufhören. Es war grauenhaft! Das ganze Haus lachte mit, alle wurden angesteckt. Dann ist fertig, dann kannst du alles vergessen. Der Vorhang musste fallen. Wenn das anfängt, braucht es eine Fliege, die sich auf den Tisch setzt, und du musst kichern, und irgendwann hältst du dir den Bauch vor Lachen. Wir hatten nachher richtig Schiss davor.

Der liebe Ces –. Ist auch nicht mehr. Jetzt kommt die schwierigste Zeit für das Läubli, seine wunderbare Frau. Bei mir dauerte es drei Jahre, bis alles wieder einigermassen lief. Aber es ist sicher nicht bei jedem gleich. Unerträglich war für mich vor allem der ganze rechtliche Kram. Die Trauerzeit selber – bei mir war es vielleicht ein wenig anders, weil ich schon vor der Ehe lange allein gelebt hatte. Es war für mich einfach wieder wie vorher, ich war das Alleinsein gewöhnt. Und dann – es ist eigenartig. Er ist eben gar nie ganz gegangen. Er blieb einfach da, er blieb bei mir. Sehr, sehr lange war mein Mann immer um mich, immer da, das beruhigte mich sehr. Ja –.

Ich war sehr glücklich in dieser Ehe. Erst mit meinem Mann fand ich heraus, was es heisst, zu Hause zu sein. Er war fünfzehn Jahre älter als ich, aber das störte mich nie. Vielleicht liegt es daran, dass wir uns erst spät kennen lernten, wir hatten uns beide schon ausgetobt. Und eines ist klar, es geht nicht, ohne sich anzustrengen. Es kommt fast nichts von allein. Und man muss akzeptieren können, dass vieles nicht ideal ist und auch so bleibt, dass es nicht zu ändern ist.

Das Verliebtsein hält nie ewig, das wäre ja nicht auszuhalten. Danach beginnt das Schaffen. Ich kann sagen, es gibt nichts Besseres, als mit einem Menschen zusammen zu sein, von dem du weisst, du kannst dich auf ihn verlassen. Er ist da für dich, ohne grosses Tamtam. Ganz selbstverständlich. Das ist etwas Wunderbares, dieses unspektakuläre Zusammengehören. Das ist doch sehr viel! Und es kommt erst mit den Jahren, mit vielen Jahren. Da ist heute viel verloren gegangen, ich glaube, mit dem Krieg ging das verloren. Dieser Familiensinn, in dem auch die Kinder aufgehoben sind, unerschütterlich und selbstverständlich. Das hat sich weitgehend aufgelöst, weil alle so stark mit sich selber beschäftigt sind. Wahrscheinlich war das nötig, ist es immer noch. Aber es hat einen Preis.

Ich weiss nicht, ob dazu absolute Treue notwendig ist. Heja Volvo, ich habe die Männer doch sehr gern! Und ich behielt ein paar wenige Lieben in meinem Herzen, obwohl ich heiratete, sicher, das geht doch nicht einfach weg. Aber es kam nachher nie mehr einer, bei dem ich das Gefühl hatte – mmmm. Einfach überhaupt nie. Ich war ausgefüllt mit dieser Liebe, das war besetzt und fertig.

Wenn es Kinder gegeben hätte, wäre das schön gewesen, ich hatte Kinder immer gern. Aber so war es auch gut. Ich war bei der Heirat schon weit über dreissig, und die Zeit, wo ich wirklich Kinder wollte, war vorbei. Diesen starken Drang hatte ich viel früher. Der Kinderwunsch war bei mir aber nicht ganz uneigennützig, sondern ich dachte, wenn ich Kinder habe, dann muss ich etwas schaffen. Dann mache ich etwas, dann muss ich. Ich fand mich eben immer zu träge. Richtig faul fand ich mich manchmal, ich machte nichts für mich. Ich unternahm eigentlich auch nichts für meine Karriere. Wenn etwas kam, nahm ich es, ich wartete. Nicht weil ich fand, man müsse zu mir kommen, sondern ich glaube eher, weil ich Hemmungen hatte. Weil ich mich nicht getraute und weil ich eher ein bequemes Naturell bin. Und schau, es kam trotzdem gut. Ich bin sehr zufrieden, wie das Leben verlief. Jetzt kann ich sogar die Filmrollen spielen, von denen ich immer träumte. Diese Rolle in den »Herbstzeitlosen« war eine riesengrosse Freude.

Manchmal muss man warten können. Das ist vielleicht eher frauentypisch oder war es. Aber ich glaube, ich war nicht eine ganz typische Frau für meine Zeit. Ich arbeitete immer, war materiell unabhängig. Das war nicht selbstverständlich und nicht immer einfach. Für die Frauen heute ist das zum Glück anders. Ich hatte aber nie einen Moment das Gefühl, ich sei unterdrückt von den Männern. Ach woher, nie! Im Gegenteil. Ich konnte immer machen, was ich wollte. Ich denke, das konnten die meisten Frauen schon immer, wenn sie es wollten.

Es war für die Frauen doch auch bequem ein bisschen im hinteren Rang, aber mit dem Steuer in der Hand. Die Frauen schickten die Männer vor, damit sie erledigten, was sie selber nicht machen wollten. Und die lieben Männer erledigten das genau so, wie wir Frauen es haben wollten. Als die Diskussion mit dem Frauenstimmrecht kam, sagten wir immer: »Die sollen doch nicht so ein Theater machen. Wir sagen den Männern sowieso, was sie stimmen sollen, das ist doch kein Problem.« Das war unser Tenor, wir fühlten uns den Männern niemals unterlegen. Wir hatten sie, seien wir ehrlich, weitgehend in der Tasche.

Heute hat sich das alles verändert, das sehe ich. Einfacher ist es nicht geworden, scheint mir. Ich denke manchmal, die Frauen sollten sich ein wenig mehr bewahren. Und sie sollten immer wieder versuchen herauszufinden, wer sie sind. Weiterlernen, an sich und dem Leben, das hört eigentlich nie auf. Die Augen offen haben, sich die Neugierde bewahren.

Ich habe schon bemerkt, dass ich älter werde, aber es interessiert mich nicht. Ich habe immer zu tun. Am Älterwerden ist der Spiegel das Elendigste, wenn man reinschauen muss und denkt: »O Gott, dieser Rumpfelhaufen, dieser Faltenwurf, das bin also ich.« Es ist wirklich rücksichtsvoll vom lieben Gott, dass die Augen auch schlecht werden. An das Altsein zu denken, hatte ich eigentlich nie Zeit. Und plötzlich bist du es, stellst das einfach fest. Und stellst gleichzeitig fest, dass es nicht so schlimm ist, wie du dachtest. Überhaupt nicht schlimm. Wenn man gesund ist, ist es überhaupt nicht schlimm. Blöd ist nur das mit der Beweglichkeit, aber da gibt es auch Techniken. Man lüpft zum Beispiel die Füsse nicht mehr richtig, man schlurft so herum und stolpert gerne, das ist gefährlich. Ich bin schon auf die Nase gefallen, aber jetzt habe ich eine Technik gefunden. Nicht in einem Kürsli für Senioren. Lieber nicht! Lieber selber. Es liegt das meiste im Becken, in der Jugend wie im Alter. Wenn man im Becken Kraft und Haltung hat, dann hebt man die Füsse automatisch richtig an. Und das gibt einen ganz anderen Gang als dieses geriatrische Schlurfen.

Man kann so vieles selber herausfinden, wenn man auf den Körper hört. Das sollte man eigentlich, nach so vielen Jahren trauter Zweisamkeit. Mit den Therapien habe ich es nicht so. Aber den Doktor mag ich ausgesprochen. Wenn ich ein Bobo habe, will ich, dass das behoben wird, und zwar effizient. Homöopathie ist recht, wenn sie hilft, aber ich bin da nicht sektiererisch. Die Hanny Fries sagte einmal: »Es lebe die Chemie, gäll!« Für unser Alter ist die Chemie wunderbar. Alt zu werden, liegt bei mir ein wenig in der Familie. Schon mein Grossvater wurde sehr alt, er war Irrenarzt und Direktor der Psychiatrischen Klinik in Münsingen. Auch die Grossmutter wurde über neunzig und ein Onkel fast hundert. Alt werden heisst für mich aber nicht unbedingt sich zur Ruhe setzen, rumsitzen. So wahnsinnig ruhig muss es für mich nicht sein. Ich mag es gern, wenn etwas läuft und ich selber entscheiden kann, wie ruhig ich es haben möchte. Das ist wahrer Luxus. Solange sie mich wollen und solange es geht, werde ich arbeiten. Weil es mir Freude macht.

Alt werden heisst auch, einen neuen Blick auf die Welt bekommen. Ich merke, dass ich plötzlich Sachen wahrnehme, die ich vorher nicht sah. Das Blümelein am Wegesrand taucht plötzlich wieder auf, buchstäblich. Ich glaube, wenn man alt wird, geht man zurück in den kleinen Kreis. Die Welt wird wieder klein und einfach, wie als Kind. Vielleicht, zuallerletzt, höckelt man da und freut sich an den lustigen Flecken, die man neuerdings hat auf dem Handrücken.

Vom Tod habe ich keine Vorstellung. Oder eine romantische. Dass ich aus dem Fenster fliege, also meine Seele, wie eine Elfe oder der Käfer auf seiner letzten Mondfahrt. Ich finde es eine schöne Idee, das Fenster einen Spalt offen zu lassen, damit die Seele hinausfliegen kann. Ich sehe mich tot eher herumfliegen als neben einem strengen Herrgott sitzen. Ich sehe mich auch im Tod nicht so sitzend. Aber was sonst, muss ich mir noch überlegen. Ewig nur herumfliegen ist auch nichts, man sollte vielleicht einmal ankommen. Ich werde sehen.

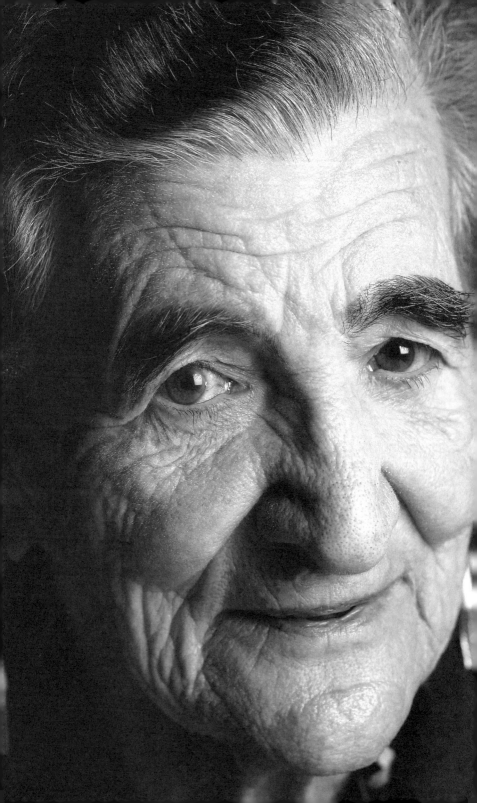

Urselina Gemperle

24. Juli 1921

Auf einem Campingplatz im Bündnerland sitzt Urselina zart vor drohendem Felsgestein und hält ihr Handtäschchen auf dem Schoss. Sie ist die älteste Überlebende einer Familie von Jenischen. Man sitzt im Schatten des ausladenden Wohnwagens, an Plastiktischen, auf diesen Guss-Stühlen, die es jetzt überall gibt auf der Welt. Im Mundwinkel blitzt Gold, wenn Urselina lächelt.

Ich heisse Urselina. Ich bin eine Huber. Bin die Schwester vom Röbi Huber. Der andere Name ist geheiratet. Geburtstag habe ich – ja wann? Am 24. Juli 1921. Auf die Welt kam ich im Wohnwagen, aber in welcher Ecke weiss ich auch nicht mehr. In der Schweiz irgendwo war es. Wir waren eigentlich viel in Weesen, am See, am Walensee.

Ich bin die Älteste der Mama. Wir waren zwölf. Im Ganzen, aber zwei oder drei sind früh gestorben. Ich weiss das nicht mehr recht. Die, die daheim waren, kannte ich schon. Wir sind ja, kann man sagen, miteinander aufgewachsen. Wir haben einander jedenfalls immer wieder gesehen. Daheim – wir waren überall daheim. Wir sind Zigeuner. Gegen den Namen Zigeuner habe ich nichts. Was soll ich gegen diesen Namen haben? Mit uns waren sie recht. Wir kamen aus mit den Leuten, ich komme mit allen aus. Ich habe kein Problem.

Wir waren oft viele beieinander, aber wir kamen aus. Die Familie, das sind viele, die Verwandtschaft, alle gehören zusammen. Solange der Vater und die Mutter noch lebten, waren die auch dabei. Alle gingen auf die Reise. Wir sind Zigeuner, wir reisens durch die Welt – das ist so ein Spruch. Aber eben, mein Vater starb jung. Ganz jung, ich war noch ein Meiteli. Zehn oder zwölf war ich, als er starb. Er war erst dreissig.

Knapp erinnere ich mich daran, an den Vater. Sie haben uns einfach gesagt, der Vater ist gestorben. Er hat sich aufs Bett gelegt und war tot, haben sie gesagt, nach einem zu kalten Bier. Ich habe ihn gesehen. Ich weiss nicht mehr, mit wem ich den Vater anschauen ging. Er lag irgendwo. Auf einem Platz, wo wir gerade waren. Geschmückt war er nicht, nicht gross geschmückt. Ein Sträusschen hat dieses oder jenes schon geholt, aber da hat man nicht so – nicht so übertrieben.

Für die Mutter war das allwäg schon nicht leicht. Wie ist es weitergegangen? Ja wie wohl, sie haben weitergelebt. Ich habe – ich hatte es nicht schlecht. Ich habe keine schlechte Jugend gehabt. Ich hatte es recht, wo ich war. Ich kam zu Leuten, ich kannte sie von vorher. Sie waren recht mit mir. Ich kam weg von der Mutter, nach dem Tod vom Vater. Alle kamen weg. Es kam eine Frau und sagte: »Du kommst jetzt mit mir.« Die nahm mich einfach mit. Ich kam zu diesen Leuten, und dort hatte ich es recht. Der Mutter war es nicht recht. Das ist logisch. Alle Kinder weg.

Und mit der Mutter – was wollten sie mit ihr machen? Sie hatte ja nichts verbrochen. Ich weiss es selber nicht, was sie mit ihr machten. Nein, weiss es nicht. Ich möchte nichts – der Röbi weiss das besser. Ich möchte da nicht weiterreden. Über die Mama – nein. Es waren eigentlich gute Leute, wo ich hinkam, in Weesen, ich hatte es recht. Ich hatte noch lange Kontakt mit der Frau, auch als ich schon verheiratet war. Ich kann mich nicht beklagen.

Mit dem Siegfried hatte ich nie etwas zu tun. Vom Herrn Siegfried heisst es jetzt, er war schlecht mit den Zigeunern, auch mit den Kindern. Er war der Vormund, von der Pro Juventute, das ist eine Schweizer Kinderorganisation. Da waren auch Bundesräte dabei. Sie nahmen den Eltern die Kinder weg, weg von der Strasse. Hilfswerk »Kinder der Landstrasse« hiess das. Mit mir war der Siegfried recht. Ich habe immer gesagt, ich kann nicht über den etwas schimpfen. Ich kann da nichts sagen. Ich war zwölfjährig, als ich von der Mama wegkam.

Ich ging nicht viel in die Schule, überhaupt nicht. Ich ging erst, als sie mich der Mutter wegnahmen. Ich ging nicht gern. Im Ganzen etwa zwei Jahre ging ich in die Schule, nachher. Ich habe nichts vermisst. Lesen kann ich. Schreiben kann ich auch. Was ich schreiben muss, kann ich schreiben, und mehr will ich nicht. Ich will keine Briefe schreiben, wozu. Ich kann ja reden. Rechnen kann ich auch. Natürlich nicht, was sie heute rechnen. Mit dem Geld komme ich aus, und mehr brauche ich nicht.

Man hat bei diesen Leuten, wo ich war, nicht unbedingt darüber geredet, dass ich ein Zigeunerkind bin. Nicht unbedingt geredet. Aber es gab immer solche, die sagten: »Schau, das ist ein Zigeuner!« Ich habe mir da nie etwas daraus gemacht. Ob die einen schimpften »Pass auf, das ist eine Zigeunerin«, war mir gleich. Wir sind Zigeuner, wir reisens durch die Welt. Wir sind Zigeuner, wir brauchens Geld – das haben wir manchmal gerufen.

In der Schule war nichts Besonderes. Ich bin gut ausgekommen. Ich bin überall gut ausgekommen, ich weiss nicht, warum. Man war recht mit mir. Ich kann mich an nichts anderes erinnern. Ich kannte diese Leute schon vorher und war oft bei ihnen. Bis zwanzig, bis volljährig hätte man bleiben sollen bei den anderen Eltern. Ich ging ein wenig vorher.

Ich hatte eigentlich eine gute Jugend, trotzdem ich unter dem Siegfried war. Er hat mit mir auch nie –. Der Siegfried war mit mir recht. Und ich weiss auch nichts anderes von meinen Brüdern. Er hat sie immer mitgenommen. Der Röbi ist immer abgehauen. Ich kann nichts sagen, der Siegfried war recht mit uns. Aber Wegsein von der Mutter, das war schlecht. Es war halt nicht gleich wie heute, es war alles anders. Es gab eben viele, die sagten: »Achtung, Zigeuner!« Das hört man auch heute noch. Es hat auch unter den Unseren allerhand für Schäfchen.

Ich musste arbeiten. Ich hatte eine gute Stelle. Ich arbeitete bei den Leuten, wo ich hinkam, in Weesen, im Haushalt. Ich hatte es also recht. Ich machte alles, was man als Mädchen machen musste. Ich kann nicht viel erzählen. Was machen Kinder, wenn sie arbeiten? Das Gleiche wie die Erwachsenen. Alles, was gemacht werden muss, ich musste alles machen. Du hast in der Küche gearbeitet und hast überall sonst gemacht, was sie sagten. Also ich hatte es recht. Ich kann mich nicht beklagen.

Ich bin dann einfach gegangen. Ich bin irgendwann abgehauen. Ich wusste immer, die ganzen Jahre, wo die Mutter ist, und ging einfach zu ihr. Die Mama war überall. Die anderen waren auch überall. Immer war irgendwo jemand von uns. Sie hat mir immer berichtet, wo sie ist. Es hat es mir immer jemand berichtet. Ich kannte ja unsere Verwandtschaft, und es wusste immer jemand etwas. Es kam immer wieder jemand und erzählte von der Mama. Ich wusste immer, wo sie ist.

Mit achtzehn dachte ich, jetzt gehe ich. Ich bin abgehauen. Die Mutter kam, und ich ging mit ihr. Es war nicht in der Nacht, es war normaler Tag. Ich ging mit ihr einfach weiter, ich habe mich nicht verabschiedet. Es war einfach Zeit. Ich weiss nicht mehr genau, wie das war, ich war dann einfach wieder bei ihr. Sie waren im Wohnwagen, und ich wohnte von da an auch wieder dort. Ich ging lange mit der Mutter auf die Reise. Es ging einfach alles weiter. Wie jetzt.

Mit zwanzig kam ich mit meinem Mann zusammen. Ich kannte ihn schon als Kind. Mit zwanzig konnte ich heiraten, ich war nicht mehr unter dem Siegfried. Beim Siegfried habe ich nie gewohnt, aber ich habe ihn getroffen. Ich hatte es eigentlich gut. Vom Siegfried kann ich nichts sagen. Mit mir war er recht, und mit meinen Brüdern war er auch recht. Er hat sie in die Ferien mitgenommen. Er war anständig mit ihnen. Ich kann nichts Schlechtes über den Siegfried sagen, mit uns war er recht. Und ich glaube nicht, dass er meine Brüder –. Ich glaube nicht, dass sie schlecht über den Siegfried redeten. Ich habe das nie gehört. Es hatte natürlich auch unter unserseins allerhand für Schafe. Sie waren nicht besser, aber man kann auch nicht sagen, man war schlechter.

Ich habe mich immer als Zigeunerin gefühlt. Ich habe mir gesagt, ich bin eine und ich bleibe eine. Ich hatte ein – ich hatte ein normales Leben. Ich kann mich nicht beklagen. Klar, ich musste schinageln, viel arbeiten. Und abgesehen davon gab es auch strenge Zeiten, nicht nur gute. Man hat es ausgehalten.

Ich bin eine Huber. Der Robert sagt, wir hiessen davor auch einmal Moser, dazwischen noch mal anders, am Schluss hiess ich Gemperle. Der erste Mann hiess Johann, der starb jung. Wie der Vater, auch an Lungenentzündung, weiss auch nicht warum. Man hatte wenig. Wir sind in den Wohnwagen aufgewachsen, da hat man manchmal eine Krankheit bekommen. Plötzlich, und starb. Ich war da bei der Mutter. Die Mutter war immer bei mir. Und dann kamen ja die Kinder. Wie viel hatte ich? Vier hatte ich.

Meine Kinder kamen auch weg. Nach dem Tod von meinem Mann nahmen sie sie mit. Aber sie waren nicht lange fort, die Brüder schauten, dass ich sie wieder zurückbekam. Meine Brüder zusammen mit meinen Onkeln, die schauten. Wir halfen einander, die Familie, wir schauten zueinander, auch der Röbi und ich. Der Röbi ist gut zu mir. Er war der Jüngste, ich die Älteste. Obwohl wir Geschwister unter den Bauern aufwuchsen und in den Heimen, wir hatten eine gute Beziehung. Die kamen immer wieder, meine Geschwister. Ich weiss, als ich so ein Mädchen war, kam immer wieder jemand. Die Mutter kam allpott. Der Röbi kam auch immer, der besonders, der haute ja überall ab. Der war eigentlich bei den Bauern versorgt und in den Heimen, aber er haute ab, auch aus dem Gefängnis. Ich hatte also keine schlechte Jugend. Man musste sich einfach damit abfinden. Und es kommt viel darauf an, wie man sich selbst aufführt. Wir haben allerhand für Schafe unter unseren Leuten. Es hat überall gute und schlechte.

Meine Kinder waren später nicht mehr bei der Pro Juventute wie wir, nur kurz. Die sind daheim aufgewachsen. Ich meine damit bei uns, im Wagen. Bei uns ist überall daheim, einfach wo man gerade ist. Wir hatten einen grossen Wohnwagen. Aber nicht so einen grossen wie der hier. Nicht mit so einem Himmelbett. Kein Plüschsofa und auch keine Küche, so viel Platz hatten wir nicht. Wir waren in einem mit den Kindern, alle zusammen, wo hätte man auch sonst sein sollen. Und dann hatten wir noch einen kleineren, wo die Eltern drin waren. Man war nicht so heikel wie heute. Meine Kinder gingen alle in die Schule. Heute müssen alle in die Schule. Aber müssen und machen ist zweierlei.

Die Pro Juventute kam dann nicht mehr. Also, ich hatte es bei der Pro Juventute – ich hatte es recht. Und der Siegfried war recht mit mir, ich kam gut aus. Und auch die Brüder, ich weiss, sie mussten mit ihm in die Ferien. Sie haben immer gesagt, da könnte man sie auch heute noch fragen, mit uns war er recht. Wir hatten auch allerhand für Schafe unter den Unseren.

Ich habe meine Kinder daheim geboren. Ich glaube nicht, dass da ein Doktor kam, ich weiss es nicht mehr. Ich hatte nie viel zu tun mit den Döktern, ich kann gut leben ohne die. Ich hatte die nicht so gern. Ich hatte überhaupt nicht so gerne andere Leute. Ich war für mich mit meinen Leuten und die anderen für sich. Ich bin für mich und der Kuhdreck für die Fliegen, das habe ich immer gesagt. Unsere Familie war für sich, wir waren für uns. Es war uns wohler so.

Der erste Johann starb, und einen Mann haben muss man. Männer hat es ja genug, aber den rechten finden, das ist die Kunst. Ich hatte es also gut. Doch, ich hatte es gut. Ich hatte einen guten Mann, auch der zweite war gut. Er hiess Johann. Beide hiessen Johann. Die meisten heissen Johann bei uns. Beide Männer waren Jenische, einen Sesshaften hätte ich mir nicht vorstellen können. Nie. Ich bin eine Zigeunerin. Die anderen sind nichts für uns. Jetzt gibt es viel mehr Gemischte, aber für mich wäre das nichts gewesen. Jetzt sind sie moderner, auch die Jenischen, das ist nicht mehr das Gleiche.

Man ging hausieren, was wollte man anderes machen? Man kannte nichts anderes. Ich habe das gern gemacht. Ich mache es heute noch gern. Man hatte immer Leute, die mit einem recht waren. Zu denen ging man.

Allerhand habe ich verkauft, Handtüchlein, Nastüchlein, solche Sachen verkauften wir. Ich hatte es in einer Tasche. Und dann läutete ich an der Tür. Es gab manchmal solche –. Aber im grossen Ganzen waren sie recht. Also ich hatte eine rechte Jugend. Ich hausierte auch weiter, als ich verheiratet war, da erst recht. Auch der zweite Johann war ein Zigeuner, beide haben ja in dem Zeug gelebt. Man musste doch von etwas leben. Die Frauen gingen hausieren, sagen wir mit Handtüchlein, die Männer hatten Stricke oder Seile und solche Sachen. Mehr Sachen für die Männer, die Frauen mehr für die Frauen. Wir hatten ein Geschäft im Glarnerland, wo man die Sachen günstig beziehen konnte. Die Männer haben auch Messer geschliffen, Körbe gemacht, Schirme geflickt. Und später sind sie mit Metall gefahren, Altmetall. Das lief gut. Also wir hatten es recht.

Die Frauen waren mehr für sich und die Männer auch, aber befehlen tun immer die Männer bei den Jenischen. Befehlen tut also schon der Mann. Das hat uns nie gestört. Machst es einfach, wenn der Johann es so will. Man hat miteinander geredet, und er sagte, am gescheitesten machen wir es so. Und so machte man es. Das ist heute noch so, das stört keine, jedenfalls kenne ich keine, die das stört. Manche sagt, ja, ich mache, was der Johann will. Er muss wissen, was gut ist. Es hat auch unter den Unseren Frauen, die befehlen wollen, aber gewöhnlich kommen sie nicht weit mit dem Befehlen. Für mein Gefühl ist der Mann da zum Befehlen. Er muss wissen, was er will, und wissen, was gut ist. Er ist der Chef. Wenn der Chef gut ist, läuft es gut. Ein guter Chef schaut für alle.

Der oberste Chef ist der Herrgott. Sicher glaube ich an den Herrgott, ich bin katholisch. Aber die Pfärrer sagten mir nichts, ich brauche keinen Pfarrer, um ein Vaterunser zu beten. Wenn man eine Kirche sieht, geht man hinein, betet ein Vaterunser und fertig. Das muss nicht am Sonntag sein, das kann irgendwann sein. Wenn man hausieren ging und kam an einer Kirche vorbei, dann ging man hinein und betete ein Vaterunser. Vielleicht noch eine Kerze. Ich weiss nicht, ob es geholfen hat. Für mich war das recht. Ich hatte es nie schlecht. Es hat gutgetan.

Der Schutzengel war für uns der Vater und die Mutter. Die haben immer für uns geschaut. Und etwas anderes wollte man nicht. Und kannte man auch nicht. Auch als der Vater starb und wir von zu Hause wegkamen – für uns war die Mutter immer da. Sie war immer in der Nähe, sie wusste immer, wo wir sind. Für sie – ich will nicht von der Mutter reden. Sie hatte es nicht leicht. Sie war noch nicht alt, als sie starb. Noch nicht fünfzig. Sie starb in einer Klinik, Irrenhaus, weiss nicht, warum. Der Vater starb im Wohnwagen. Das waren Zeiten. Aber im grossen Ganzen, wir hatten es recht. Man hat einfach gelebt, wie es ging. Träume hatte man keine. Träume sind Schäume.

Das Leben ist einem vorbestimmt. Das ist ganz logisch. Der Herrgott befiehlt über das Leben, da kann man nichts beeinflussen. Es wird alles bestimmt. Das ist schon so, wenn man auf die Welt kommt. Wir sagen, es ist vorbestimmt, was das Leben mit einem macht. Die Zeit des Lebens und was daraus wird, das ist schon gemacht. Wird in die Wiege gelegt, bei allen. Es kommt schon darauf an, wie sich die Leute aufführen. Aber im grossen Ganzen ist es gemacht. Die meisten von uns glauben das. Wenn etwas war, dann sagt man, das musste so sein. Was willst du machen, kannst es nicht ändern. Es hat sein müssen.

Mein zweiter Johann starb auch jung. Die Männer sterben gerne. Da waren die Kinder zwölf-, vierzehn-, fünfzehnjährig, so. Da habe ich die Kinder allein durchgebracht. Aber bei uns ist das nicht das Gleiche. Da hilft man einander. Es war immer jemand da, der auf die Kinder schaute. Und die anderen gingen schaffen. Was heisst schaffen, wir gingen einfach hausieren. Aber wir haben unser Brot selber verdient. Wir nahmen es nicht von anderen, das ist wichtig. Das war für uns das Wichtigste, dass wir selber für unsere Familien sorgten. Und die Frauen schauen untereinander, helfen einander. Alle helfen einander. Da kann man sich drauf verlassen.

Ich wollte nie etwas anderes. Ich hatte es recht. Auch heute noch, wir haben unser eigenes Leben. Wir fragen die anderen nicht, was wir machen sollen. Wir zahlen unsere Steuern, wir zahlen unser Zeug, und der Rest geht niemanden etwas an. Was in unseren Familien läuft, geht niemanden etwas an. Das war schon früher so. Man ist halt mehr für sich als die anderen. Wir sind für uns. Ich bin für mich und der Kuhdreck für die Fliegen. Damit bin ich gut gefahren.

Ich kann mich nicht erinnern an schlechte Erlebnisse. Man kam immer davon. Man machte, was man musste. Man hatte vielleicht – Probleme hatte man ja auch. Sagen wir, der einen haben sie wieder die Kinder weggenommen und der anderen auch. Und dann gingen die Männer und holten sie zurück, und dann ist man abgehauen. Wichtig ist, dass man auskommt. Dass es keinen Streit gibt, dass die Familie zusammenhält. Und die Gesundheit. Dann geht es immer weiter.

Ich war gesund, im grossen Ganzen. Aber einmal, sehr lange, war ich krank. Mehr als zwei Jahre war ich in einem grossen Spital. Ich weiss nicht mehr, wo, und ich weiss nicht, was ich hatte und was sie mit mir machten. Ich war einfach lange im Spital, ich weiss nicht, ob ich etwas hatte. Ich war da ein Kind. Nachher war ich nie mehr krank, nie mehr im Spital. Nie mehr. Keine Dökter mehr, nie mehr. Ich kann besser leben ohne.

Es kam vor, dass Kinder gestorben sind. Da kann man nichts machen, das kommt auch bei den anderen vor. Das kann niemand bestimmen. Das ist einem in die Wiege gelegt. Zwei Buben und zwei Mädchen hatte ich. Beide Mädchen starben früh. Sie waren einfach krank und starben. Man muss sich damit abfinden, das muss man automatisch. Es geht ja wieder weiter. Das ist schon eine grosse Überwindung, wenn so ein Junges gehen muss. Wenn die Zeit da ist, gehst du einfach und bist tot.

Es gibt schon etwas, irgendwo, das weitergeht, das glaube ich. Man weiss es nicht, aber etwas ist schon. Wir glauben das. Aber ganz logisch, wenn ich tot bin, bin ich tot. Von mir aus kann der Tod noch warten. Und wenn die Zeit da ist, gehst einfach. Ich habe keine Vorstellung davon. Vor dem habe ich überhaupt keine Angst. Das ist mir gleich, wenn ich tot bin, bin ich tot.

Die Kinder begrub ich, wo sie starben. Wo wir gerade waren. Friedhöfe hat es überall. Ans Grab gehst du viel, ganz sicher, ans Grab gehst du viel. Viel. Da betest ein Vaterunser. Und auch ein Gegrüsst-seist-du-Maria, das gehört dazu. Maria ist am wichtigsten. Dann gehst du wieder und fährst weiter.

Irgendwann war es Zeit, und dann sagte man, jetzt gehen wir. Es war einfach die Zeit da, da sagten die Männer, wir fahren. Im Frühling ist man ausgezogen. Im Winter waren wir in der Wohnung in Weesen, wir hatten dort immer eine Wohnung. Ich kann mich nicht erinnern, dass eines nicht gefahren wäre, wenn es einigermassen konnte. Das Fahren ist im Blut. Wir sind Zigeuner, wir reisens durch die Welt. Vielleicht gibt es uns darum noch, weil wir zusammen sind und fahren.

Wenn eines Hilfe braucht, dann sind die anderen da, egal, wo man gerade ist. Früher ging man mit Ross und Wagen, jetzt ist das anders. Jetzt sind die Jenischen auch weiter fortgeschritten. Aber es ist ein eigensinniges Volk. Die machen, was *sie* wollen, nicht, was die anderen wollen. Sie vermischen sich nicht. Wobei – es hat inzwischen viele Frauen, die eigentlich nicht von uns sind. Aber die würden nicht mehr zurückgehen. Die sagen, ich habe es recht so, mein Johann ist recht. Ich möchte gar nicht mehr etwas anderes. Ich glaube schon, dass wir Jenischen überleben, immer weiter. Ich hoffe es.

Viele heiraten immer noch früh. Ob das gut ist, kommt darauf an, wie eines wählt. Und auf die eigene Einstellung. Man darf nicht verwöhnt sein. Man muss am gleichen Strick ziehen. Befehlen tut der Mann, aber die Frau wählt ihn. Den richtigen wählen können bei uns schon die Jungen. Das hat nichts mit dem Alter zu tun. Die Männer sind vielleicht schon etwas anders bei uns. Die haben ihren eigenen Willen. Sie sagen, so wollen wir es und nicht anders. Das ist sonst nicht mehr Mode. Aber bei uns schon. Es gibt immer noch Frauen, die wollen, dass der Mann befiehlt. Sie sagen, jetzt mache ich, was der Johann will.

Ein Mann muss einfach recht sein. Und ein schöner Mann. Er muss gut aussehen, gepflegt sein. Bei uns kann man die Männer anschauen, wann man will, sie sehen immer gut aus, sind immer recht angezogen. Sonst sagen wir: »Das ist ein Kundi, der ist nichts wert. Der hat keinen Stolz, der läuft herum, wies grad kommt. Der läuft ja herum wie ein Bauer.« Das machen die jenischen Männer nicht. Unsere Männer sind stolz. Und das ist für die Frauen gut. Das ist auch der Stolz der Frauen, so ein schöner Mann. Wir tragen nur Gold, keinen Kitsch.

Die Männer wollen von den Frauen das Gleiche. Nur müssen die Frauen gehorchen, der Mann befiehlt. Auf Händen getragen wurden wir nicht. Man musste schaffen. Aber ich hatte es recht. Hochmut und so hat mir nie viel gesagt. Ich bin gern zufrieden.

Wenn eine Frau nicht folgt – es kommt darauf an, was sie folgen muss. Solange eine nicht grad fremdgeht, ist das nicht schlimm. Wenn eine fremdgeht, dann heisst es: »Hau ab, verschwinde aus meinem Leben!« Die Frau sagt nicht »Hau ab«. Die geht selber. Die muss gehen, wenn es ihr nicht mehr passt. Wenn die Mutter verschwindet, dann bleiben die Kinder bei der Grossmutter. Heute ist das so. Früher kamen sie weg.

Wir sangen viel und örgelten. Jodeln und singen und tanzen und springen. Das gefiel den Leuten, auch dem Siegfried. Ich konnte gut jodeln. In letzter Zeit jodle ich manchmal wieder, wenn ich allein bin und etwas mache. Ich hatte das lange nicht mehr gemacht. Die Musik gehört seit früher dazu bei uns. Eine Zeit lang war sie fast ganz weg. Aber jetzt kommt die Musik langsam wieder bei den Jungen. Auch unsere Sprache, das kommt wieder. Wir reden sie eigentlich vor allem, wenn wir nicht wollen, dass es jemand versteht. Damit sind wir gut gefahren. Ein Ruech ist ein Fremder, einer, der uns nichts angeht. Ein Binggel ist ein Lediger. Die Frau ist eine Gaia, der Mann ein Gaschi, das Kind heisst Galm. Und das Mädchen ein Schigeli. Wenn man viel beieinander ist, da lernt man die Sprache und auch die Musik voneinander. Es kommt auch auf die Laune an.

Ich hatte nicht viel Zeit mit meiner Familie, ich meine, mit den Geschwistern. Zum Jodeln und Singen und Tanzen und Springen. Ich hatte zwei Schwestern, es waren zwei schöne Schigeli. Sie sind schon lange tot. Sie waren krank, hiess es. Man weiss nichts über sie. Sie kamen weg von der Mutter, sie wurden ihr weggenommen.

Nein, es stimmt nicht. Sie waren nicht krank, sagt der Röbi. Es war anders. Eine hat sich das Leben genommen. Sie hat sich selber vergast, sie war ein kleines Mädchen. Ich will nicht davon reden. Es tut weh. Es tut mir weh, der Röbi kann reden.

Es gibt allerhand im Leben. Es gibt allerhand für Schafe. Ich hatte es recht. Zu mir waren sie recht, ich kann nicht klagen. Es ist jetzt vorbei, ich kann es nicht ändern. Alles geht weiter.

Maria Loretz

11. Juli 1912

Das Tal ist schmal, ein karges Kinderbett hat sich der Rhein ge-
richtet. Steil steigen Wände auf, schlecht rasiert und gitternarbig
prangen sie über den Wiesen. Aus der Nähe sieht man Wälle,
Pfähle, Mauern, Streben, Pflöcke, Plachen, Stahle, Rohre, Taue,
Netze gegen das Rutschen von Erde und Schnee. Unten die edle
Therme, das alte Kirchlein, die Gräber, die Post, das Lädeli, der
Brunnen, drei Handvoll Häuser, Gärten, Ställe, alles verstreut, als
hätte grosses Wasser sie angeschwemmt, auseinandergerissen. In
Marias Stube brennt warmes Licht. Ruhig zählt eine Wanduhr.

Wir waren sieben Buben und ich allein. Aber einer ist mit
nicht ganz zweijährig gestorben, an Keuchhusten, da waren es
nur noch sechs. Und jetzt sind bald alle tot. Ich war die Dritte
und schaute zu den Buben. Ich fand das nicht schwierig, ich war
das so gewöhnt. Man wusste es nicht anders.

Im Moos war das Maiensäss, dort wohnten der Vater und
die Mutter die meiste Zeit. Wir hatten ein Haus im Tal, das
Maiensäss und eine Alp. Man war dort, wo das Vieh war. Wenn

das Futter hier unten fertig war, gingen sie hinauf. Wenn es oben fertig war, kamen sie wieder herunter. Es ist gut für die Tiere, nicht immer das Gleiche zu fressen. Der Grossvater war fast nur auf der Alp, dort hat er auch Härdöpfel gesteckt, der kam eigentlich nie herunter. Die Hütte dort oben war grad ein bisschen sein Heiligtum, dort war er richtig zu Hause, säb scho. Im Sommer hatten wir keine Schule, vom April bis Oktober, wir waren gescheit genug. Ich habe es nie vermisst, in die Schule zu gehen. Was ich in den acht Jahren lernte, langte mir. Für das, was ich brauchte, langte das. Ich habe nie daran gedacht, in die Kantonsschule nach Chur zu gehen. Ein Bruder ging.

Wenn wir keine Schule hatten, waren wir zuerst bei den Eltern auf dem Berg, das war schön. Später blieben wir Kinder hier unten. Landwirtschaft machten vor allem der Vater und die Mutter, die Onkel, der Grossvater. Die Buben gingen unten arbeiten. Sie halfen, wo es etwas gab, als Maurer und solche Sachen. Die Mutter sahen wir nicht so häufig. Wenn sie im Maiensäss war, musste ich schauen, dass die Brüder recht taten.

Wir waren ein wenig eine lustige Familie. Der Älteste konnte die halbe Nacht auf dem Ofen hocken und erzählen und erzählen. Der eine wusste das, der andere säb und dieses, und so ging das die halbe Nacht. Und am Morgen kamen sie nicht aus dem Bett. Viele der Brüder waren sehr musikalisch, zu Hause wurde gesungen und getanzt und Musik gemacht. Da hat manchmal fast das Haus gezittert. Manchmal hat es ja auch wegen anderem gezittert, es passierte viel in unserem Tal. Ich machte das Tanzen nicht mit, ich war meistens müde am Abend und ging früh ins Bett.

Der Vater kam am Morgen um sechs schon herunter vom Berg, er kam immer, um zu schauen, ob alles in Ordnung war. Um vier Uhr ging er füttern, und um sechs kam er bei uns vorbei. Drehte den Ziger und brachte uns Milch. Die meiste Milch behielten sie oben und machten Butter und Käse, den Rest fütterten sie den Schweinen. Wir hatten Kühe, Schweine, Geissen und Schafe, säb scho. Die Geissen und Schafe mussten wir hier unten hüten. Wenn der Vater kam, waren die Buben meistens nicht auf. Ich stand zuerst auf und machte Feuer. Wenn ich den Vater kommen sah, sprang ich die Treppen hinauf und rief: »Jetzt chömid! Der Vater ist da, macht doch endlich!«

Es hat dann manchmal geklöpft. Der Vater war eigentlich fein in der Seele, aber mit den Buben war er aufbrausend. Sonst konnte er nicht einmal einer Henne etwas zuleide tun, das besorgte der Onkel für ihn. Die Mutter nicht, die war sehr sanft mit allen. Sie hatte im Maiensäss ein Rehlein, das lief ihr überallhin nach. Mein Onkel war Wildhüter und brachte es ihr nach Hause, weil es keine Mutter mehr hatte. Wenn der Vater nicht da war, machten die Buben doch, was sie wollten. Aber der Mutter folgten sie immer. Der Mutter taten sie alles, sie musste eigentlich nichts sagen.

Der Vater war sehr viel fort. Nicht nur auf dem Berg, er war viel draussen. Fast alle Männer gingen für die Saison weg in die Hotels, auch viele Frauen. Wenn eines nicht wollte, hat man es nicht fortgeschickt. Aber die meisten Valser gingen hinaus. Wenn man Geld wollte, musste man in die Hotels. Die Buben mussten das Geld abgeben, bis sie heirateten, säb scho. Dafür wurde einem nicht besonders gedankt, das war einfach normal. Jeder trug bei, was er konnte, es ging nur so. Drum gab es bei uns auch keine Herren. Es gab keinen, bei dem man sagte, das ist jetzt ein feiner Herr, der muss das nicht machen. Höchstens später, als sie von auswärts in die Ferien kamen, da gab es Herren. Aber sonst schafften alle im Dorf, eins wie das andere, so wie es konnte, auch die Kinder, auch die Tiere.

Der Vater war Portier in den Hotels, zuerst im Kurhaus Passugg, dort waren fast alle Saisonniers Valser. Er kam zwischendurch nach Hause, brachte Geld und ging dann wieder. Der Grossvater ging bis nach Rom. Viele Jahre war er Concierge in Rom. Er ging zu Fuss über die Berge ins Tessin, mit dem Rucksack und dem Stock. Der Grossvater ging immer alles zu Fuss. Wenn wir einmal die Rösslipost nahmen, um schneller hinauszukommen, schimpfte er, das sei hinausgeworfenes Geld. Er ging über Peil hinab nach Hinterrhein, dann über den Bernardino und dann das Misox hinunter bis Bellinzona. Zu seiner Zeit trug man noch das ganze Zeug über die Pässe herein, Reis und das Türkenmehl, die Bramata, das ist Griess für die Polenta.

Das Herumziehen war normal, säb scho, das machten viele, nicht nur bei uns oben. Einer kam immer, der hiess Wilhelm und hatte einen schwarzen Koffer. Der brachte Stoffmuster von Schwarz, Furger & Compagnie aus Chur, auch Pullover und Schürzen. Den Stoff brauchte die Mutter, weil sie Berge und Berge nähte. Auch Kesselflicker und Scherenschleifer kamen. Die blieben eine Zeit lang unten am Rheinufer mit Ross und Wagen und flickten. Man schätzte sie, das waren gute Leute, ja klar. Auch eine Frau kam immer, die Grosskrämerin, die hiess so, weil sie so gross war. Wir waren auch alle gross, aber nicht so gross wie die Grosskrämerin. Sie trug das ganze Zeug auf dem Rücken, auf einem Traggestell, einen ganzen Laden. Einen Teil der Sachen hatte sie schön aufgehängt, Schürzen und Bänder zum Beispiel, damit man es sehen konnte. Die kam mindestens einmal im Jahr, immer zu Fuss. Sie hatte viel zu erzählen, die kam weit herum. Auf die Grosskrämerin wartete man.

Klar, man hatte immer etwas zu erzählen. Man hat aller Gattung erlebt, Schönes und Lätzes. Das Schöne vergisst du geschwinder. Das Leid bleibt dir länger. Das bleibt halt einfach.

Als das Hochwasser kam, füllte es das ganze Dorf. Im Siebenundzwanzig kam das Wasser, und im Achtundzwanzig kam es wieder, auch später immer wieder. Die Kirche sah aus wie ein Schiff, den Dorfbrunnen und alles rundherum sah man nicht mehr. Es regnete und regnete, von allen Seiten strömten Bäche herunter. Über die Hänge, die Wege, die Gärten, die Wiesen, einfach überall kamen Bäche herunter. Ein wahnsinniger Lärm und ein Tosen und Dreck überall, Steine, Bäume, die Brücken riss es fort. Wir konnten nicht mehr aus den Häusern, unten war alles voll.

Einer meiner Brüder musste immer die Schafe hüten. Wenn sie nicht auf der Alp waren, liess man sie hier unten auf der Seite raus. Am Morgen ging der Bruder trotz dem Wetter hinaus, er wollte zu den Tieren. Die waren auf der anderen Talseite, aber die Brücke war weg. Ganz hinten war eine stehen geblieben, über die rannte er, das war wahnsinnig gefährlich. Das Wasser riss doch wie verrückt. Es ging gut, aber nachher fetzte der Rhein auch diese Brücke auseinander. Der Bruder konnte die Tiere holen, aber er konnte eine Weile nicht mehr nach Hause. Er schlief bei Verwandten. Wir hatten sehr viel Glück.

Ich habe eine gute Natur, sonst wäre ich nicht mehr hier. Ich wohne hier bei meiner Tochter, aber in der eigenen Wohnung. Essen kann ich bei ihr. Waschen tue ich selber, es hat ja eine Waschmaschine. Was ich eins gewaschen habe – jeeeh! Sechs Buben, alle im Hotel und schickten die Wäsche zu mir nach Hause. Und wenn ich mit einer fertig war, kam das nächste Paket und immer wieder eins, so ging das. Die ganze Zeit immer von Hand alles geschrubbt. In der Küche stand ein Waschhafen, dort alles gesotten. Und dann die schweren Körbe mit der nassen Wäsche zum Brunnen bei der Brücke getragen und ausgespült. Im Winter froren einem die Finger fast ab. Das weiss ich noch, in einem Jahr war es wochenlang wahnsinnig kalt, zwanzig Grad unter null. Aber waschen musste man trotzdem. Es gefror mir vorzu alles in den Fingern, und ich fror am Trog an. Es kam einer vorbei und sagte: »Geh doch nach Hause! Du frierst ja am Trog an!« Da ging ich heim, die Schürze musste ich am Brunnen lassen, und dann kam das Nägelimannli. Das tut weh, wenn man so eiskalte Füsse und Hände hat, ja klar.

Nachher bügeln, die halbe Nacht bei Kerzenlicht. Die Mutter war droben, und ich musste hier unten zur Sach schauen. Ich hatte einfach immer das Gefühl, ich müsse bei der Mutter sein und ihr helfen. Ich wüsste nicht, dass ich etwas Bestimmtes hätte werden wollen. Ich hatte keinen Traum, nie. Das war normal. Ich dachte überhaupt nichts. Man hatte so viel zu erledigen, immer zu tun. Man dachte nicht weiter als bis zum Abend. Dachte, jetzt musst das machen und dann musst das machen, eins ums andere. Und so ging es, einen Tag um den anderen, es blieb immer viel. Man war einfach froh, wenn wieder etwas gemacht war.

Ich war viel allein, säb scho, weil ich zu den Buben schauen musste. Und die Mutter droben und ich unten. Es ist natürlich nicht das Gleiche, wenn man noch eine Schwester hat. Viel allein, ja klar. Da gewöhnt man sich dran. Man achtet es dann auch nicht so, wenn man allein ist in der Fremde. Später ging ich auch hinaus in die Hotels, bis ich heiratete. Ich heiratete an einem Donnerstag, hier heirateten alle am Donnerstag. Meinen Mann lernte ich im Passugg kennen, das war ein sehr schönes Hotel. Ich hatte einen rechten Mann, wirklich. Ich kannte ihn schon von früher aus dem Tal, aber nicht als Bräutigam. Er war ein Arbeitskollege von meinem Vater. Die Valser waren meistens ein paar miteinander, wenn es ging. Man schaute zueinander.

Hinaus gingen wir nur, wenn wir mussten. Als Kind immer zu Fuss nach Ilanz, später ab und zu mit der Rösslipost. Aber wir durften es dem Grossvater nicht sagen. Es kostete acht, neun Franken nach Ilanz, viel Geld. Manchmal hockten wir uns hinten drauf, das war gratis. Aber wenn der Kutscher es merkte, gab er mit der Peitsche eins nach hinten, bis wir absprangen. In der Rösslipost zu hocken, hasste ich, weil mir grauenhaft schlecht wurde. Man sah fast nicht hinaus, wurde furchtbar durchgeschüttelt, und es hatte keine Luft. Wenn es kalt war, war es am schlimmsten, weil sie noch heisse Kohle mitnahmen. Zum Wärmen, so ein Langbehälter mit glühender Kohle stand auf dem Fussboden. Mir war schon am Abend vorher schlecht, wenn ich wusste, ich muss mit der Rösslipost fahren. Ich kam nie bis Ilanz, ohne zu erbrechen. Und einmal fuhr ich bis nach Davos hinauf, da dachte ich, ich sterbe. Jessesgottundvater.

Ich ging lieber zu Fuss. Nach Ilanz hinaus waren es etwa vier Stunden. Man marschierte zum Beispiel zum Zahnarzt und liess sich Zähne ziehen. Da musste man morgens um vier aufstehen und vier Stunden laufen. Dann eine Puntel Zähne ziehen und bohren, dann wieder vier Stunden hinauf. Dass etwas wehtat, durfte man nicht sagen, über Schmerzen redeten wir nie. Das war einfach normal, dass man sie ertrug. Vielleicht tut es dann auch weniger weh, wenn man nicht viel darüber redet, man vergisst es. Dafür durften wir draussen ein Fläschchen Limonade kaufen. Wir hatten im Tal nur Wasser ohne Farbe.

Das Tapfersein mussten wir gar nicht lernen, wir waren es einfach, es gab nichts anderes. Es kam einem auch später zugute, wenn man in die Hotels hinausmusste. Ich war eine Zeit lang in St. Moritz, dort war alles edel, aber die Patronin des Privathotels war eine Häxlä, eine richtige Hexe, das dachte ich oft. Die nützten uns aus bis aufs Heiterbein, das ist so ein Spruch, bis auf die blanken Knochen, also fürchterlich. In der obersten Etage war eine steinreiche römische Familie einquartiert, die hatten den ganzen Stock gemietet, hatten auch Angestellte. Die wohnten heimlich dort, das war nicht offiziell. Und wir mussten bei denen immer putzen und helfen und Schüsseln leeren. Das war doch gefährlich, weil die nämlich Tuberkulose hatten, der Herr war sogar schwer tuberkulös, todkrank. Aber damals dachte man nichts weiter, und die Häxlä sagte uns zuletzt, was los war. Man machte einfach, was einem aufgetragen wurde. Sowieso hatte man keine Wahl, es war schwer, eine Arbeit zu finden.

Wir waren alles ganz junge Mädchen und mussten diese tuberkulöse Familie versorgen. Hatten doch meistens auch Hunger. Ich war bei den Glücklicheren, weil es im Hotel eine ältere Valserin gab, die mich ein wenig unter die Fittiche genommen hatte. Die versteckte mir immer ein Tablett mit einem schönen Gästefrühstück im Badezimmer, das ass ich dann heimlich. Man schaute zueinander, das lernt man automatisch, wenn immer viel passiert. Und in unserem Tal passierte ständig Schlimmes.

Wir haben rücher gelebt, sicher, das Leben war einfach allgemein rauer. Bei uns im Tal sowieso. Aber mich reut mein Leben nicht. Dass wir das so hatten. Ich hatte es auf eine Art lieber als das Bequeme jetzt. Man langweilte sich nie. Ja klar, ich bin jetzt alt. Aber trotzdem, wir hatten viele Sachen, die schön waren. Wir freuten uns am Kleinsten, freuten uns einfach. Heute wäre das alles nichts, woran wir uns freuten. Ein so schöner blauer Himmel. Ein Vögeli oder auch ein freundliches Wort, es brauchte ganz wenig, damit wir uns freuten. Aber klar, man kann sich heute viel mehr leisten. Säb scho.

Wir haben viel überlebt, viel Schlimmes. Wenn das Schicksal es will, findet es dich überall. Auch an einem anderen Ort, auch drunten im Flachen, das kommt nicht auf die Landschaft an. Wir hatten die Berge gern, eigentlich konnte man sich nicht vorstellen, im Flachen zu wohnen. Aber auf eine Art kannten wir auch nichts anderes als Berge. Es war normal, dass sie um uns waren, und auch, dass ab und zu etwas herunterkam. Darum wäre man nicht weggezogen. Wir machten Verbauungen, wo etwas heruntergekommen war. Die Männer machten Mauern gegen die Steine und die Lawinen. Aber man ist immer eine Lawine hintendrein, immer eine zu spät. Gegen das Wasser hatte man nichts. Aber dann bauten sie den Zervreila-Stausee, jetzt ist es schon lange nicht mehr gekommen.

Wenn die Lawinen kommen, hört man zuerst gar nichts. Nur einen kurzen Moment hört man etwas, so ein dumpfes, kurzes Wummern, dann ist wieder alles still. Schnee macht alles still. Wir waren oft eingeschneit. Das ist nicht gemütlich, manchmal wurde das Essen knapp. Verhungert sind wir ja nie, etwas hatte man immer. Und wenn es ganz schlimm war, warfen sie uns aus der Luft Essen ab. Aber vor den Loienen hatte man Angst. Meistens war es nicht so schlimm, weil sie woanders ins Rutschen kamen oder vor dem Dorf haltmachten. Eine kam einmal bis ins Haus meiner Grosseltern, oben auf der anderen Talseite. Drum ist dort alles verbaut unter dem Hore, dort geht es steil hinunter. Da war ich fünf-, sechsjährig. Das Haus fiel nicht zusammen, aber es war voller Schnee, alles aufgefüllt, auch der Stall. Es ist niemandem etwas passiert, man konnte es wieder ausgraben. Aber wenig hat gefehlt.

Die schlimmste kam an einem Abend 1951. Es hatte schon lange geschneit, wahnsinnig viel geschneit. Dass es so schlimm herauskommt, hätten wir nicht gemeint. Aber plötzlich war diese Lawine da, donnerte mitten ins Dorf, von einem Augenblick auf den anderen. Eigentlich war es nur eine Wächte, aber sehr schlimm. Es sind viele Leute gestorben, etwa neunzehn. Gehört hat man nichts, erst, als es passierte und das halbe Dorf verschüttet war. Dass ein schmaler Streifen Schnee so viel Unglück bringt, hätte man nicht gedacht, so viel Leid. Von der Tochter der Mann, der war auf der Strasse, als sie herunterkam. Er konnte sich gerade noch hinter ein Haus drücken, sonst hätte sie ihn mitgenommen. Das geht wahnsinnig schnell. Eine Familie verschüttete es ganz, mit den Kindern und Tieren. Bei anderen starben nur Einzelne. Das sind keine schönen Erinnerungen. Alle, die konnten, gingen schaufeln, alle haben gesucht und gegraben. Man grub auch ein paar Lebende aus. Ein Vater grub seine ganze Familie aus, aber alle waren tot, die Frau und die Kinder. Ein paar hörte man unter dem Schnee rufen und fand sie dann. Seither hat es überall Verbauungen. Aber ich sage halt, wenn es sein muss, kannst hingehen, wo du willst. Wenn das Schicksal dich ruft, also dem kann niemand ausweichen. Eher gehst ihm noch entgegen, wenn du ausweichen willst.

Ich hätte nicht gedacht, dass ich so alt werde. Nicht immer hatten wir so viel Glück, ein paarmal war ich dem Tod ganz nah. Bei der Keuchhusten-Epidemie war ich noch ein kleines Kind. Ein Bruder ist daran gestorben, und bei mir hing es an einem Faden. Es war sehr schlimm, das weiss ich noch. Ich konnte nicht mehr laufen, so schwach war ich. Und der Kaplan Rüttimann, das war auch ein Valser und ein halber Doktor, der sagte immer, sie sollten mich an die Sonne legen. Sonst hatte es keinen Doktor im Dorf. Der Kaplan und der Grossvater kamen jeden Tag und schauten, wie es uns ging. Der Grossvater brachte mir Zückerli und Schokolade, aber dem Bruder half das nichts mehr. Mir ging es aber aufs Mal besser.

Es ist schon komisch, so weit hinten in einem Bergdorf sind wir, aber immer wieder passierte etwas. Ich bin nicht abergläubisch, aber es gab schon Leute, die an so etwas glaubten. Verwünschung, Verhexung und so. In Vals hat man lange an Hexen geglaubt, säb scho. Ich habe diese Geschichten noch gehört, als ich ein Kind war. Es gab solche, von denen sagte man, es seien Hexen, dabei waren es einfach alte Baben. Es hiess, sie ritten mit dem Besen durch die Luft, aber ich habe nie eine gesehen. Ich glaube aber, wenn jemand einem schlecht will, das kann schon schaden. Eine Verwünschung, das ist etwas Schlimmes. Da kann schon etwas passieren, habe ich die Idee, säb scho. Man kann nicht viel dagegen machen. Das Haus segnen, dann kann der böse Wunsch nicht hinein. Wenn es Zeit ist, findet es dich. Was dir bestimmt ist, findet dich überall.

An einem Faden hing es für mich, als ich mit einer Cousine nach Ilanz ins Spital ging. Mir fehlte nichts, aber sie sagte, sie gehe sich einmal untersuchen lassen. Das war Anfang der Sechzigerjahre, da hatten plötzlich alle das Gefühl, sie müssten zum Doktor. Wir zeigten uns also diesem Doktor, und meiner Cousine fehlte nichts. Aber bei mir liessen sie eine Hantierung an und sagten, ich müsse dableiben. Weil ich ab und zu ein winziges Ziehen im Unterleib spürte, jessesgottundvater! Ich sagte: »Das ist doch nichts. Ich muss nach Hause, der Mann weiss nicht, wo ich bin.« Er war nicht mehr im Passugg, er arbeitete im Kraftwerk hinten beim neuen Stausee. Hatte einen Lastwagen auf eigene Rechnung. Sie liessen mich zwar gehen, aber nur unter der Bedingung, dass ich am anderen Morgen sofort wiederkomme. Unterschreiben, basta. Da fuhr ich hinein zum Mann und am anderen Tag grad wieder hinaus, das war eine Komedie. Als ich im Spital aus dem Lift stieg, packten mich die Schwestern und trugen mich fast in den Operationssaal. Ja, der Herr Doktor warte schon lange, wo ich denn gesteckt hätte. Es sei doch alles vorbereitet, zum Operieren. Ich kam hinten und vorn nicht nach. »Was? Ich habe doch nichts.« Aber sie taten mich in eine Kabine und schrissen mir richtiggehend die Kleider vom Leib, riefen: »Doch, doch! Das ist ein Notfall! Sie haben einen akuten Blinddarm. Es muss sofort operiert werden!« Es ging zu, als läge ich im Sterben, nicht zum Sagen. Und dann operierten sie mich und nahmen mir den Blinddarm heraus, das wäre überhaupt nicht nötig gewesen. Ja gut, nachher war es recht, dass er weg war, da konnte nichts mehr passieren. Das war alles nur, weil der Bruder vom Doktor, vom Derungs, kurz vorher an einem geplatzten Blinddarm gestorben war. Das gab Gerede, ja klar. Ich bekam im Spital noch eine gefährliche Lungenentzündung und wäre wirklich fast gestorben. Richtig krank wurde ich, das einzige Mal im Leben.

In meinem Alter muss man sich wegen solchen Sachen nicht mehr viel Kummer machen. Ich gehe ja bald. Wenn es so weit ist, wäre ich gern noch ein wenig aufgebahrt zu Hause, lieber als grad direkt –. So wie wir das immer gemacht haben. Dass man noch ein bisschen Zeit hat, bevor man ganz geht. Jetzt gibt es eine neue Ordnung, ich komme nicht recht draus. In der Wohnung lassen sie dich nicht mehr. Ich weiss nicht, wo man hinkommt, aber daheim lassen sie dich nicht. Es ist auch genau festgelegt worden, welchen Weg der Pfarrer mit dem Trauerzug laufen muss, über welche Brücke. »Neuregelung Trauerzug bei Beerdigungen« stand im Blättchen. Man legt den Sarg auf einen Karren, aber von einem bestimmten Punkt an wird man getragen. Man macht noch einmal eine kleine Runde durchs Dorf. Dazu wird gebetet, Rosenkranz, dann kommt man ins Grab.

Ich habe keine Angst vor dem Tod, ich hoffe einfach, er sei gnädig mit mir. Dass er nicht zu streng ist mit mir. Ich glaube, es kommt nach dem, wie du vorher gelebt hast. Es entspricht dem, säb scho. Ich weiss es nicht, aber es hängt zusammen, habe ich die Idee. Man muss sich immer Mühe geben im Leben. Alles so gut machen, wie man kann, das vergisst einem der Herrgott nicht. Auf eine Art freue ich mich sogar. Weil ich dann mein Büebli wieder sehe. Das hoffe ich.

Als es starb, haben wir es auch in der Stube behalten, auf dem Tisch, und das Fenster ein wenig offen gelassen. Man ging die Engeli schauen, die ganz kleinen toten Kindlein. Auch zu uns kamen alle. Es lächelte ein bisschen, mein Büebli, das fand ich immer. Man hat ihnen etwas Schönes angezogen und ein Kisselein gegeben. Und Margeriten gegeben, ein Kränzchen in die Finger geflochten, säb scho. Das machte ich nicht selber, es ging mir nicht so gut. Im Frühling war das, am 9. Mai. Man darf doch nicht eins, wenn es tot ist, grad auf den Friedhof tun. Man muss ein bisschen warten. Aufs Mal kommen sie zurück, das ist immer wieder vorgekommen. Und es ist auch sonst besser, wenn man sie noch ein wenig bei sich hat, damit die Seele Zeit hat. Wenn man sie noch ein wenig dabehält, obwohl sie auf eine Art schon fort sind.

Es ist schwer, ein Kindchen zu verlieren. Aber umgekehrt musst denken – also ich dachte, dieses Kindchen war nicht für dieses Leben bestimmt. Und es hat es schöner, als wir es haben. Das darf ich ihm doch nicht vergönnen. Wenn es der Herrgott will, dann ist es gut. Ändern kannst es nicht.

Geboren habe ich meine Kinder allein. Beide Male. Meine liebe Tochter ist die Ältere, dann kam der Willi. Ich war allein, weil die Hebamme nicht rechtzeitig da war. Ich schickte den Mann, als ich merkte, dass es losgeht. Er war jeweils nicht im Hotel, wenn ein Kindchen kommen sollte. Aber er nahm es nicht so pressant, schwatzte wahrscheinlich noch mit einem Bekannten und versorgte die Tiere, bevor er zur Hebamme ging. Sie war aber oft nicht zu Hause, sie war auf dem Maiensäss, dort mussten sie sie holen. Bis die endlich kamen, war das Kindchen da. Jesses, ich war aus dem Häuschen. Beide Male, als ich merkte, dass es so schnell geht und niemand kommt, säb scho. Ich habe das Kindlein geboren und es dann neben mich gelegt und gewärmt und gewartet. Ein paar Stunden mussten wir schon warten im Bett, ich konnte ja nicht aufstehen.

Mein Büebli starb in der Kriegszeit, an Kinderlähmung, es war nicht einmal drei. Diese Kinderlähmung war eine richtige Epidemie hier. Es war im Zweiundvierzig, dort herum. Schon in den Dreissigerjahren hatte es zwei, drei Fälle gegeben, da sind auch einige gestorben, aber man beachtete das nicht weiter. Ich muss sagen, wir beachteten das wahrscheinlich zu wenig.

Es lag an den Lumpen, da bin ich sicher. Sie schickten uns Lumpen ins Tal während dem Krieg. Damit wir etwas daraus machen für uns. Es gab diese Finkenkurse, da gingen alle. Die Frauen lasen sich Sachen aus den Lumpensäcken heraus, teilweise waren das wirklich schöne Stoffe. Frauenmäntel, Überzieher für die Männer, feine Sachen waren das. Ich hatte einen Mantel, machte Finken daraus. Und mit diesen Lumpen kam die Kinderlähmung ins Dorf, habe ich die Idee.

Es sind viele Kinder gestorben. Als unseres drankam, war vorher schon ein kleines Mädchen gestorben. Und eines war ein Bub, der war oben im Maiensäss. Und dort drüben am anderen Hang, ganz weit weg von uns, dort hatte es auch einen Bub getroffen. Die waren gar nicht im Dorf. Es heisst immer, man steckte einander an, aber die waren ja ganz weit weg. Die sind einander gar nicht begegnet. Ob alle Familien von diesen Lumpen hatten, weiss ich nicht. Es war schlimm, wenn es hiess, man hat die anderen angesteckt. Das hiess es, weil viele unser Büebli anschauen kamen und es eines der Ersten war. Dort drüben war eine Familie, die hatten Zwillinge und ganz furchtbare Angst wegen der Ansteckung. Aber eines hat es trotzdem bekommen, obwohl sie extra weggingen aus dem Dorf. Es ist wirklich eine schlimme Krankheit. Wenn es dir beschieden ist, dann greift es dich und fertig. Kannst lange davonlaufen.

Ich merkte es am Kind, hätte nie so etwas gedacht. So ein liebes Büebli war das, unser Willi. Das kann man sich fast nicht vorstellen, so fröhlich und zufrieden. Vielleicht fast zu lieb, es war vielleicht wirklich nicht für diese Welt bestimmt. An jenem Morgen wollte ich es aus dem Bett nehmen, aber es wollte einfach nicht aufstehen. Am Mittag, als die Brüder, die nicht im Dienst waren, zum Essen kamen, holte ich den Bub in die Küche, weil sie so Freude an ihm hatten. Aber er machte keinen Wank, er stand einfach am Taburettli, hielt sich daran fest und legte immer wieder das Köpfchen darauf ab. Ich hätte doch nicht gedacht, dass es so etwas Schlimmes ist. Brachte ihn wieder ins Bett, aber er lag nur da.

Ein Bruder führte die Post unten im Haus, die hatten ein Telefon, und am nächsten Tag rief er den Doktor an. Es war ein sehr wüster Tag, es regnete in Strömen, säb scho. Der Doktor war nicht da, und die Frau sagte, sie richte es ihm aus, wenn er komme. Aber sie glaube nicht, dass er extra nach Vals komme am Abend wegen einem Kind. Er kam nicht. Mitten in der Nacht wachte ich auf mit einem komischen Gefühl. Da war mein Büebli tot.

Unser Haus wurde nach der Beerdigung abgesperrt, und wir durften zehn Tage nicht mehr unter die Leute. Ich war allein mit der Tochter, der Mann war nicht da, die Mutter im Maiensäss oben. Ich weiss noch, ich sass einmal am Hang und schaute aufs Dorf, wo ich nicht hindurfte und wo auch mein Büebli nicht mehr war, und weinte sehr.

Hat das jetzt sein müssen? Warum gerade mein Willi? Das kann man sich schon fragen. Aber ich habe die Idee, dass das nichts bringt. Dass das im Gegenteil alles schlimmer macht. Aber dass es auf eine Art nur ein böser Zufall war, kann ich auch nicht glauben. Es ist nicht so wichtig, was ich glaube. Vielleicht gibt es einen Grund für alles, obwohl ich es nicht verstehe. Vom Krieg merkten wir nicht viel. Die Männer waren schon vorher oft nicht da, ja klar. Und mehr, als wir für die Marken bekamen, brauchten wir auch vorher kaum. Was man hatte, langte. Gäste kamen noch sehr wenige ins Tal, eigentlich war es immer still. Während dem Krieg sowieso. Manchmal tauchten Flugzeuge am Himmel auf, die flogen tief und dröhnten laut, man hörte sie von weitem langsam herankommen. Die Leute rannten dann nach draussen, um ihnen zu winken.

Es war ganz kurz vor dem Ende des Kriegs, da sass ich an einem Sonntagmittag in der Stube und nähte. Ich wohnte in der Telefonzentrale beim Bruder, der auch die Post führte. Ein schöner Wintertag war es, und ich ging hinunter zum Brunnen, um Wasser zu holen. Da kamen zwei Verwandte, und wir plauderten eine Weile. Sie sagten, sie spazierten jetzt hinunter nach Camp und auf dem Heimweg kämen sie noch auf einen Kaffee vorbei. Ich freute mich auf den Besuch und ging mit dem Wasser hinein. Ich weiss noch, ich hatte einen Sisalteppich, und der war voller Fäden, die mir beim Nähen hinuntergefallen waren. Darum kroch ich auf dem Boden herum, auch unter den Tisch, um das Zeug zusammenzunehmen, wenn doch Besuch kam. Da krachte und explodierte und donnerte und splitterte es plötzlich, es schleuderte mich mit grosser Wucht unter den Tisch und hörte nicht mehr auf zu lärmen. Ich hielt mir die Ohren und Augen zu und war sicher, jetzt ist es vorbei mit dem Leben. Dieser Tisch rettete mir das Leben, säb scho.

Als es vorbei war, rannte ich wie verrückt hin und her in der Wohnung, alles war drunter und drüber, ganz furchtbar, von einem Moment auf den anderen. Alle Fenster kaputt, die Türen hatte es mit der Füllung herausgetrieben. Sogar die Marmorplatte von der Waschkommode lag am Boden, alles zerschlagen. Die ist doch wahnsinnig schwer. Überall Dreck und Steine und Splitter und Scherben. Ich konnte das überhaupt nicht begreifen und wusste nicht wohin, lief einfach nur herum. Hinter dem Haus hatte es einen riesigen Krater herausgerissen. Wahnsinnig viel Dreck, Bäume und Felsstücke waren herumgeflogen. Im Haus neben der Post, wo jetzt das Usego-Lädeli ist, war es noch schlimmer.

Es waren Bomben. Ein Flugzeug hatte sie über dem Dorf abgeworfen. Wirklich eine Katastrophe. Meiner Schwägerin hatte es ein Stück aus dem Bein herausgerissen, sie mussten es abnehmen. Auf dem Dorfplatz hatte es einer Mutter das Kindlein getötet, in ihren Armen wurde es getroffen. Am Haus von einem Bekannten fehlte eine ganze Wand. Man sah den Mann in der Küche am Tisch sitzen, und ein Holzscheit steckte in seinem Rücken. Er lebte nicht mehr.

Zehn Krater haben diese Bomben gerissen, es gab Tote, und viele Leute wurden verletzt. So viel ging kaputt, alles war über und über voller Dreck. Mir hatte es wieder nichts gemacht. Anscheinend passierte alles aus Versehen, böses Schicksal. Die Amerikaner hätten sich anscheinend geirrt, am 22. Februar 1945, und zehn Bomben gezündet. Anscheinend meinten sie, bei uns sei Deutschland. Die Leute sagten, das Flugzeug, das sie herankommen gesehen hatten, sei angeschossen gewesen, es habe geraucht und sei getorkelt. Es sei Richtung Tessin und Italien weitergeflogen. Es hiess dies und das.

Wir bekamen nachher ein Weniges von unserer Versicherung. Von den Amerikanern kam nie etwas, säb scho nit. Wir räumten einfach wieder auf.

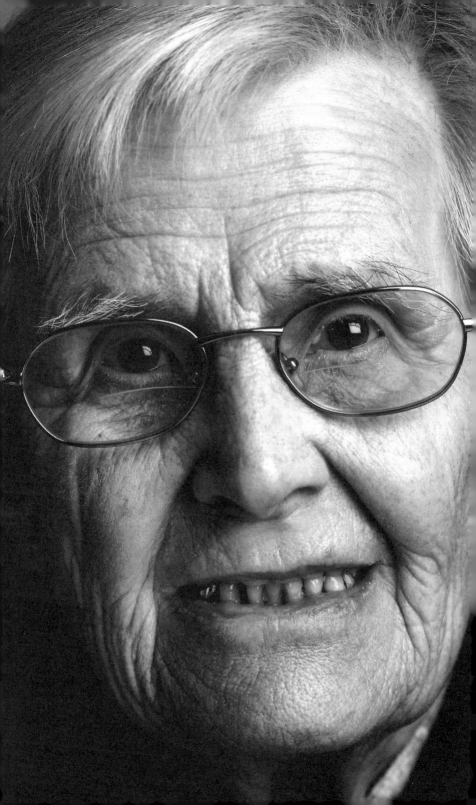

Lilly Vogel

8. Mai 1918

*Dort, wo die Stadt in einer Häkelspitze aus Schrebergärten endet,
steht ein schönes altes Haus. Ein Dutzend Fahrräder scheint sich
vor der Ausfallstrasse in den Krokusgarten gerettet zu haben. Vor
der Haustür liegt ein Reisigkranz, eine dicke Kerze sitzt darin, in
deren Dochthöhle sich Regenwasser sammelt. Auf dem Balkon
füttert Lilly kleine Vögel.*

Einer muss anfangen, etwas machen. Dann kommen auch die
anderen. Die Menschen helfen einander nämlich gern, aber
einer muss anfangen. Man kann aus so wenig etwas machen,
nur haben wir das vor lauter Perfektionismus ein wenig vergessen. Ich wollte immer mittendrin sein, anpacken, mithelfen.
Dabei sein und schauen, wie man mit dem Wenigen, das man
hat, etwas machen kann. Aus wenig mehr machen, das fand ich
immer eine interessante Aufgabe. Das war wahrscheinlich von
Anfang an mein Antrieb. Es gibt eine grosse Befriedigung.

Ich fahre seit vielen Jahrzehnten nach Afrika, jedes Jahr
mindestens einmal, immer noch. Nicht um Tiere anzuschauen

oder die Landschaft. Ich fahre auf die andere Seite, nach Senegal. Dort ist es auch schön, aber ich fahre nicht deswegen. Die Menschen interessieren mich und die Verhältnisse, in denen sie leben. Manchmal mache ich diese Reise in einem Rollstuhl, den lasse ich dann in Afrika und nehme auf der Rückreise einen mit, den man in der Schweiz reparieren kann. Wenn ich im Rollstuhl sitze, kommt das günstiger. Vor der Reise sammeln wir alles, was sie dort unten brauchen und was wir auftreiben können, Matratzen und Wolldecken, WC-Stühle, feine handgestrickte Verbände, Schuhe, aber auch Besteck und Apparaturen für den Operationssaal der Klinik. Vor vielen Jahren entstand mit Gleichgesinnten der »Freundeskreis für den Senegal«, der bezahlt die Transporte.

Es gibt so entsetzliche Krankheiten und immer noch so viel Armut, man glaubt es einfach gar nicht. Obwohl das doch längst nicht mehr nötig wäre auf dieser Erde! Wo grosse Armut ist, leben auch schlimme Krankheiten, im Senegal eine Bazille, die die Menschen seit Urzeiten plagt. Der Aussatz hockt dort, wo die Leute sehr arm sind, das ist schon in der Bibel beschrieben. Aussatz heisst auch Lepra, und die kann man nicht ausrotten wie die Pocken. Auch in Europa gibt es immer noch vereinzelte Fälle. Man kann sie vergleichen mit der Tuberkulose, die bei uns im zwanzigsten Jahrhundert noch extrem verbreitet war. Und vor nicht allzu langer Zeit traf man auch hier in Bern Aussätzige. Die Leprakranken wurden ausgesondert, sie wohnten im Galgenhaus im Galgenfeld. Ich kannte eine alte Frau, die erzählte mir, wie sie dorthin gingen, um die Aussätzigen anzuschauen. Die Kranken mussten sich Glöckchen umhängen, damit man sie von weitem hörte.

Ich hatte nie Angst, mich anzustecken in Afrika. Wenn man in guten hygienischen Verhältnissen leben kann und kräftig ist, besitzt man genügend Abwehr und könnte eine Ansteckung überwinden. Lepra ist eine Krankheit der Armut und der schlechten Hygiene, wie die Tuberkulose. Als ich jung war, gab es bei uns viele Tbler. Und warum? Erstens liess man die Sonne möglichst nicht in die Wohnung. Man wollte nicht, dass die Möbel und Stoffe und Teppiche abschiessen. Die Hausfrauen achteten darauf, dass nicht zu viel Sonne in die Zimmer kam. Man kannte natürlich auch die Zusammenhänge nicht. Dann war die Ernährung mangelhaft. Und die Hygiene war gleich null. Das ist ungefähr das, was man an vielen Orten immer noch in Afrika antrifft. Die Leute leben in engsten Verhältnissen in Hütten, alle miteinander, sie können sich nur schlecht ernähren und haben oft zu wenig Wasser. Ein Paradies für den Aussatz-Bazillus.

Natürlich gibt es jetzt viel mehr Aufklärung. Aber das allein genügt leider nicht. Das sieht man ja bei uns. Obwohl alle ausgiebig in die Schule gehen, gibt es wieder mehr Tb. Es gibt wieder mehr Läuse, und auch die alten Krankheiten sind wieder im Vormarsch. Manche leben, obwohl sie könnten, wenig vernünftig und scheinen vergessen zu haben, wie schrecklich solche Krankheiten sind – dass es eine ständige Anstrengung braucht, sie einzudämmen. Auch wenn man die materiellen Möglichkeiten hat, kostet es ständig Zeit und Arbeit, eine gesunde Sauberkeit aufrechtzuerhalten. Natürlich kann man es übertreiben. Aber leider kann man es auch untertreiben. Wir Menschen sind gern ein bisschen faul, da nehm ich mich nicht aus.

Der Fluch der Lepra ist, dass man das Gefühl verliert. Die Nerven sterben, man spürt die Glieder nicht mehr, und Geschwüre greifen die Knochen an. Wir müssen in der Klinik so viele Amputationen machen. Meistens gehen auch die Augennerven kaputt, dann werden die Menschen blind. Der Knorpel der Nase kann sich auflösen, dann fällt die Nase ein. Das Gleiche mit den Ohren. Die Frauen haben meistens mehr oder weniger keine Finger mehr. Das sind sekundäre Folgen, weil sie sich bei der Hausarbeit verletzen, wenn sie in den Händen nichts spüren. Bei den Männern sind oft die Füsse verstümmelt, die Afrikaner sind viel unterwegs. Bei einer Entzündung könnte man das betreffende Glied mit der Schere abschneiden, sie spüren gar nichts. Manchmal fressen Ratten die abgestorbenen Stellen ab. Die Lepra ist ein Fluch, und es gibt immer noch keine Impfung.

Ich wusste schon als Kind, dass ich nach Afrika gehen werde. Es dauerte dann zwar lange, bis es möglich wurde, aber mein grosser Wunsch war das immer. Ich hatte irgendwann als Kind zu Hause ein Buch gefunden über Afrika, da stand viel über Lepra. Es war von einem Pater, der angesteckt worden war und dort bleiben musste, bis er starb. Das packte mich so, dass ich wusste, dorthin gehe ich einmal. Ich weiss noch, ich sagte immer, wenn ich je heirate, muss der Mann auf der Hochzeitsreise mit mir nach Afrika, sonst heirate ich ihn nicht. Aber der Krieg kam dazwischen, dann heiratete ich zwar einen sehr guten Mann, 1950, aber das Gärtnereigeschäft und die Kinder banden mich an, und so wurde es 1970.

Der zweite Grund für meine Faszination war ein Pfarrer. Ich wuchs bis zur Sekundarschule in Luzern auf, protestantisch in einer katholischen Stadt. Wir hatten aber einen jungen, sehr impulsiven Pfarrer, der kam nachher auch nach Bern in die Friedenskirche. Der erzählte uns so spannend von seinen Erlebnissen bei Albert Schweitzer in Afrika, dass mich das grad noch mehr anzündete. Mit knapp zwanzig ging ich in Zürich an einen Vortrag von Albert Schweitzer und wollte nach Afrika.

Aber sie sagten mir, ich sei zu jung, ich solle zuerst viel lernen und erleben und dann wieder kommen. Das war ein kluger Rat.

Ich war an allem interessiert, war immer neugierig. Darum las ich alles, was mir unter die Augen kam, schon als Kind. Das Fremde interessierte mich immer, das Unbekannte und ein wenig Extreme. Das Mittelding, das Bekannte und Gewöhnliche, fand ich schön und recht, aber nicht so spannend. Es ist gut, wenn man neugierig ist, vor allem bei jungen Menschen. Aber bei mir hat das irgendwie nie ganz aufgehört. Wenn ich es überlege, ist es wahrscheinlich die Neugierde, die einem frisch hält und lebendig. Etwas herauszufinden und Neues kennen zu lernen, ist doch etwas vom Schönsten im Leben.

Ich wäre gerne länger in die Schule gegangen, also sehr gerne. Aber ich hatte keine Zeit, weil ich nach der obligatorischen Schule meinen Eltern im Geschäft helfen musste. Es wäre einfach nicht dringelegen. Wenn man etwas erfahren wollte von der Welt, musste man Bücher lesen, etwas anderes gab es nicht. Oder die Zeitung. Mein Vater war Konditormeister in Luzern. Weil er eine Augenkrankheit hatte und langsam erblindete, las ich ihm immer die Zeitung vor. Das war vor dem Zweiten Weltkrieg, Weltwirtschaftskrise, man wollte unbedingt wissen, was passierte in der Welt.

Ich lebte ganz in den Zeitungsnachrichten, war immer auf dem Laufenden. Zeitunglesen kann spannend sein wie ein Roman, wenn man ein wenig dranbleibt. Es war mir nie egal, was mit der Welt los ist, weil es doch uns alle betrifft. Alles hängt zusammen, und es betrifft jeden, wenn es irgendwo in einer Weltgegend sehr schlecht geht. Nicht aus moralischen Gründen, sondern ganz handfest betrifft es uns. Krisen bekommen irgendwann alle zu spüren. Vielleicht haben wir Alten das stärker im Bewusstsein, weil wir den Weltkrieg so nah erlebten. Es ging uns unter die Haut, dass das Glück immer an einem dünnen Faden hängt. Und dass wenig viel verändern kann, negativ wie positiv.

Meine Mutter starb sehr früh und sehr schnell, als ich zehn war. Vermutlich an einer Hirnhautentzündung. Sie hatte eine Grippe, die wollte nicht heilen, dann kam sie ins Spital. Nach zwei Tagen warfen sie in der Nacht Steinchen an den Fensterladen im Elternschlafzimmer, das weiss ich noch, und weckten den Vater. Damit er ins Spital komme, weil die Mutter gestorben sei. Später suchten ihm die Verwandten wieder eine Frau, also eine Haushälterin, wir waren ja vier Mädchen. Die heiratete er dann, aber es war halt nicht das Gleiche. Die Stiefmutter war sehr fromm und gab sich sicher grosse Mühe mit uns. Vielleicht auch zu viel, so dass mich das eine Zeit lang eher vom Glauben abbrachte. Die meiste Zeit meiner Kindheit waren wir in der Obhut einer Kinderfrau, aber wenn die Stiefmutter da war, erzog sie uns sehr streng. Wir durften zum Beispiel nicht tanzen, weil das des Teufels sei.

Nach dem Tod der Mutter zogen wir nach Zürich Unterstrass, hatten dort an der Stampfenbachstrasse eine Bäckerei/Konditorei. Ich lernte nach der Schule Verkäuferin. Sagen wir, ich habe diese Lehre gemacht, weil ich im Geschäft der Eltern arbeitete, sie brauchten mich. Aber ich wusste immer, irgendwann will ich noch etwas anderes machen, einmal möchte ich noch weg. Der Vater hoffte dann, mit einer Operation bei einer ganz grossen Kapazität die Augen heilen zu können. Sein Beruf hing ja ganz vom Augenlicht ab. Aber die Operation misslang total, und er erblindete völlig. Das war ein sehr harter Schlag für die Familie. Sie mussten alles verkaufen, in einer Zeit, als man fast nichts bekam. Der Vater hatte nur noch den Verleider. Und es war Krieg.

An all das viele, was ich nicht lernen konnte, versuchte ich mit Kursen heranzukommen. Ich war mit mir überhaupt nicht zufrieden, besuchte Klassen an der Kunstgewerbeschule, kam aber nicht so weit, wie ich es mir wünschte. Dafür lernte ich leicht Sprachen, ich kann gut Französisch und konnte einmal sehr gut Italienisch. Englisch wollte mir einfach nie in den Kopf, es hat für mich keine Melodie. Auf Italienisch hingegen tönt auch das Banalste wunderbar. Ich lernte statt Englisch Italienisch, sagen wir, in erster Linie, weil ich verliebt war. In diesen Beniamino Gigli hatte ich mich verknallt, einen italienischen Sänger, der auch in Filmen mitspielte. Ich wollte ihm unbedingt schreiben und lernte darum intensiv Italienisch. Als ich es dann konnte, war ich nicht mehr verliebt. Aber brauchen konnte ich es trotzdem.

Lange Zeit suchte ich etwas, ohne genau zu wissen, was es war. Nachdem der Vater das Geschäft verkauft hatte, arbeitete ich da und dort, aber nirgends mit Herzblut. Das waren mehr Jobs, wie man solche Stellen jetzt nennt. Allerdings lebensnotwendige Jobs, ohne eine Arbeit konnte man kaum überleben. Ich glaube, man kann sich auf die Suche machen, ohne genau zu wissen, was man eigentlich finden möchte. Vielleicht trägt man in der Seele bereits eine Vorstellung, aber im Kopf hat man noch kein Bild dafür. Wenn man es dann antrifft, weiss man, das war es, was ich seit langem gesucht habe.

So war es für mich, als ich durch einen Nachbarn von der Möglichkeit erfuhr, in Flüchtlingslagern zu arbeiten, 1943. Sechs Jahre verbrachte ich in solchen Lagern, in der Schweiz und nach dem Kriegsende auch in Deutschland. Diese Zeit prägte mich enorm. Das Leben formt dich vorzu und viel stärker, als es einem bewusst wird. Was ich in diesen Lagern über die Menschen, die Welt, das Gute und das Böse lernte, kann ich gar nicht beschreiben. Eine Ausbildung dafür hatte ich eigentlich nicht, ich war ja nicht Krankenschwester oder Sozialarbeiterin, was ideal gewesen wäre. Wir Ungelernten wurden mit Kursen auf die Arbeit vorbereitet. Aber später stellte sich heraus, dass es gar nicht unbedingt ein Nachteil war, nicht vom Fach zu sein, im Gegenteil. Sehr gut ausgebildete Leute sind oft zu wenig flexibel, sie können etwas nur, wie sie es gelernt haben. Unter Umständen, wo alles auf dem Kopf steht, sind sie mit ihrem Latein schneller am Ende. Ungelernte sind offener, sie brauchen aber Improvisationstalent. Der Krieg war doch auf der ganzen Linie eine Ausnahmesituation, man musste vor allem improvisieren können. Man musste praktisch sein, Nerven haben und auch eine gute Portion Humor. Dann kam man mit wenig ziemlich weit.

Mir lag das, wahrscheinlich, weil ich keine Perfektionistin bin. Ich erwies mich als ziemlich robust und konnte mit der Zeit sogar in mehreren Lagern die Leitung übernehmen. Ich erlebte oft, wie Verantwortliche zusammenklappten und Nervenzusammenbrüche hatten. Und es gab Situationen, wo ich den Mitarbeitern sagen musste: »Hören Sie, wir sind ein Flüchtlingsheim. Das Wichtigste ist, dass wir den Menschen das Beste bieten mit den bescheidenen Möglichkeiten, die wir haben. Wir müssen sie nicht zu Schweizern ummodeln. Und wir müssen hier auch nicht eine kleine Schweiz einrichten.«

Meistens war das Helfen nicht nach Schema x möglich, sondern man musste alles vorzu ein wenig erfinden. Ob Ihr fromme Juden habt oder ob Ihr Russen habt oder Litauer, die vor den Russen geflohen sind, oder ob Ihr deutsche Kinder und Schwangere habt, das waren jedes Mal Welten. Auf die musste sich jeder einstellen, wie er konnte. Das ging nicht nach Schulbuch, wir waren da ziemlich frei. Heute geht in meinen Augen vieles zu weit, jetzt muss jeder Handgriff mit einen Diplom abgesegnet und nachher bürokratisch überprüft werden. Was die Bürokratie und die Verwaltung heute von den Leuten verlangt, ist unmenschlich. Sie nimmt den Menschen jeden Schwung, macht sie müde. Und sie getrauen sich nicht mehr, selber etwas zu lösen, auf ihre ganz persönliche Art. Das macht alles starr.

In den ersten Heimen, in denen ich war, hatten wir vor allem streng lebende Juden. Die waren bei den Helfern nicht beliebt, weil es kompliziert war mit ihnen. Orthodoxe Juden sind für mich interessante Menschen, aber ihre starren Regeln sind ein wenig gewöhnungsbedürftig. Bis man begreift, dass ein Sinn dahintersteckt, ist diese Lebensweise unverständlich. Wenn man es versteht, ist es kein Problem mehr, dann ist es sogar faszinierend. So ist das mit allem Fremden.

Wir hatten vierhundert streng orthodoxe jüdische Flüchtlinge in Morgins im Wallis, wo ich vier Jahre war, und der erste Lagerleiter kam ins Irrenhaus. Der zweite war ein toller Mann, ein Bündner Hotelier, der traf den richtigen Ton. Er hatte die Menschen gern, aber er war auch immer ehrlich, heuchelte ihnen nichts vor. Das spüren sie sofort. Einmal gab es zum Beispiel ein furchtbares Gstürm wegen der Ämterzuteilung, wir hatten sechsunddreissig Rabbiner. Und keiner wollte in die Küche, ein grosses Hin und Her. Irgendwann rief der Andrea verzweifelt: »Ihr lieben Leute, jetzt sagt mir eins: Schon der grosse Moses kam mit euch nicht zugange, wie soll also ich einfacher Schweizer mit euch zugange kommen?!« Das entspannte alles, alle haben gelacht. Oder es gab Theater, weil das Essen nicht das Richtige sei und das und dieses nicht korrekt. Da sagte ich: »Ich habe zwei Franken zwanzig Rappen pro Person im Tag fürs Essen. Da können wir in Gottes Namen nicht zaubern. Wir sind dafür da, dass ihr möglichst gesund bleibt, bis alles vorbei ist. Wenn jemand etwas anderes möchte, kann er uns das gerne besorgen.« Man muss ehrlich sein mit den Leuten, das ist immer das Beste.

Wir waren dem Bund unterstellt, die Zentralleitung für Heime und Lager gehörte zum Justiz- und Polizeidepartement. Darum hatte der Bund auch mitzureden. Aber nur nach Vorschrift zu arbeiten, ist in meinen Augen nicht immer das Beste. Ich war manchmal nicht einverstanden mit diesen Vorschriften. Vorschriften werden meistens nicht dort gemacht, wo sie ausgeführt werden müssen. Darum ist es wichtig, dass man dem gesunden Verstand folgt und dem Herzen, wenn es laut etwas sagt. Sie behielten mich als Leiterin, obwohl ich gegen oben nicht immer gehorchte. Ich bekam aber nie eine Verwarnung oder wurde strafversetzt. Das mit den Russen wussten sie allerdings nicht. Diese Geschichte mit den Russen war eine der grössten Prüfungen meines Lebens.

Bei Kriegsende wollte die Schweiz, vor allem der Bundesrat Petitpierre, die diplomatischen und wirtschaftlichen Beziehungen zu Russland wieder aufnehmen, die während langer Zeit abgebrochen waren. Die Schweiz wollte sich 1945 gut stellen mit dem mächtigen Russland. Und da kamen die russischen Flüchtlinge der Diplomatie gerade gelegen. Da wusste Bern, das ist der Moment.

Die Diplomatie spielte generell eine wichtige Rolle. Mit der Diplomatie holte die Schweiz zum Beispiel Juden aus Deutschland, im Tausch gegen Lastwagen. Die Schweiz lieferte leere Lastwagen und bekam dafür jüdische Häftlinge aus den Konzentrationslagern Bergen-Belsen und Dachau. In der Schweiz kamen sie zuerst in Militärlager und wurden untersucht und gepflegt, und dann kamen sie in Flüchtlingsheime. Bei den Jungen schaute man, dass sie eine Lehre machen konnten, danach kamen sie nach Ungarn, später nach Israel oder zu Verwandten in die USA. Man suchte mit ihnen überlebende Familienangehörige. Das machte die Schweiz gut. Aber mit den Russen machte sie es weniger gut. Die meisten waren auf der Flucht vor dem Kommunismus und vor einer russischen Besatzung Deutschlands in der Schweiz gelandet. Und als die Deutschen den Krieg verloren und die Russen bei den Gewinnern waren, wollten diese die Flüchtigen zurück. Sie verlangten, dass die Schweiz sie ihnen ausliefere. Ich führte 1945 ein Russenlager in Klosters, im Bündnerhof und im Kinderheim Arve. Wir konnten mit den meisten nicht reden, aber ich hatte einen netten und gebildeten Übersetzer, der hiess Tabak – Tabäkli nannten wir ihn. Mit vielen Russen hatten wir ein freundschaftliches Verhältnis, weil sie zugängliche, warmherzige Menschen sind. Zum Beispiel die Frau Schnippschnapp, wir nannten sie so, weil wir uns ihren Namen nicht merken konnten. Die besuchte ich später noch in Engelberg. Sie verlor in der Schweiz den Verstand. Ist in Engelberg gestorben, in der Psychiatrie, wegen all dem unendlich Traurigen, das sie während diesem Krieg erlebte.

Die russischen Flüchtlinge bekamen einen Sonderstatus, und plötzlich redeten uns russische Funktionäre drein und kontrollierten uns. Sie beobachteten jeden Handgriff im Lager und notierten alles, also nicht normal. Da gab es doch nicht viel zu schreiben, ausser dass viele ein wenig gerne tranken und ab und zu kleine Diebstähle vorkamen. Die Russen schafften es immer, trotz Alkoholverbot und Arbeitsverbot einen Bündner zu finden, der Mitleid mit ihnen hatte und gegen einen Dienst ein paar Schnäpschen offerierte. Sie kamen gut aus mit den Leuten. Aber um solche Beobachtungen ging es gar nicht. Es ging um die politischen Flüchtlinge, aber das wussten wir nicht.

Eines Tages hiess es, wir müssten alle Russen an die Grenze bringen, nach St. Margrethen. Sie würden sofort zurücktransportiert nach Russland, das habe die russische Delegation mit der Schweiz so ausgehandelt. Einige unserer Flüchtlinge hatten das geahnt und sich zusammengetan und beschlossen: »Wir gehen nicht zurück, wir fliehen!« Die wussten, dass sie von ihren lieben Genossen in die Heimat geholt wurden, damit man sie in Arbeitslager stecken konnte, aus denen kaum jemand lebend herauskam. Wir von der Leitung wussten nicht offiziell von ihren Fluchtabsichten, aber inoffiziell waren wir im Bild. Ich sagte, wir nähmen alles Gepäck mit und meldeten es nicht, wenn jemand fehle. Diese Flucht hatte die Gruppe zusammen mit Dorfbewohnern vorbereitet, sie konnten in eine Alphütte über Klosters. Der Anführer der Fluchtwilligen war der Mann von der Frau Schnippschnapp.

Am Tag vor der Ausreise übernahm die russische Delegation das Kommando im Lager. Da kam ich an Grenzen, die ich nicht gekannt hatte in mir. Der Oberfunktionär stolzierte am Nachmittag wie ein Pfau in mein Büro und befahl, es sei ab sofort absolutes Ausgehverbot. Und der Schnippschnapp, er nannte ihn natürlich anders, der müsse eine russische Uniform anziehen und sei ab sofort der Verantwortliche der Flüchtlinge. Diese Uniform war für sie das Erkennungszeichen, so hatten sie ihn besser im Auge. Die wussten anscheinend, dass etwas geplant war, und hielten den Herrn Schnippschnapp von da an unter Kontrolle. Das war wahrscheinlich sein Todesurteil, er kam nicht mehr weg und musste auf den Transport. Die Gruppe musste ohne ihn fliehen. Der Funktionär wusste haargenau, was ihm und jenen blühte, die mitgingen »nach Hause«. Dass er nicht einfach Flüchtlinge heimbegleitete, sondern Gefangene aufs Schafott. Mir wurde die ganze Tragweite dieser Rückschaffungsaktion erst im Nachhinein klar, aber mir graute instinktiv vor diesem Menschen.

Am nächsten Morgen, als wir abreisen sollten, kam der zu mir ins Büro und bellte: »Es fehlen Leute! Das wird für Sie Folgen haben!« Ich sagte, das könne gar nicht sein, es sei ja Ausgehverbot, und seine Landsleute hätten sich bisher immer an die Vorschriften gehalten. Ich würde die Hausbeamtin schicken, die seien sicher irgendwo. Nach einer Weile kam die Hausbeamtin zurück und sagte im selbstverständlichsten Ton: »Ich habe sie noch nicht gesehen. Wahrscheinlich sind sie schnell etwas einkaufen gegangen, vor dieser langen Heimreise.« Der Offizier rief wütend, ob ich die Polizei schon avisiert hätte. Ich fand das etwas übertrieben. Nein, aber wenn er wolle, könne ich die Polizei schon anrufen. Und vor seinen Augen telefonierte ich dem Dorfpolizisten, den ich gut kannte: »Es fehlen mir scheints Leute hier im Lager. Der russische Offizier hat reklamiert.« Und der Dorfpolizist sagte: »Danke für die Nachricht. Ich nehme das so zu Protokoll, dass Ihnen im Lager Leute fehlen.« Da war der Funktionär zufrieden. Und ich auch, weil nämlich die Alphütte, in die die Gruppe Russen geflohen war, dem Dorfpolizisten gehörte, der auch von den Plänen wusste.

Dann fuchtelte der russische Offizier mit einem Formular herum, ich müsse es unterschreiben. Zum Beispiel, dass alles in bester Ordnung abgewickelt und zurückgelassen worden sei und so weiter. Ich unterschrieb gar nichts, ich konnte nicht so tun, als sei alles in Ordnung. Ich wurde dann richtiggehend verfolgt und gedrängt zu unterschreiben. Irgendwann flüsterte mir der Herr Schnippschnapp zu, ich solle ums Himmels willen unterschreiben, sonst würden sie mit mir so machen – und er machte eine Geste an der Gurgel. Der Funktionär grinste hinter ihm. Da merkte ich, dass ich den erschossen hätte, wenn ich eine Pistole gehabt hätte. Der war sich seiner Macht so sicher und glaubte, dass am Schluss alle nach seiner Pfeife tanzten.

Mit dem Tross kamen auch noch ein paar Offizielle aus Bern mit nach St. Margrethen. Der Chef der ganzen Aktion war der Dr. Tschäppät, der Vater von unserem Stadtpräsidenten in Bern. Zu dem ging ich und sagte: »Dr. Tschäppät, ich sage Euch jetzt etwas. Haltet mir diesen Funktionär vom Leib! Sonst kann ich für nichts mehr garantieren!« Er schaltete sich dann ein. Aber an der Sache änderte das nichts. Dieser Tag war einer der traurigsten in meinem Leben.

Immer wenn der Zug hielt, war schon ein Auto mit russischen Offizieren da, die aufpassten, dass von den Flüchtlingen niemand fliehen konnte. Am Bahnhof in St. Margrethen mussten wir uns verabschieden. Alle weinten, alle. Die Russen trösteten uns und sagten immer wieder: »Nid brieggen, Frau Lilly, nicht weinen!« Auch wenn wir es nicht genau wussten, wir ahnten, dass sie etwas Schlimmes erwartete. Und haben es nicht verhindert.

Obwohl ich zu einigen einen engen Kontakt hatte, hörte ich von keinem mehr etwas. Sie hätten sich sicher gemeldet, wenn sie lebendig angekommen wären. Aber sie wurden ausradiert. Ich bekam dann noch ein offizielles Dankesschreiben. Nicht von den Russen, von der Schweiz. Dass alles so gut geklappt habe.

Böse Menschen gibt es immer und überall. Aber ich bin überzeugt, das Böse sitzt nicht von Anfang an in den Menschen. Es kommt mit der Unzufriedenheit und der Ungerechtigkeit. Die Menschen sind eigentlich nicht böse, sie sind unzufrieden. Grosse Unzufriedenheit macht böse. Und wenn sehr unzufriedene Menschen Macht bekommen, ist das schlimm. Macht macht nämlich nicht zufrieden.

Irgendwann, 1946, wurde ich von Bern angefragt, ob ich nach Deutschland gehen würde. Als Leiterin für die »Schweizer Spende an die Kriegsgeschädigten«, eine Art Dachverband aller Hilfswerke. Das wurde von der Schweiz eingerichtet, sozusagen als Dank dafür, dass sie vom Krieg verschont geblieben war. Überall in ehemaligen Kriegsgebieten führten sie neutrale Hilfaktionen durch. Ich kam für das Arbeiterhilfswerk nach Köln. Von einigen Schweizern wurde ich deswegen angefeindet: »Was, du gehst den Schwaben helfen?! Die sind doch selber schuld!« Dann antwortete ich nur: »Erstens helfen wir den Kindern und den Müttern, die können nichts dafür. Zweitens sind das unsere Nachbarn, da hilft man einfach. Und drittens wären wir höchstwahrscheinlich keinen Deut besser gewesen, wenn wir in die gleiche Lage gekommen wären. Und überhaupt, die sind alle gestraft genug. Geht doch selber schauen, das ist doch einfach nur eine furchtbare Katastrophe.«

Ich kam in die englische Besatzung und musste mich bei den Engländern vorstellen. Auf Englisch! Ich rettete mich aus der peinlichen Situation, indem ich die englischen Offiziere zuerst fragte, ob sie eventuell Deutsch könnten. Nein. Ob dann vielleicht Französisch ginge. Nein. Aber vielleicht könne jemand Italienisch, das spreche ich auch sehr gut. Nein, leider auch nicht. Da stand ich gar nicht mehr so blöd da mit meinem miserablen Englisch. Das war ein bisschen frech, aber es stärkte mir den Rücken.

Ich freute mich darauf, endlich einmal wegzukommen und nach Deutschland gehen zu können. Es war eine enorm spannende Aufgabe nach der langen Zeit, in der man in der Schweiz sozusagen eingesperrt gewesen war. Unsere Hilfsequipe war bei den Ersten, die ausreisen konnten. Ich weiss noch, der vom Roten Kreuz musste nach Berlin, um unsere Visa persönlich abzuholen. Und kam einfach nicht mehr zurück. Ich wartete zwei Monate lang mit dem gepackten Rucksack neben dem Bett, bis es endlich klappte. Keine Ahnung, wo der auf der Strecke geblieben ist. Er hat gern gesümpfelt, das weiss ich, weil er meine Whisky-Ration erbetteln wollte. Wahrscheinlich ist er in der grossen freien Welt versumpft.

Deutschland zu sehen nach dem Krieg, war entsetzlich. Katastrophal. Das war ganz einfach unbeschreiblich. Alles kaputt, alles. In Köln waren fast alle Brücken zerstört, die Häuser verschwunden. Das einzige Gebäude, das einen einigermassen erhaltenen Eindruck machte, war der Dom. Wie ein Wunder stand er da inmitten einer Wüste aus Dreck und Ruinen. In Köln waren nur gerade zwei Prozent aller Häuser stehen geblieben. Der Rest war Schutt und Asche.

Wir verteilten jeden Tag mit zwei Lastwagen Esswaren in Kindergärten. Am einen Tag auf der linken Seite des Rheins, am anderen auf der rechten. Wir hatten zum Beispiel Ovomaltine oder Erbsensuppe dabei, als Zusatz zur Nahrung, weil fast alle Kinder unterernährt waren. Im Lager hielten wir die Vorräte bereit und richteten auch eine Schreinerei ein. Weil wir sahen, dass sehr viele Kinder kein Bettchen hatten, sie schliefen auf dem nackten Boden auf Lumpen. Das ist doch nicht gesund, viel zu kalt. Und nirgends gab es etwas zu kaufen, alles kaputt. Darum zimmerten wir aus dem Holz der Armee-Zwieback-kisten Bettchen. Immer drei entnagelte und gehobelte Kisten ergaben ein Kinderbettchen.

Wir richteten auch eine Schuhmacherei ein, Schuhe sind etwas so Wichtiges. Eine Baracke für Schwangere und stillende Mütter hatten wir auch, dort wurden sie versorgt und mit den nötigsten Tipps versehen. Und eine Näherei hatten wir, acht Lehrerinnen und Wolle und Stoff. Es ist doch so wichtig, dass die Frauen nähen können, wenn man nichts mehr hat. Drum finde ich das eine Katastrophe und verantwortungslos, dass der Handarbeitsunterricht bei uns in der Schule sozusagen abgeschafft wird. Weil man nie weiss, ob man nicht irgendwann froh ist, wenn man aus nichts etwas machen kann.

Ich war in meinem Element, aber manchmal wuchs es mir auch fast über den Kopf. Vor allem, weil wir überfallen wurden. Es ging doch allen miserabel, und viele nahmen halt, wo sie etwas finden konnten. Im Volksmund sagte man für »stehlen« einfach »besorgen«. Wir hatten eine Küchenbaracke, und darin wurden die Blechkübel bereitgestellt, in denen wir die Ovomaltine oder die Suppe transportierten. Das wurde schon am Abend vorher zubereitet und in diesen Thermophoren warm gehalten. Und eines Nachts sind Diebe durchs offene Fenster eingestiegen und haben die Hälfte der Lebensmittel geklaut, obwohl wir einen Nachtwächter hatten. Wir hatten sogar Glück, denn auf dem Gelände nebenan wurde der Nachtwächter einfach umgebracht. Nach diesem Mord war mir nicht mehr wohl. Ich fuhr zurück in die Schweiz und besorgte mir einen Deutschen Schäfer, den Hasso, einen guten Polizeihund. Aber nach kurzer Zeit schon wurde der vergiftet, und wieder ging die Klauerei los, Stoff, Wolle, Holz, Lebensmittel sowieso, einfach alles, was nicht niet- und nagelfest war, kam weg.

Angst hatte ich nie, ich bin kein Hasenfuss. Das ist wegen dem Gottvertrauen, glaube ich, das hatte ich meistens, und dann ist man mutiger. Wir waren in etlichen Situationen, wo es hätte schiefgehen können, aber ich befürchtete eigentlich nie etwas für mich. Nur früher, bei diesen Russen, da war bei mir alles auf der Kippe. Man musste einfach weiterarbeiten, es gab so viel zu tun, dann vergisst man schneller. Weitermachen und das Beste geben.

Einmal jedoch erwachte ich nachts in Köln und erschrak sehr. Jemand schrie neben meiner Baracke: »Telefonieren! Polizei! Telefonieren!« Ich stand auf und ging nachschauen. Draussen lehnte ein blutüberströmter Mann. Er konnte nur sehr schlecht sprechen und stöhnte: »Telefonieren, telefonieren«, und das tat ich dann auch, dem Roten Kreuz. Ich verband ihn, so gut es ging, und merkte bald, dass er Selbstmord hatte begehen wollen. Aber das Verbluten ging so langsam, dass er seine Meinung anscheinend änderte. Und wegen der Schweizerfahne meinte er, wir seien das Rote Kreuz, und wollte hier Hilfe holen. Der Wächter hatte aber einen solchen Schreck, dass er davonrannte. Sie brachten den Verwundeten dann in die Irrenanstalt, es war vollkommen aus dem Häuschen. Hat einfach seinen Weg nicht mehr gesehen. Man muss sich fragen, was er alles gesehen hat, dass er seinen Weg nicht mehr fand.

Diese sieben Monate waren eine spannende und interessante Zeit, aber danach ging ich gern wieder in die Schweiz zurück. Ich war nach diesen vielen Jahren Flüchtlingsarbeit gesundheitlich ein wenig angeschlagen, hatte monatelang ein ganz starkes Nesselfieber. Sie schickten mich auf die Axalp zur Erholung. Und dort hinauf kam dann dieser Ruedi mich besuchen, den ich kurz vorher am Narzissenfest in Vevey kennen gelernt hatte. Und eine neue Zeit begann für mich. Der fand heraus, wo ich war, und schickte mir Blumen und Kärtchen und Zeug und Sachen. Und dann kam er auch noch selber, und es begann zu funken. Und als ich fertig war mit der Kur, holte er mich ab, und wir fuhren zusammen langsam durchs Wallis heim. Und so weiter. Danach war es relativ klar, dass ich ihn heirate. Es war, sagen wir, es war sehr nett.

Als ich heiratete, war ich zweiunddreissig. Ich hatte vorher nie ans Heiraten gedacht. Es gab lose Bekanntschaften, mehr nicht. Ich hatte gar keine Zeit. Wahrscheinlich hätte ich das Gefühl gehabt, ich verpasse viel zu viel. Heiraten hiess für eine Frau fast immer auf den Beruf verzichten und nur noch für die Familie da sein. Das konnte ich mir lange nicht vorstellen. Es musste der Richtige kommen, da freute ich mich plötzlich sehr darauf.

Ich arbeitete in der Gärtnerei meines Mannes mit und hatte zwei Söhne. Mit vierunddreissig kam der erste, das war sehr spät zu der Zeit. Mich genierte das gar nicht, ich hätte auf keinen Fall früher gewollt. Aber das Leben formt einen, es verändert einen vorzu, und irgendwann war die Zeit reif für Kinder. Ich wollte ja eigentlich alles anders machen, als ich es selber erlebt hatte. Mich selber um die Kinder kümmern und sie nicht einer Kinderfrau überlassen wie meine Eltern. Ich fand immer, es gibt nicht die gleiche Bindung an die Mutter, wenn man sich die Zeit nicht selber nehmen kann für die Kinder. Aber mit einem eigenen Geschäft ist das schwierig, ich machte es dann nicht so anders als meine Eltern. Ich hatte manchmal ein schlechtes Gewissen. Mit der Zeit lernte ich immerhin, dass sich meine Pendenzenlisten auf zauberhafte Weise von allein erledigten, wenn ich lange genug wartete. Dieser Stress, den ich mir oft machte, weil ich fand, ich sei keine perfekte Mutter und Hausfrau, wäre gar nicht nötig gewesen. Das sieht man aber erst im Nachhinein. Das Wichtigste ist vielleicht, dass man merkt, wo das Glück sitzt. Das Glück ist eben nicht laut, es sitzt meistens bescheiden und still im Schatten der grossen Ereignisse und Taten. Es sitzt dort, wo man zufrieden ist und sich an Kleinem freut. Und dazu hat man doch jeden Tag Grund.

Mein Leben verlief lange relativ ruhig, voller Arbeit und zufrieden. Aber meinen grossen Wunsch hatte ich nie vergessen. Und irgendwann war dann die Zeit reif für Afrika. Direkt nach dem Krieg war es sehr schwierig zu reisen. Und nachher hatten mein Mann und ich das Geschäft und die Kinder, es war immer etwas. Plötzlich jedoch gab es eine schreckliche Erschütterung in unserem Leben. Mein Mann verunfallte schwer mit dem Auto und blieb neun Monate im Spital. Er musste richtiggehend wieder laufen lernen. Das veränderte wahrscheinlich unsere Einstellung dem Leben gegenüber, jedenfalls entschieden wir, das Geschäft zu verkaufen. Und als mein Mann wieder richtig auf den Beinen war, sagte er plötzlich: »So, jetzt kannst du etwas buchen. Jetzt solltest du deine Afrikareise planen.« Wir hatten eigentlich seit der Heirat nicht mehr davon gesprochen, also seit über zwanzig Jahren. Aber er hatte es nicht vergessen.

Und so buchte ich die erste Reise in den Senegal und besuchte dort das erste Lepradorf. Es dauerte eine Weile, bis wir den zuständigen Arzt gefunden hatten. Wir besichtigten alles und fragten dann, was sie brauchen könnten. Es stellte sich heraus, dass sie vor allem Verbände und Schutzschuhe nötig hatten. Damit sie etwas über die verbundenen Füsse ziehen können. Ich liess an den nackten Füssen Mass nehmen. Es war selten ein Fuss, der noch alle Zehen hatte.

Zu Hause versuchte ich mit einer Freundin, Schuhe für Leprafüsse zu basteln. Wir kauften Sohlen und nahmen Stretchstoff, zum Beispiel von alten Skihosen, für das Obermaterial des Schuhs. Skihosen, wie man sie früher hatte, waren ideal. Wir hämmerten und nähten und leimten. Ich fand auch Frauen, die Wolldecken und Verbände strickten. Diese fein gestrickten Verbände sind etwas vom Besten für Leprakranke, weil sie sich wunderbar anpassen und sehr haltbar sind. Und schliesslich konnten wir im Freundes- und Bekanntenkreis in kurzer Zeit so viel Geld sammeln und eine richtige Klinik für Augenkrankheiten einrichten. Das lag mir besonders am Herzen, ich wusste ja aus eigener Erfahrung, was Blindsein bedeutet. Inzwischen unterhält die Schweiz in Dakar Schuhwerkstätten für Leprakranke. Auch weitere Polikliniken, eine Geburtenstation, ein Blindenzentrum und so weiter sind entstanden, auch mit Hilfe anderer Organisationen. Es hat sich einiges getan dort unten in den siebenunddreissig Jahren, in denen ich dorthin fahre. Aus dem Freundeskreis wurde eine Stiftung, und bei jedem meiner Besuche begleiten mich interessierte Schweizer. Mein Mann war in den vielen Jahren, in denen wir nach Afrika fuhren, eine unbeschreibliche Hilfe für mich. Er starb 1981 unerwartet an einem Herzinfarkt. Die Arbeit in Afrika half mir über den Schmerz.

Vor dem Sterben habe ich keine Angst, ich habe aber auch keine Todessehnsucht. Eher Mühe mit dem Loslassen. Ich glaube jedoch, dass, wenn die Schmerzen kommen und die Unabhängigkeit verloren geht, dass dann die Bereitschaft zum Loslassen automatisch kommen wird. Als eine Art Vorstufe zum Sterben. Und ich hoffe, dass mir das Gottvertrauen weiterhelfen wird.

Eine Sorge habe ich noch. Meine Generation stirbt allmählich, man geht jetzt ständig an Beerdigungen. Grad gestern war ich wieder an der Beerdigung einer Frau, die für uns immer Decken gestrickt hat. Es ist einfach so, meine Generation gibt es fast nicht mehr, es sind alle jünger. Und bei den Jungen ist das Helfen nicht mehr so Mode, wie es das bei uns war. Sie sind so sehr beschäftigt mit all dem vielen, was es heute gibt zur Zerstreuung. Aber ich bin mir nicht so sicher, ob so viel Zerstreuung auf die Dauer gut ist. Ich glaube halt, dass eine sinnvolle Beschäftigung, also etwas Nützliches oder etwas für andere zu tun, glücklicher macht. Das ist gar nicht anstrengend. Das hält einen wach und zufrieden.

Anne-Marie Blanc

2. September 1919

Beim Hauseingang wird gejasst. Helle und Heiterkeit begrüsst einen im Zimmer, das zum Altersheim gehört. Anne-Marie sitzt im Sessel vor dem Fernseher, trinkt Tee und scheint zu lächeln. Selbst das Alarmband an ihrem Handgelenk wirkt stilvoll. Von den Wänden winkt das Leben aus unzähligen Rähmchen.

Im Grunde ist es die Kraft, das Positive, das diese Frauenfigur ausmacht, deshalb wurde sie so bekannt und blieb es bis heute. Weil das nie vergeht, das Positive kommt immer wieder hervor. Und darum wohl auch diese Gilberte. Die Rolle war ja hübsch, aber schauspielerisch wirklich nicht so wahnsinnig. Trotzdem machte sie mich auf einen Schlag berühmt. Eine einfache Soldatenmutter aus Courgenay im Ersten Weltkrieg – nicht unbedingt der Inbegriff eines Filmstars. Nicht gerade sexy. Aber diese Figur entwickelte ein Eigenleben, es ergab sich einfach so. Und ich hatte Glück, weil ich im richtigen Moment auf dem Set herumstand und ein wenig welsch dreinschaute.

Jetzt, wo ich hier so schön Zeit habe und den Dingen ein bisschen auf den Grund gehen kann, frage ich mich immer, warum alles so gekommen ist, wie es kam. Bis jetzt habe ich keine Antwort gefunden. Was an meinem Leben toll war, ist, dass sich eben alles so ergab. Nur den Anfang machte ich selber. Das wollte ich unbedingt, Schauspielerin sein. Aber der ganze Rest kam von allein. Vielleicht das noch – ich habe es genommen, wenn es kam.

Der Franz Schnyder, der Regisseur, der später so erfolgreich den Gotthelf verfilmte, drehte mit der »Gilberte« seinen ersten Film. Das war während des Kriegs, der Schnyder kehrte nur wegen dieses Krieges in die Schweiz zurück. Wie ja viele, die dann berühmt wurden. Da profitierte die Schweiz enorm, dass so grosse Talente wegen dem Herrn Hitler zurückkamen, wenn sie als Juden oder Kommunisten überleben wollten oder wenn sie als Schweizer Charakter hatten. Ich kannte den Schnyder vom Schauspielhaus in Zürich, wo wir ein Singspiel aufführten, »Gilberte de Courgenay«, allerdings ohne das berühmte Lied von Hanns In der Gand. Nicht zuletzt wegen dieses Liedes wurde der Film ja berühmt. Der Schnyder fing an zu drehen, ohne dass sie eine Gilberte hatten. Der hatte den Mumm, fing einfach an und filmte zunächst einmal das, wo sie nicht vorkam. Ich spielte eine Nebenrolle, die Tilly aus der Stadt. Und ab und zu hiess es: »Frau Blanc, könnten Sie noch ein Momentchen dableiben?« Ich musste die Stichwörter geben für die Probeaufnahmen mit potenziellen Gilberten.

Bis eines Tages der Lazar Wechsler in die Maske kam, wo ich geschminkt wurde. Der Wechsler war ein grosser Mann für den Schweizer Film, er gründete mit dem Flugpionier Walter Mittelholzer die Praesens-Film. »Frau Blanc, Sie spielen die Gilberte.« Ich war etwas verdutzt: »Wie bitte?« – »Sie spielen die Gilberte.« – »Aber Herr Wechsler, wie stellen Sie sich das vor, ich bin doch nicht – kann doch nicht –.« – »Sie spielen die Gilberte.« Wie ein Refrain kam das. Und tatsächlich wurde alles unterbrochen. Man schickte mich zum Coiffeur und färbte meine Haare wieder ein wenig dunkler, nähte mir eine Schürze und eine Bluse, gab mir den Text und fing an zu drehen. Das war ein grosses Risiko, und was das gekostet hat! Money-Money, das war schon damals beim Filmen das grosse Thema. Dass die den Mumm hatten mit mir, war schon allerhand. Ich hatte mir zwar mit dem »Wachtmeister Studer« und den »Missbrauchten Liebesbriefen« schon ein wenig Filmerfahrung geholt, aber das hätte ins Auge gehen können. Eine grosse Ehre war das für mich.

Ich fing einfach an, diese Rolle zu spielen. Den französischen Accent sprachen wir nicht ab, der kam von allein. Ich behandelte diese Gilberte wie jede andere Rolle bisher, ich spielte sie einfach. Ich hatte keine Theorie, kaum Vorbildung, war nie an eine Theaterschule gegangen. Ich war ja erst einundzwanzig und seit zwei Jahren am Schauspielhaus in Zürich. Der Vorteil war, dass ich wirklich eine Welsche bin und nicht nur so tat. Das machte es authentisch, und der Rest ergab sich.

Nicht ganz von allein kam es, wir arbeiteten viel dafür. Die richtige Gilberte war klein, rundlich, eine mütterliche und ein bisschen energische Person. Meine Gilberte war weniger bodenständig, ein bisschen vergeistigt, zurückhaltend und dadurch vielleicht zeitloser. Ich war ja eine blonde Bohnenstange und vom Charakter her eher verhalten. Ich glaube, wenn ich die Gilberte als robustere Figur gespielt hätte, wäre sie heute nicht mehr populär. Weil die Schweizer eher unsere Gilberte anschwärmen wollten, glaube ich. Unsere Kunstfigur sagte ihnen mehr als die reale Person aus Courgenay. Ich war nicht gerade hässlich, aber ich meine, so wahnsinnig toll war ich auch nicht. Aber dieses Kunstwesen mit dem welschen Accent, das da während den Dreharbeiten entstand, das war toll.

Im Grunde machte meine französischsprachige Herkunft von Anfang an ein wenig etwas Spezielles aus mir in der Film- und Theaterlandschaft. Ohne dass ich es gemerkt, geschweige denn beabsichtigt hätte. Das ergab sich, weil ich zuerst in Vevey, später in Bern meine Kindheit verbrachte. In Vevey wohnten wir in einem wunderschönen Haus mit Hof und Park, wo wir spielen konnten. La Cour-au-Chantre heisst es. Mein Gross-vater war dort Préfet, Gemeindepräsident. Der Vater war ur-sprünglich Geometer und wurde dann Grundbuchnotar der Gemeinde. Darum durfte er mit der Familie in einem Flügel des Hauses wohnen. Oh, mein Vater war ein »good looking man«. Er konnte auftreten, auch singen, ein richtiger Klein-stadtkönig war er. Wenn der hoch zu Ross als Feuerwehrhaupt-mann in den Hof einritt – das war schon toll. Er hatte eine sportliche Natur, viel Energie, noch mit sechzig sprang er über eine Parkbank. Aber ich überlege mir jetzt, er hätte mehr aus sich machen sollen, er hätte mehr gekonnt. Als Grundbuch-verwalter war er total unterfordert. Nicht bei allen ergibt es sich.

Seine erste Frau starb an Tuberkulose und liess ihn mit vier kleinen Kindern zurück. Das war eine Katastrophe. Meine Mutter war erst zweiundzwanzig, als sie sich in diesen schönen Mann mit Problemen verguckte und diese grosse Familie über-nahm. Die Ehe entwickelte sich nicht gut, obwohl die beiden sehr verliebt waren. Als ich sieben wurde, gingen wir das erste Mal fort von Vevey, meine Mutter, meine ältere Schwester, mein kleiner Bruder und ich. In Bern führte meine Tante ein Töchterpensionat, und meine Mutter wurde dort Hausdame.

Für mich lag im Unglück der Mutter ein wenig Glück. In diesem Pensionat gab es nämlich eine Lehrerin, die nahm sich meiner an und lehrte mich Deutsch, damit ich ins Progymnasium eintreten könne, was ich dann auch schaffte. Und es tauchte noch eine Tante auf, die deklamierte mit mir französische Gedichte, damit ich das Französisch nicht verlernte. Als Kind kapiert man rasch, wenn man nicht so verwöhnt ist. Ich merkte sofort, dass ich hier eine Chance bekam, dass ich profitieren konnte. Diesen Frauen verdanke ich sehr viel. Sie förderten meine Schwester und mich, unterstützten uns in unseren künstlerischen Ambitionen. Das war alles andere als selbstverständlich.

Wir Töchter verkörperten eigentlich das, was sich meine Mutter für sich erträumt hatte. Sie konnte wunderbar tanzen und singen. Aber in ihrer Familie hiess es: »Une danseuse dans la famille – jamais!« Solche Berufe waren in einer Bankiersfamilie zu wenig repräsentabel. Wahrscheinlich prägte mich das schwierige Leben meiner Mutter. Zum Glück war sie eine sehr starke Frau. Sie befreite sich selber aus den zu eng geschnürten Korsetts, und sie unterstützte uns Mädchen enorm. Meine Schwester wurde Cellistin, schon mit vier Jahren hatte sie mit einem Bohnenstickel und einer Schnur Konzerte gegeben. Und weil es die Mutter meiner Schwester ermöglichte, Musikerin zu werden, durfte ich auch ans Schauspielern denken.

Vielleicht war es ja meine nicht ganz sorgenfreie Jugend, die mich in die Theaterwelt flüchten liess. Dort konnte man die Rollen wechseln. Verschiedene Leben, andere Leiden und viele Freuden konnte man durchspielen. Im Theater lernte ich früh, was für merkwürdige Spielarten das Leben kennt. Dass manches einfach passiert und anderes einem zur Wahl steht. Dass es im Schicksal immer auch Chancen gibt. In meinen

Rollen lernte ich fürs Leben. Und aus dem Leben viel fürs Theater.

Noch einmal kehrten wir nach Vevey zurück. Mein Vater schrieb meiner Mutter verliebte Briefe und versprach, sich zu bessern. Dieser Versuch war ganz umsonst, es blieb alles beim Alten, und wir verliessen ihn endgültig. Beinahe hätte die Mutter sich ein zweites Mal überreden lassen, aber da pflanzte ich mich vor ihr auf. »Non, Maman! Wir bleiben.« Sie weinte und versuchte mich zu überzeugen, aber ich blieb eisern: »Nüt isch, fertig. Wir gehen nicht zurück. Ich gehe nicht mehr nach Vevey.« Die Mutter liess sich von ihm scheiden. Ein grosser Fauxpas in einer gutbürgerlichen Familie. Ich staune selber, was für einen Einfluss ich hatte, mit zehn oder elf Jahren. Im Nachhinein denke ich, ich war einfach wahnsinnig enttäuscht von meiner ersten grossen Liebe – meinem Vater.

Calvin und Weisswein, das ist wohl meine Mischung. Da ist der gestrenge Reformator Calvin, der schaut, dass die Anne Marie Césarine nicht vom rechten Weg abkommt. Ich heisse nach meiner gutbürgerlichen Grossmutter so. Aber zum Glück ist da auch einfacher welscher Weisswein. Der schaut, dass der rechte Weg nicht zu öde wird. Ich hatte schon sehr früh einen Freund, mit dreizehn. Mit dem turtelte ich zwar im Weekend-häuschen seiner Eltern am Murtensee, aber sonst »noli me tangere«. Bei mir hiess es immer »noli me tangere«. Ich habe mit keinem geschlafen, fast bis zur Ehe hielt ich das durch. Bon, das war nicht so schwierig, ich heiratete früh. Ein wenig geflirtet habe ich gern. Richtig los ging das mit der Anmacherei erst durch den Film. Da raunte es ständig auf der Strasse: »Salü Gilbertli«.

Die erotische Komponente ist in diesem Beruf sehr wichtig. Wahrscheinlich ist sie überhaupt eine der wichtigsten Kräfte im Leben. Ich bin ja sehr einseitig veranlagt, ich arbeitete am liebsten mit Männern. Es passiert mehr als mit Frauen, es kommt bei mir mehr in Schwingung. Die Frauen prägten meine Jugend, aber nachher wurde mein Leben von Männern bestimmt. Mein Mann und meine Söhne erzogen mich, nicht umgekehrt. Die Erotik liegt nicht in der Schönheit. Wo sie entsteht, ist ein altes Geheimnis. Mein Mann war attraktiv, aber schön war er gar nicht. Meine Söhne sind die besten Söhne der Welt, aber Schönheiten? Trotzdem scheinen sie den Frauen zu gefallen. Die Schönheit ist absolut nicht das Wichtigste, sie hat sogar Tücken. Schönheit hat mit Harmonie zu tun. Erotik ist Spannung. Der Heiri Gretler und der Gustav Knut waren wunderbare Kollegen, mit denen diese Spannung entstand. Mit beiden habe ich extrem gern gespielt. Die waren doch nicht schön! Aber ich muss zugeben, Schönheit ist nicht unangenehm, auch bei einem Mann. Der Paul Hubschmid war nicht zu verachten.

Auch mit diesem Murtensee-Freund konnte man sich sehen lassen, und unsere Mütter schmiedeten bereits Pläne. Ich hatte vor, Medizin zu studieren wie mein Freund. Bis wir im Gymnasium zur Physik und Chemie vorrückten, da merkte die holde Gymnasiastin, sie lässt das besser sein. Ich liebäugelte noch mit Bibliothekarin, mit Lehrerin, Laborantin, alles nicht so gewaltig. Am liebsten ging ich sowieso Theater spielen. Wir hatten in Bern eine Laientheatergruppe, die »Junge Bühne«. Dort machten unter anderem die Lisa della Casa, der Max Röthlisberger und der Erwin Kohlund mit. Alles Leute, die später viel Erfolg hatten. Rollen spielen wie die Lisa, die Rosalind in Shakespeares »Wie es euch gefällt«, das war mein Traum. Das setzte sich eines Tages in meinem Kopf fest. Von da an war fast alles Schicksal, und das meinte es gut.

Man fand eine alte Schauspielerin, die ein wenig mit mir übte. Und eines Tages beschlossen die Frauen, jetzt sei es an der Zeit. Ich solle jetzt vorsprechen beim Direktor vom Stadttheater Bern. Da war ich achtzehn und noch nicht fertig mit der Schule. Ich bereitete mich vor, riss mein winziges bisschen Mut zusammen und trat zitternd vor den Direktor. Lampenfieber hatte ich immer, schreckliches Lampenfieber, das hörte nie auf. Es wurde später, mit zunehmendem Erfolg, sogar schlimmer, weil auch die Verantwortung wächst. Der Berner Direktor schaute sich an, was ich da zum Besten gab. Und nahm mich nicht. Zu wenig mittelbar, erklärte er, irgend so etwas. Diese kalte Dusche war im Grunde ein Glück, weil ich damit früh kapierte, wie wacklig alles ist in der Kunst. Wie ernst man es nehmen muss, wenn man etwas ausdrücken und den Leuten etwas sagen will. Wie hartnäckig man sein muss.

Der tief empfundene Ausdruck fiel mir bei der »Jungen Bühne« nicht so schwer. Ich spielte Büchners »Leonce und Lena«, mit einem Kollegen, der dann mein Freund wurde. Dieser Freund ging eines Tages ins Bundespfadilager nach Zürich und schrieb mir: »Liebe Anne-Marie, wenn Du wirklich etwas mit Theater zu tun haben möchtest, dann komm her.« Wer weiss, was er eigentlich beabsichtigt hatte, jedenfalls machte ich im September 1938 die Matur, und am 1. Oktober setzte ich mich in den Zug und fuhr zum ersten Mal in meinem Leben nach Zürich. Ich konnte bei fis, dem Maler und Illustrator Hans Fischer, wohnen, meinem Cousin. Der kannte sehr viele Leute in Zürich. Dem fis verdanke ich es wahrscheinlich, dass ich ein Vorsprechen bei Oskar Wälterlin vom Schauspielhaus bekam. Und diesmal stand mir ein mächtiger Engel zur Seite. Sie nahmen mich. Das war ein verrücktes Glück, in dieses Ensemble reinzukommen, mit neunzehn.

Eindruck machte ich niemandem, sicher nicht an diesem Theater. Das kam erst später. Man tätschelte mir vielleicht wohlwollend die Schulter und liess mich während zwei Monaten drei Sätze sprechen. Ich war einfach dankbar, dabei sein zu können, schauen und hören zu dürfen. An der Silvesterpremiere spielte ich das Singing Girl im Stück »Das Ministerium ist beleidigt«, mit der Eleonore Hirt.

Wir waren ein Trio von jungen Schauspielerinnen. Und eine Bombe mittendrin, die Maria Becker. Eine solche Schauspielerin gibt es äusserst selten, höchstens alle fünfzig Jahre. Was diese Frau ausstrahlt! Diese Kraft und Leidenschaft, und gleichzeitig so viel Keuschheit, Feingeistigkeit, alles absolut glaubhaft. Man glaubt der Becker sofort, dass es ein fürchterliches Blutbad gibt, wenn sie die Leoparden loslässt, sie muss es nicht einmal sagen. Und man glaubt ihr die völlige Reinheit des Geistes, einmalig. Sie half mir in vielem, gab mir Tipps. Die Maria ist ja fast gleich alt wie ich, und wir arbeiteten gern zusammen. Wobei ich natürlich mehr profitierte als umgekehrt. Aber dann – fünfzig Jahre lang in der kleinen Schweiz die grosse Becker vor der Nase. Das war auch eine Hypothek.

Meine Schauspielerei war eine Abmachung zwischen mir und mir. Meine Ausbildung war die Praxis. Ich beobachtete meine Umgebung und lernte von denen, die mich beeindruckten. Es gibt in meinen Augen verschiedene Wege, um gut zu werden. Die erste Voraussetzung, unbedingt, ist die Liebe. Die Lust. Die unbedingte Hingabe an das, was man macht. Als Schauspielerin braucht es die Lust, Empfindungen und Zustände offen auszubreiten. Eine Portion Exhibitionismus braucht es wohl auch. Eitelkeit nicht unbedingt, aber wenn ich es überlege, bin ich ja doch ein wenig eitel. Nie würde ich jedoch etwas nur wegen der Wirkung tun. Das ist die Erziehung meiner Männer, die hätten das nämlich nicht akzeptiert. Und dann hätte es auch das Publikum nicht akzeptiert.

Die zweite Voraussetzung ist die Lust an der Arbeit. Mit der grossen Liebe etwas anfangen. Den Rest macht das Leben und steuert ab und zu ein wenig von diesem Glück bei, das mir jetzt oft zu denken gibt. Manchmal kommt es bei Nacht und Nebel, und man stolpert blind darüber. Was es nicht beisteuert, muss man selber in die Hand nehmen. Bevor ich die Frau von Stein spielte, wo ich zweieinhalb Stunden allein auf der Bühne stehen musste, trainierte ich mit Ellen Widmann Sprechtechnik. Und die Maria fragte ich aus: »Was hast du gemacht, um diese Stimme zu bekommen?« Sie sehr lapidar: »Hat mir der liebe Gott geschenkt.« Das half mir ja viel. Meine Stimme gab mir leider nicht der liebe Gott, ich musste sie mir erarbeiten. Die Maria hatte die Physis, die hatte diesen Brustkorb, konnte ganz toll auftanken und lange Passagen auf einem Atem sprechen. Während ich, flach wie ich war, lange Zeit nur so ein bisschen vor mich hin hüstelte.

Als junge Anfängerin musste man sich besonders anstrengen. Es spielten zu der Zeit unglaubliche Koryphäen an diesem Theater. Alles versammelte sich vor und während des Kriegs in Zürich, der Brecht, die Giehse, der Kurt Hirschfeld, der Leopold Lindtberg, der Schnyder. Es gab eine grosse Dynamik und unglaubliches Tempo. Manchmal war am Montag Leseprobe, und bereits am Samstag war Generalprobe und Premiere. Am Anfang waren es in Zürich zehn Tage, später probten wir etwa drei Wochen.

Die Liebe zum Beruf war weit wichtiger als Arbeitszeiten oder etwa der Verdienst. Zuerst verdiente ich gar nichts, aber die Mutter half mir über die Runden, und ich konnte beim fis wohnen. In der zweiten Saison bekam ich dann hundert Franken, in der dritten hundertachtzig. Das war auch damals sehr wenig. Auch die Frau Becker verdiente am Anfang nur hundertachtzig Franken, obwohl sie doch eine gute Ausbildung mitbrachte. Leute wie sie waren nicht nur willkommen. Es gab böses Blut, weil viele grosse Talente aus Deutschland und Österreich flohen und den Schweizern die Plätze streitig machten. Es hiess, das ist unser Theater, Schweizer Theater. Dabei war die Schweiz doch immer ein gastfreundliches Land, und es wäre in erster Linie unsere Pflicht gewesen, diese Leute willkommen zu heissen und anständig zu behandeln. Man hätte sich doch vor allem freuen sollen über diese wunderbaren Leute. Da hat es also auch am Theater gemenschelt.

Es war übrigens der Kurt Hirschfeld, der alle diese Begabungen nach Zürich holte. Der Wälterlin entdeckte dafür zwei junge verrückte Schweizer, die kein Mensch kannte und die sehr erfolgreich wurden, den Dürrenmatt und den Frisch. Für uns Junge war es ein grosses Glück, dass die alle da waren, man hatte einen Heidenrespekt. Mit dem Brecht arbeitete ich nie, weil der seinen eigenen Clan hatte. Dafür mit der Therese Giehse. Das war eine sachliche Person, man konnte ihr auf keinen Fall widersprechen, und man wollte auch nicht. Man hörte ihr sofort zu, wenn sie etwas zu sagen hatte. Manchmal gab sie einen Rat oder hatte eine Kritik. Sie sagte das sehr trocken, stets nett, nie unangenehm. Einmal lud sie mich ein zum Würstchenessen in München. Sie wunderte sich sehr, dass ich so viele Würstchen vertilgen konnte. Ich ass Unmengen und hoffte, es setze an – für die Resonanz.

Der Lindtberg war am Schauspielhaus wegen des Kriegs, und wegen des Kriegs fing er an, Filme zu drehen. Auch wieder so eine positive Wendung im Unheil. Ein hochgebildeter, sehr begabter jüdischer Mensch war das, sehr musikalisch. Ein

Regisseur, der mit der Arbeit etwas herausfinden und ausloten, nicht sich selber interessant machen wollte. Dass der Film in der Schweiz ganz allgemein so erfolgreich wurde, hat in erster Linie mit dem Krieg zu tun, das ergab sich daraus. Man konnte mit künstlerischen Mitteln wichtige Dinge unter die Leute bringen. Als ernsthafter Künstler musste man einschreiten, etwas verändern, Schlimmeres verhindern, weil im Grunde alles auf dem Spiel stand. Kunst war zuallerletzt eine Spielerei, es ging um sehr viel mehr. Der Film wurde ein wichtiges Instrument für die Aufklärung und die geistige Landesverteidigung. Das war eine Initiative von Künstlern und Intellektuellen gegen das Nazitum in der Schweiz. Filme wie die »Gilberte« waren eigentlich politisch, sie erklärten den Leuten auf einfache Weise, wie wichtig es war, an der Grenze auszuharren, und erinnerte sie daran, was auf dem Spiel stand.

Ich hatte das Glück, mit dem Lindtberg am Schauspielhaus zu sein und dadurch während der ganzen Kriegszeit jährlich einen Film drehen zu können. Wir bekamen als Theaterschauspieler nur Neunmonatsverträge, und in der restlichen Zeit filmten wir, damit verdiente man mehr. Die ersten beiden Filme mit Lindtberg waren »Wachtmeister Studer« und »Die missbrauchten Liebesbriefe«. 1941 kam die »Gilberte de Courgenay« mit dem Franz Schnyder, »Landammann Stauffacher« mit dem Lindtberg, »Matura-Reise« mit dem Sigfrit Steiner und zum Kriegsende die »Marie-Louise« mit dem Schnyder und dem Lindtberg als Duo, für den bekamen wir sogar einen Oscar. Alle diese Filme waren nette, unterhaltende Geschichten, aber im Grunde waren sie vor allem auf die Missstände der Zeit gemünzt.

So gut es ging, liess man sich vom Krieg nicht beirren. Ich spielte und war schwanger. Mein Mann war Produktionsleiter der Praesens, die alle sechs Filme produzierte, bei denen ich während des Kriegs mitmachte. Die Tochter vom »Landammann Stauffacher« konnte ich übrigens nur spielen, weil ich in Erwartung war. Endlich hatte ich ein wenig Prästanz, sonst wäre das nichts gewesen. Wir hatten nach den Dreharbeiten zur »Gilberte« den Wechsler gefragt, ob sofort wieder ein Film geplant sei, und die Antwort war Nein. Da beschlossen mein Mann und ich, gegen den trüben Geist der Zeit und trotz des Tohuwabohus rundherum: Wir machen ein Kind. Und das klappte wunderbar.

Meinen Mann lernte ich in der Drehtür des Baur au Lac in Zürich kennen. Da sah ich ihn zum ersten Mal, am Presseball. Ich spielte am Schauspielhaus gerade die zweite Bäuerin im »Tell«, also etwa zwei Sätze pro Abend, und ging danach mit einer Kollegin an diesen Ball. Das war ziemlich frech, man zeigte sich dort nicht als Niemand. Aber wir peppten uns nach der Vorstellung ein wenig auf und spazierten vom Pfauen hinunter ins Baur au Lac am See. Ich trug ein schönes weisses Kleid, ohne Décolleté notabene. Wir mussten doch meine Oberweite für einen solchen Anlass etwas aufmotzen, und mit Décolleté hätte man den Betrug gemerkt.

Als wir hereinkamen, fing uns einer wie von der Tarantel gestochen bereits in der Drehtür ab und stellte sich vor. Meine Kollegin kannte ihn flüchtig. Ich kapierte nicht viel, weil »Fueter« – was soll das heissen, Futter? Ich dachte, er rede vom Essen –, da er uns anbot, einen Tisch zu reservieren und zu diesem Zweck sofort wieder verschwand. Wir wurden von anderen zum Tanzen geholt und warteten nicht auf diesen Futter. So brutal ist man, wenn man jung ist. Im Bierkeller traf ich ihn wieder, dort landeten wir nach einer Weile, es war ein wenig finster, und man sass. Ich sass also da mit dem anderen Tänzer, und dieser Fueter kam wieder und forderte mich auf. »Ja gern«, sagte ich. Ich tanzte nur einmal mit ihm, aber in der kurzen Zeit lockte er alles aus mir heraus. Jedenfalls fand er mich wieder. Er rief mich nämlich ein paar Tage später an, ich hatte ein Zimmer an der Gemeindestrasse, und lud mich zum Essen ein. Und dann lud er mich in den »Gasparone« ein, das ist eine Operette. Ich war zwar da drin, wir hatten eine Loge, aber bis vor kurzem, als ich dieses Werk zum ersten Mal wiedersah, hatte ich keine Ahnung, um was es ging. Zu sehr waren wir beschäftigt gewesen mit einem anderen Lustspiel, könnte man sagen.

Ende achtunddreissig war ich in Zürich eingetroffen, Weihnachten neununddreissig verlobten wir uns, und im März vierzig heirateten wir. Wenn nicht der Krieg gewesen wäre, hätte ich kaum so früh geheiratet. Es war ein gutes Gefühl, zu jemandem zu gehören, ganz und unbedingt zu jemandem zu gehören. Man fühlte sich sicherer. Wir lebten ja nicht gerade im empfehlenden Milieu, wenn die Nazis gekommen wären. Ich spürte oft Furcht, besonders mutig war ich nie. Diese Verdunklung war unheimlich. Sie gab einem eine Ahnung davon, wie brenzlig die Lage war. Der Dr. Fueter war äusserst aktiv in der »Kampfgruppe gegen geistigen Terror«, die sie wegen der Nazis ins Leben riefen. Als er einrücken musste, beschwor er mich, einen Pass machen zu lassen, damit wir sofort die Schweiz verlassen könnten, wenn es passierte. Unsere Situation war ein wenig gefährlich. Er mit seiner Antifaschistengruppe und ich an diesem Juden- und Kommunistentheater. Wir wären wahrscheinlich bei den Ersten gewesen, die sie abtransportiert hätten.

Manchmal kam ich am Morgen zur Probe, und es fiel das Wort Theresienstadt und was in diesem kz passierte. Überall in den Trams hingen Plakate mit dem Spruch: »Feind hört mit«. Das galt auch für unsere Emigrantenkollegen, die mussten aufpassen, dass sie nicht zu viel erzählten. Man hatte Angst um die Kollegen und ihre Angehörigen. Die Mutter von der Maria Becker war Jüdin und landete in Gurs in Frankreich, in einem Interniertenlager. Bis die Leute endlich ankamen in der Schweiz, war man wie auf Nadeln. Als der Krieg dann endlich fertig war, am 8. Mai 1945, tanzten wir alle auf dem Bürkliplatz unter den Bäumen, wo jetzt der Flohmarkt ist.

Der Krieg war eine unbeschreibliche Katastrophe, aber für mich kam es gut heraus. Ich fand meinen Mann, hatte grossen Erfolg mit den Filmen und gebar meine drei wunderbaren Söhne. Ich hatte immer den Wunsch gehabt, Kinder zu bekommen, schon sehr früh. Aber nicht mehr zu arbeiten, wäre für mich undenkbar gewesen. Es hätte mir etwas enorm Wichtiges gefehlt in meinem Leben. Natürlich hatte ich jemanden, der zum Haushalt und zu den Kindern schaute. Und der Fueter war ein hervorragender Vater. Wir hatten das Glück, ein Haus zu finden, in dem wir alles unterbringen konnten, die Büros, die Firma und die Kinder. Beim dritten Sohn kam auch meine Mutter zu uns, als Kapitän. Sie musste nicht kochen und putzen, sie schaute vor allem zu den Kindern, damit alles in geordneten Bahnen verlief. Ich wusste, meine Buben sind bei ihr besser versorgt, als wenn ich das selber gemacht hätte. Vielleicht entstand daraus der grosse Familiensinn, den wir heute noch haben. Weil man es zu schätzen wusste, wenn man beieinander war. In Kleinigkeiten mischte ich mich nicht ein. Ich glaube, es ist besser, wenn man den Dingen ihren Lauf lässt, solange sie laufen.

Im Grunde geht es bei allem darum zu wissen, dass die Zeit, die einem gegeben ist, etwas Kostbares ist. Dass man sie sinnvoll brauchen sollte. Mein Mann und ich waren unser

Leben lang extrem beschäftigt. Ich spielte in etwa zweihundert Theaterproduktionen und vierzig Filmen mit. Mein Mann gründete die Condor Films. Wir versuchten immer, die Zeit, die wir füreinander reservierten, nicht mit Kleinigkeiten und Kleinlichkeiten zu verschleudern. Ich glaube, das ist das Wichtigste, für mein Gefühl ist es das. Obwohl ich blutjung heiratete, hielt unsere Ehe sehr gut. Wir verpassten um ein paar Monate vierzig Jahre, als er 1979 starb. Es hielt so gut, weil wir nur die Hälfte der Zeit zusammen waren, das behauptete mein Mann immer. Ich denke, er hat recht. Es lehrt einen, das Wichtige vom Unwichtigen zu trennen.

Nach dem Tod meines Mannes liierte ich mich nicht mehr, unmöglich! Wenn man einen solchen Mann hatte, geht das nicht. Freundschaften ja, aber eine solche Liebe kann man nicht wiederholen. Da ist nichts Bitteres drin. Der Schlusspunkt unseres Zusammenseins in diesem Leben kam, und ich musste das akzeptieren. Das ist im Berufsleben genauso, man muss akzeptieren, wenn das Ende kommt. Beim Beruf habe ich den Schlusspunkt selber gesetzt, als ich mit meiner Enkelin Marguerite Duras' Zweipersonenstück »Savannah Bay« spielte. Damit war für mich das Berufsleben abgeschlossen. Rund und glücklich zu Ende geführt.

Ich denke nach und finde doch nicht heraus, warum alles so kam, wie es kam. Vielleicht, weil ich es nahm, wie es kam, mich auf das Positive konzentrierte. Es ist einfacher, alt zu werden, wenn man mit dem Schicksal in Frieden lebt. Es ist auch einfacher, den Tod des Partners zu verkraften, wenn man gut mit ihm lebte. Die grosse Hürde kommt aber erst. Ich versuche jetzt schon, alles ein wenig loszulassen, aber das ist gar nicht so einfach. Ich bin ja so umhegt. Schnell gesagt ist das mit dem Loslassen, aber noch lange nicht gelebt. Es ist ein eigenartiges Gefühl, dass einen das so unmittelbar erwartet, und man hat keine Ahnung, was es bedeutet. Ein wenig habe ich Angst davor, doch. Es schadet nicht, sich ab und zu in Erinnerung zu rufen: Bis jetzt hat es das Schicksal recht gemacht. Und jetzt lassen wir es weiterlaufen.

Monica Suter

25. September 1925

*Es riecht nach gutem Kaffee und Apfelkuchen, wenn man herein-
kommt in die kleine Wohnung. Helle Möbel aus Holz, handge-
knüpfte Teppiche, Bücher und Fotoalben. Schlicht und fein und
frisch ist alles. Ein Kreuz im Zentrum, fast übersieht man es.
Darunter ein bunter Tulpenstrauss. Hinter dem Fenster lärmen
Schulkinder, und der Stadtbach rauscht vorbei.*

Ich bin kein Kindermädchen, da wehre ich mich dagegen. Ich
lernte einen Beruf, hatte eine richtige Ausbildung, bei den
Liebfrauenschwestern. Das sind keine Nonnen, das sind fromme ledige Frauen, die sich dem Dienst am Menschen widmen.
Als Lebensaufgabe. Das waren immer sehr intelligente Frauen,
die viel können, aber nicht heiraten wollen, sondern lieber
arbeiten. Ihre Schulen gibt es schon lange. Ein Kindermädchen ist einfach eine junge Frau, die gerne Kinder hat. Aber
ohne Ausbildung. Ich lernte das von Grund auf, Kinderschwester, in der Nurse-Schule vom Liebfrauenhof. Ernährung, Hygiene, Erziehung, Psychologie, das alles gehörte dazu.

Dass wir eine Lehre machen durften, haben wir vor allem der Mutter zu verdanken, sie setzte das durch. Der Vater fand eher: »Schaffen gehen und etwas verdienen.« Er ging selber nur sechs Jahre in die Schule. Wenn man eine Lehre machte, verdiente man viel länger nichts und musste erst noch dafür bezahlen. Die Schule im Liebfrauenhof kostete hundertsechsundfünfzig Franken im Monat. Das war sehr viel Geld. Später zahlte ich ihnen die Hälfte zurück. Die Eltern sparten sich das vom Mund ab, aber das wusste ich nicht. Sie redeten mit mir nie über Geld, obwohl wir sehr wenig hatten. Ich war ein Arbeiterkind. In der Lehre arbeiteten und putzten wir, versorgten die Heimkinder, meistens Waisenkinder. Und am Nachmittag konnten wir in die Schule. Kinderschwester war mein Traumberuf.

Um einen solchen Beruf überhaupt lernen zu können, hatte ich mich ein wenig durchbeissen müssen. Das hiess es öfter zu Hause, man muss sich ein wenig durchbeissen, man läuft nicht einfach davon. Ich ging acht Jahre in die Schule, zwei davon in die Sekundarschule. Neun Jahre gestattete man mir nicht, obwohl ich gerne länger gegangen wäre und auch die Noten gehabt hätte. Aber das wäre die Kantonsschule gewesen, die war der Mutter zu wenig katholisch. Ich schickte mich drein, weil ich sowieso überzeugt war, dass nur Reiche zu den Besten gehören können. Ich war als Kind überzeugt, nur Mädchen mit schönen hellen Schürzchen und Mäschchen im Haar könnten ins Gymnasium gehen. Ich war sicher kein Drecksüchel, aber eben nicht herausgeputzt, hatte keine Mäschchen und ab und zu dreckige Knie, weil wir kein Badezimmer hatten und nur am Samstag im Züberli badeten. An den Knien sah man den Standesunterschied. Als ich einmal bei einer reichen Kollegin eingeladen war, orderte mich die Grandmaman zuerst ins Badezimmer, zum Kniewaschen, bevor ich ins Zimmer durfte. Ich war ohnehin sehr schüchtern, da bleibt das schon haften.

Als ich älter wurde und der Mutter ab und zu ein Widerwort gab, fand sie, ich sei viel zu frech. Sie werde mir nicht mehr Meister und ertrage mich nicht mehr zu Hause. Sie fürchtete, ich schiesse ins Kraut. Obwohl ich ganz sicher kein freches Kind war, aber vielleicht war ich etwas geradeheraus. Sie war kränklich und vertrug manchmal wenig. Also schickte sie mich nach der Schule zur Grosstante, die war Oberin im Kloster in Stans. Die hatten ein Mädchenpensionat, und dort lernte man ein wenig Savoir-vivre und bekam den letzten Schliff. Die Mutter fand, das tue mir gut, diese Umgebung mit den reichen katholischen Töchtern. Als Kind von Arbeiterleuten müsse ich dankbar sein, wenn ich in so einer noblen Umgebung putzen dürfe. Das schade mir nicht. Vielleicht hatte sie ja recht, aber ich weiss inzwischen, dass sie auch richtige Minderwertigkeitsgefühle hatte, weil wir zu den einfachen Leuten gehörten. Im Töchterpensionat lernte ich neben dem vielen Putzen noch ein wenig Französisch, Religion und Handarbeit. Und die Mutter war sicher, dass ich auf dem rechten Weg blieb.

Das Durchbeissen lernte ich aber vor allem im Haushaltpraktikum, in das ich nach dem Institut kam. Ein solches Praktikum war die Bedingung, um Kinderschwester zu werden. Eigentlich freute ich mich darauf, es war nur zehn Minuten von zu Hause entfernt, in Luzern. Ich musste bei den Leuten auch wohnen, das machte mir Sorgen, weil ich lieber zu Hause geschlafen hätte. Ich freute mich aber extrem darauf, das kleine Kind zu hüten und mit ihm spazieren zu gehen. Es war dann alles nicht ganz so, wie ich es mir ausgemalt hatte. Die Hausfrau war zwar eine reiche, aber ein wenig dumme Frau.

Sie behauptete ständig, es mache Kinder nervös, wenn man nach draussen gehe, und sperrte uns im Haus ein. Auch sonst war es eine ziemliche Ernüchterung, im Arbeitsleben zu stehen. Man achtete beim Dienen anscheinend vor allem auf Standesunterschiede, nicht darauf, wie etwas gemacht wurde. Ich gab mir doch grosse Mühe, und ich glaube, ich machte es nicht schlecht. Ich musste mit der Frau kochen und mit ihr essen, wahrscheinlich ass sie nicht gern allein. Musste den Tisch decken: für sie Porzellangeschirr und Silberbesteck, für mich Steingut und Blechgabeln. Der Hausherr hatte eine grosse Garage und war Major im Dienst. Wenn er nach Hause kam zum Essen, musste ich allein in der Küche essen. Zu trinken gab es meistens Tee, und ich hätte gern ein wenig Zucker gehabt, ich hatte so gern Süsses. Es war aber Krieg, und der Zucker war rationiert. Alles ausser Gemüse war rationiert. Die Frau gestattete mir nicht, ein klein wenig Zucker zu nehmen. »Die Engländer trinken Tee auch ohne Zucker«, sagte sie so belehrend und nahm sich selber zwei Löffel. Auch die Haferflockenmarken durfte ich nicht haben, die sie ja gar nie brauchte. Dabei hätte ich so gerne dem Vater eine Freude gemacht, er ass fürs Leben gern Borritsch. Als ich sie höflich fragte, giftete sie, ich sei ein sehr freches Mädchen, so etwas Unverschämtes zu fragen.

Es war alles so anders. Ich hatte furchtbares Heimweh, richtig krank vor Heimweh war ich. Die Atmosphäre war so anders als bei uns zu Hause, der Tonfall. Ich war plötzlich ein wenig ein Fussabstreifer, das kann man schon so sagen. Obwohl es zu Hause auch streng war, hatte ich nie das Gefühl gehabt, minderwertig zu sein. In diesem Haushalt fühlte ich mich elend und wollte auf keinen Fall bleiben. Aber die Mutter sagte: »Du sollst nicht einfach weglaufen, wenn es dir einmal nicht passt.« So hiess es eben. Ich schlief auf einer Couch im Kinderzimmer. Am Abend musste ich zuerst das Bettzeug vom Dachboden runterholen, am Morgen alles wieder hinauftragen, damit ja nichts mehr von mir herumlag. Jedes Mal, wenn ich oben an der steilen Treppe stand, dachte ich: Jetzt falle ich da hinunter und breche mir ein Bein. Dann müssen sie mich nach Hause schicken. Ich habe es sogar versucht, mehrmals, aber ich fiel immer auf das Bettzeug. Es ist nicht so einfach, sich selber ein Bein zu brechen, das kapierte ich damals.

Die wollten mich dann dingen, einen fixen Vertrag für zwei Jahre, aus dem ich nicht mehr hätte aussteigen können. Zwei Jahre! Da schaltete sich der Vater ein und sagte: »Musst gar nicht mehr gehen.« Aber die Mutter sagte: »Doch, jetzt gehst und kündigst schön ordentlich, mit vierzehn Tagen Frist.« Diese vierzehn Tage waren die Hölle. Es verleidete mir voll und ganz, und ich wollte nie mehr in einen Haushalt. Aber die Mutter mahnte: »Wenn du diesen Beruf willst, Monica, dann kommst nicht darum herum, dich ein bisschen durchzubeissen und tapfer zu sein.«

Ich sagte: »Es ist mir doch so verleidet. Ich will das gar nicht mehr. Ich will nie mehr bei fremden Leuten dienen.«

»Was willst denn sonst?«

Da gestand ich meinen geheimen Wunsch: »Ich möchte Buchhändlerin werden.«

Ich hätte geradeso gut Cabaret-Tänzerin sagen können. Das kannte ich aber gar nicht. Ich kannte nur, was man in der Pfarreibibliothek lesen konnte. Ich las wahnsinnig gern, das war für mich etwas vom Schönsten, lesen. Aber das kam für die Mutter zuallerletzt in Frage. Sie fand, lesen sei meistens zu wenig fromm, es könne sogar richtig gefährlich sein. Es gebe viel zu viele Bücher, die man nicht lesen sollte, weil sie die

Mädchen verderben. Was das für Bücher waren, weiss ich nicht, weil ich sie ja nicht lesen durfte. Wahrscheinlich solche, wo Sex drin vorkommt. Und das Lesen überhaupt und als solches konnte einem schaden. Es konnte süchtig machen. Meine Mutter hatte tausend Ängste. Nicht ganz ohne Grund, das muss ich sagen.

Ihre Mutter hatte die Lesesucht gehabt, meine Grossmutter. Die Schwester der Oberin in Stans. Die las übrigens auch ständig, nur konnte sie es im Studium umsetzen. Meine Grossmutter konnte das nicht, sie durfte nur sechs Jahre in die Schule und gebar dann neun Kinder. Der Grossvater hatte keinen Beruf, er arbeitete als Steinhauer im Rotzloch, im Steinbruch. Er verdiente wenig, und die Grossmutter las ständig und vernachlässigte dabei ihre Pflichten. Sie liess den Haushalt links liegen, kümmerte sich zu wenig, darunter litt die Familie sehr. Nach der sechsten Klasse kamen alle Kinder, ausser meine Mutter und eine Schwester, irgendwohin, mussten dienen gehen. Die wurden mit zwölf in die grossen Städte verquantet, nach Zürich, eine kam sogar nach Hamburg. Wurden ein wenig verschachert. Das waren doch noch richtige Kinder, und alle bekamen eben selber Kinder. Uneheliche Kinder, alle ausser meine Mutter und eine Schwester. Wie man so sagte, »seriös« leben konnte keines. Das war die allergrösste Schande für eine Familie, wenn jemand ein uneheliches Kind bekam. Wahrscheinlich wurden sie ja nicht freiwillig schwanger. Das war die grosse Angst der Mutter vor dem Lesen.

Man unterschied noch nicht so zwischen gewöhnlichen Büchern und Literatur. Man unterschied eher zwischen anständigen und unanständigen. Ich durfte lesen, aber nur in der Pfarreibibliothek, was mich aber immer weniger interessierte. Und die Mutter limitierte die Lesezeit. »Jetzt darfst du eine halbe Stunde lesen, aber nachher strickst du.« Lesen war nichts Nützliches. Und weil sie unter ihrer lesenden Mutter so gelitten hatte, wollte sie es uns abgewöhnen. Wenn sie mich hinter einem Buch erwischte, sagte sie spitz: »Bist wieder am Süchteln?« Ich konnte Bücher wirklich fressen, mein Bruder auch, nur die Schwester las gar nicht. Oder höchstens fromme Traktätchen. Ich weiss genau, dass die Mutter selber auch gerne gelesen hätte. Aber sie war eine sehr disziplinierte Frau. Sie hatte eine gewisse Strenge, aber eine liebevolle Strenge, eine kümmervolle Strenge. Gegen meine Krise fand sie eine einfache Lösung. An einem Abend sagte sie, als sie mir im Bett das Kreuz auf die Stirn machte: »Jetzt bleibst du einfach wieder eine Weile zu Hause und hilfst mir.« Sie war ja oft krank und konnte mich gut im Haushalt gebrauchen. Sie lehrte mich kochen und waschen und bügeln und backen und stricken und nähen, und oft lachten wir auch. So entspannte sich alles.

Die Mutter hatte allerlei, ich glaube, das meiste war psychisch. Nicht, dass sie schwermütig gewesen wäre, das nicht. Nur der Vater hatte die Schwermut, und die Schwester bekam sie leider auch. Aber meine Mutter war eine intelligente Frau, sie überlegte sich viel zu den Dingen. Der Vater war nicht dumm, aber er hatte nie etwas gelesen, blätterte höchstens durch die Zeitung. Sie kam wahrscheinlich in der Beziehung nicht so auf die Rechnung beim Vater, geistig. Ich denke, sie konnten über vieles nicht reden miteinander. Und der Vater war eigentlich sehr dominant. Er bestimmte. Obwohl er doch gar nicht mehr wusste als die Mutter. Ich weiss es nicht, aber ich könnte mir vorstellen, dass die Mutter darunter litt. Sie hatte Magenkrebs, daran starb sie. Irgendetwas schlug ihr sehr früh auf den Magen. Ich glaube halt schon, dass alles ein bisschen zusammenhängt. Dass der Körper mit der Seele ein Ganzes ist, solange er lebt. Die Mutter war eine sehr starke Frau, vom Charakter her. Aber gegen das, was mit dem Vater nicht stimmte, konnte sie nichts machen. Vielleicht stimmte auch bei ihr nicht alles. Sie schickte sich drein.

Der Vater war nicht so ein Frommer. Aber ein guter und lieber Vater, ein treuer, verlässlicher. Er war Postillion, fuhr die Päcklipost in Luzern mit Ross und Wagen. Eigentlich hatte er Schreiner werden wollen, handwerklich war er wirklich begabt. Er vertrug aber das Sägemehl nicht. Da wurde er Fuhrmann, lernte es von seinem Vater. Der war Hausierer mit Ross und Wagen. Die Postkutsche und die Pferde wurden in der Fuhrhalterei versorgt. Und in dieser Fuhrhalterei kochte meine Mutter. Sie war zwanzig, als sie ihn kennen lernte, und kam ursprünglich aus Stans, hatte die Frauenarbeitsschule absolviert. Der Vater war bereits vierunddreissig. Als ich sie einmal fragte, warum sie gerade ihn gewählt habe, sagte sie: »Ja ganz einfach, weil er der Seriöseste war. Weil er nie einen Rausch hatte, und das als Fuhrmann. Und weil er zuverlässig war und auch keine schlüpfrigen Witze erzählte.« Gerne habe sie ihn auch gehabt.

Der Vater hatte der Mutter ein wenig geholfen, zuverlässig zu sein. Die Mutter wohnte in einem Zimmer in der Fuhrhalterei. Und es passierte ihr öfter, dass sie verschlief. Da kam dem Vater die Idee mit dem Schnürchen. Sie solle sich eine Schnur ums Handgelenk knüpfen und sie aus dem Fenster hängen lassen. Wenn der Vater am Morgen früh kam, zog er am Schnürchen und weckte sie. So kam sie nicht mehr zu spät, weil er sie am Schnürchen hatte. Und sie heirateten.

Bald wurde der Postdienst verändert, und der Vater kam von der Postkutsche zur Müllabfuhr. Er wurde Güselfuhrmann bei der Stadt Luzern. Man hatte grosse Kübel mit schweren

Deckeln, die musste man hochheben und in den Wagen kippen. Nicht diese Ochsnerkübel, die gibt es ja auch nicht mehr. Plastiksäcke gab es noch nicht, sondern die Kübelwände wurden mit Zeitungen ausgelegt. Das klebte gern. Eine extrem strenge Arbeit war das. Und später wurde er noch einmal versetzt, weil er einem Kollegen bei der Karriere im Weg stand. Der ekelte ihn weg, obwohl mein Vater anscheinend die besseren Qualifikationen gehabt hätte. Heute sagt man mobben. Er wurde Strassenwischer. Ich glaube, es war zu der Zeit, als die Schwermut das erste Mal über ihn kam.

Es kam in Phasen, meistens gab es einen äusseren Anlass. Oft hatte es mit der Arbeit zu tun. Es war sehr traurig. Man durfte ihn nicht anschauen, sonst liefen ihm die Tränen über die Backen. Arbeiten konnte er dann nicht mehr, wahrscheinlich verdiente er auch nichts. Die Mutter nähte Vorhänge und Hemden und flickte für Kunden. Ich erinnere mich, dass ich mit dem Vater spazieren ging und die Leute sagten: »Wie schön, dass du mit deinem Grossvater spazieren gehst.« Furchtbar sah er in diesen Phasen aus. Traurig war auch, dass wir nicht mehr singen konnten, weil der Vater sofort weinte. Er ertrug Musik am allerwenigsten, und wir sangen doch so gern. Aber wenn er so war, verging uns die Lust am Singen. Er kaufte sich sogar extra ein Radio, weil er dachte, das helfe ihm ein wenig. Aber im Gegenteil. Erstens kam fast keine Musik, sondern nur am Mittag und am Abend Nachrichten. Und die waren traurig zu der Zeit. Ich merkte erst später, bei meiner Schwester, wie schlimm diese Krankheit ist. Meinte doch manchmal, ich müsse ihr sagen: »Jetzt gib dir doch einen Schupf! Jetzt nimm dich doch ein bisschen in die Finger!« Aber genau das ist ja das Problem, in diesem Zustand können die Menschen nicht wollen.

Der Vater kam aber immer wieder daraus heraus. Er konnte richtig fröhlich sein und lustig. Besonders an drei Tagen im Jahr war er immer aufgestellt, an Ostern, Maria Himmelfahrt und Weihnachten. Da ging der Vater beichten, und nachher war er wahnsinnig gut aufgelegt. Ich kenne das auch, dieses Gefühl nach dem Beichten – als würde man auf einer rosa Wolke schweben. So richtig, juhui, jetzt ist alles wieder gut! Ich gehe seit langem nicht mehr, schon manches Jahr nicht mehr. Was sollte ich auch beichten? Als Kind schon, da war das normal. Einmal im Monat gingen alle Katholiken in den Beichtstuhl. Das hat sich sehr verändert, und ich wüsste wirklich nicht, was sagen.

Wenn der Vater aus der Beichte kam, strahlte er, man merkte es sofort. An diesem Tag sagte er zu meiner Mutter Monica. Sonst immer Mutter, aber an Ostern, Maria Himmelfahrt und Weihnachten sagte er Monica. Das freute mich jedes Mal, wenn er zu ihr Monica sagte, es machte mich richtig glücklich. Vielleicht würden die heutigen Kinder noch andere Dinge merken, aber ich merkte nur das, und das genügte mir. Wahrscheinlich hatten sie ja, wenn der Vater gebeichtet hatte, noch etwas ganz Besonderes miteinander am Abend. Das kam wahrscheinlich nicht so häufig vor. Ich weiss das, weil meine Mutter mir einmal sagte: »Du bist nach haargenau neun Monaten auf die Welt gekommen.« Am 25. September. Und zurückgerechnet ergibt das den 25. Dezember. Da war der Vater eben beichten. Das war sicher sein Weihnachtsgeschenk. Vielleicht war es ja auch ihr Weihnachtsgeschenk, weil sie ihn liess. Oft kam das sicher nicht vor. Es war ja immer ein wenig anrüchig. Die Mutter erzählte mir, am Anfang sei sie jedes Mal beichten gegangen, wenn sie mit dem Vater zusammen war. Da fragte der Pfarrer einmal: »Seid Ihr denn nicht verheiratet?

Sonst müsst Ihr das doch nicht beichten. Dann ist das Eure Pflicht!« Dann wusste sie es auch wieder.

Die Mutter war für mich immer ein Vorbild. Sie war liebevoll, streng und gerecht, und sie jammerte nie. Obwohl sie so oft an etwas litt. Sechs- oder siebenmal mussten wir umziehen, meistens weil sie zu wenig Geld hatten. Wir waren in Luzern an der Steinenstrasse, an der Stadthofstrasse, an der Spitalstrasse, an der Friedentalstrasse, auch noch an anderen Adressen. Immer mit dem Leiterwagen transportierte man die Sachen von einer Wohnung in die andere, das war ziemlich mühsam. Viel war es nicht. Der Vater hatte zwei Taburettli und einen Küchentisch in die Ehe gebracht, die Mutter einen Tisch, vier Stühle und ein Buffet, zwei Betten, einen Schrank und eine Kommode. Das kostete sie siebenhundertfünfzig Franken, wahnsinnig viel Geld, das erzählte sie einmal. Oft mussten wir umziehen, weil es zu feucht war für die Mutter, einmal, weil wir zu laut waren, aber meistens, weil es zu teuer war. Und die ganze Zeit hörte ich sie nie klagen. Wenn es ihr gut ging, war sie fröhlich und sang mit uns, wenn es ihr nicht gut ging, war sie still, aber geklagt hat sie nie. Vielleicht tat ihr das gar nicht so gut. Es kann sein, dass die Tapferkeit gar nicht so gesund ist.

Nachdem ich eine Weile wieder hatte zu Hause sein dürfen, wollte ich endlich tapfer sein. Die Mutter half mir, eine neue Haushaltstelle zu finden, sogar eine ganz in der Nähe. Ich konnte daheim schlafen. Schweren Herzens trat ich am Morgen die Stelle an, aber am Abend hüpfte ich heim. Es war eine gute Familie mit zwei kleinen Buben und einer lieben Lehrmeisterin. Ich lernte sehr viel und blieb drei ganze Jahre bei ihnen. Es war die schönste Zeit meiner Jugend.

Weil Französischkenntnisse eine Bedingung waren für die Nurse-Schule, musste ich danach noch ins Welschland. Ach, das wurde eine weitere Übung in stillschweigendem Gehorsam. Das brachte ich zwar schon von zu Hause mit, Widerrede gab es ja nicht. Aber reden konnte man schon miteinander. In den meisten Haushalten galt aber: Der Meister befiehlt, und du gehorchst, für ein Taschengeld. Im Haushalt war es die Meisterin. Man war schon eine Art minderer Mensch, man hatte keinerlei Rechte. Ohne Beruf und Bildung hatte man keine Rechte, die kamen erst mit der Ausbildung. Ein Teil war sicher auch meine Erziehung, dass ich dachte, ich müsse es aushalten.

Ich kam nach Fribourg, das gefiel mir, aber nach drei Tagen zogen wir aufs Land, das gefiel mir gar nicht. Ich bin ein Stadtmensch, ich brauche Häuser, Strassen, Menschen, dann fühle ich mich wohl, kann spazieren und sehe etwas. Das Land ist schön für Ferien. Ich starb wieder schier vor Heimweh. Ich kam in eine Lehrerfamilie, die hatten vier Kinder, das jüngste war zweijährig. Als ich kam, hatten sie seit drei Tagen keine Haushalthilfe mehr gehabt, und so sah es auch aus. Alle Kinder assen, Entschuldigung, wie die Schweine, und sie machten auch alle noch ins Bett. Die ganze verbiselte Wäsche lag in einem Zuber unter dem Schüttstein hinter einem Vorhängchen und stank vor sich hin, nach Urin. Ich glaube, ich verdiente sechzig Franken im Monat und schuftete vom Morgen bis in die Nacht. Frei hatte ich eigentlich nie. Am Abend packten die Buben grinsend ihre Pfeifchen aus und biselten an die Wände, vor lauter Blödtun. Die Mutter seufzte nur: »Ah, ce sont des enfants.« Es sind halt Kinder. Wegputzen musste es das Mädchen. Solange ein Kind wach war, hatte ich zu tun, nachher war ich todmüde und fiel auf die Couch in der Ecke.

Ich musste von Hand die stinkenden Leintücher waschen, die schon seit Tagen rumgelegen waren. Und jeden Tag musste ich auch das Parkett späneln, wichsen und blochen, damit es schön war, wo die Säuli assen. Ab und zu kam eine Wäscherin, aber die machte es huschhusch, und alles blieb gräulich und gelblich und roch schlecht. Da schrieb ich der Mutter, sie solle mir schreiben, wie man schöne Wäsche mache. Das war recht kompliziert mit den alten Methoden, eine richtige Wissenschaft. Eine Frau konnte mit ihrer Wäsche zeigen, was sie konnte, auch mit dem Kochen und Backen, mit dem Nähen, weil es wenig Fertiges gab. Die Mutter schickte mir das Rezept: »Am Abend weichst Du die Wäsche ein in Sodawasser. Beweg sie ab und zu mit dem Stössel, damit das Soda überall hinkommt. Am nächsten Morgen stehst besonders früh auf und machst unter dem grossen Hafen in der Waschküche Feuer. Den Hafen füllst mit frischem Wasser bis zur Hälfte. Nimm einen Schemel, damit Du Dich nicht brennst am heissen Metall. Gib einen Becher Persil ins Wasser, wenn es kocht. Dann hebst mit den zwei langen Holzkellen die eingeweichten Leintücher aus dem Trog und tust sie ins Brühwasser. Fass die nasse Wäsche nicht an, auch wenn sie sehr schwer ist, sonst ätzt Du Dir die Hände. Lass alles eine Dreiviertelstunde kochen. Dann spülst Du sie gründlich mit frischem heissem Wasser, sonst riecht es nicht gut. Und vergiss beim Spülen das Bläue-Nuggeli nicht. Bhüeti.« Etwa so. Das Bläue-Nuggeli war ein Stoffsäckchen mit Bläue drin, wahrscheinlich ein blaues Färbemittel, damit die Wäsche nicht rosa wurde oder den Gilb bekam.

Ich bekam einen Extrafünfliber und machte von jetzt an auch die Wäsche. Das machte mir Freude, obwohl es eine anstrengende Arbeit war für meine noch nicht zwanzig, und gross war ich auch nie, einsfünfundfünfzig. Aber es duftete und leuchtete, wenn ich die Betten frisch bezog. Dank bekam ich nie, aber es war trotzdem eine grosse Befriedigung. Alles ist zu ertragen, wenn man es recht macht. Wenn man für sich das Beste daraus macht. Nur das Heimweh plagte mich fürchterlich. Ich lernte dann ein gutes Mittelchen gegen das Weinen kennen. Tee Wein. Das ist heisser Schwarztee mit einem Schlückchen Rotwein und ein wenig weissem Zucker. Das hilft wunderbar, es geht auch mit Kaffee. Das mag ich heute noch, Tee Wein.

Ich hatte mir ausbedungen, dass ich an Weihnachten heimkönne. Wenn der Vater beichten war, wollte ich daheim sein, aber auch sonst. Mit Müh und Not liessen sie mich gehen. Aber schon am Fünfundzwanzigsten riefen sie mich an die Nummer in der Nachbarschaft an, die ich ihnen für Notfälle gegeben hatte. Es sei ein Notfall, ich müsse auf der Stelle wieder herkommen, es gehe nicht. Der Herr befiehlt – schweren Herzens machte ich mich wieder auf die lange Reise. Von Luzern bis Grangeneuve dauerte es viele Stunden, die Reise war viel länger als heute nach Paris. Der Grund für den Notruf war dann auch wirklich dramatisch – sie hatten kein sauberes Geschirr mehr. Überall, auf dem Tisch, auf den Ablagen, auf dem Boden, stapelte sich verklebtes, bereits ein wenig schimmliges Zeug.

Ich überstand es. Aber nach diesen Erfahrungen im Dienen war ich mehr als reif für eine richtige Lehre. Ich genoss die Zeit im Liebfrauenhof, mein neues Leben als Mensch mit Freiheiten und Pflichten, die Kinder, die anständige Behandlung, das Lernen. Ich muss sagen, dass ich nach meiner ersten Krise nie mehr etwas anderes sein wollte als das, was ich lernen durfte. Bücher lesen konnte ich auch ohne Buchhändlerlehre. Und vom Liebfrauenhof war ich schnell daheim in Luzern. Mit wenigen Ausnahmen kam ich nach der Lehre zu lieben

Leuten, ich konnte sie auswählen. Mit manchen habe ich bis heute Kontakt. Mit den Kindern, die ich aufzog, sowieso, sogar mit deren Kindern. Das macht mir riesengrosse Freude. Das ist etwas vom Schönsten für mich, dass ich so viel Kontakt mit jungen Menschen habe. Ich hatte grosses Glück im Leben.

Wir lernten, uns ins Leben zu schicken, es geht nicht alles nach der Lust. Es spielt wahrscheinlich eine sehr grosse Rolle, was man von sich selber meint. Was man für ein Bild von sich selber hat, welches Lebensziel. Ich war wirklich zufrieden. Es bringt Zufriedenheit, wenn man sich in etwas schicken kann. Janu, jetzt ist das halt so. Lernen, sich dreinschicken, ist ein Prozess, das kann man nicht sofort. Das kann man nicht einfach wollen und dann ist es da. Das geht eher langsam, man muss es üben. So, jetzt muss ich halt. Jetzt schauen wir und machen es halt, in Gottes Namen. Wir haben das als Kind gelernt, dass man nicht alles haben kann. Alles war knapp und dafür wertvoll. Aber man bekommt immer wieder etwas, immer, immer. Man muss es nur sehen. Dann wird man nicht bitter. Vielleicht ist es auch eine Begabung. Ich war einfach gerne fröhlich, die Schwermut lag mir nicht. Vielleicht bin ich ja ein wenig oberflächlich. Ich sagte mir, das hier ist jetzt halt nicht so gut, dafür ist dieses schön. Vielleicht fehlt mir der Ehrgeiz. Ich bin manchmal froh, nicht allzu viel wissen zu müssen. Ich freue mich lieber am Gottvertrauen. Doch, ich bin irgendwie ein schlichtes Gemüt, das ist eine Alterserkenntnis.

Mit dreissig Jahren fand ich meine grosse Lebensaufgabe, meine Lebensstelle. In einem grossen Hotel. Vorher war ich als Kinderschwester während neun Jahren in zweiunddreissig verschiedenen Haushalten. Nicht immer nur glücklich, aber meistens zufrieden. Nicht, dass ich die Herumzigeunerei gesucht hätte, das brachte der Beruf mit sich. Ein eigenes Zimmer hatte ich nie. Das war gar nicht so schlecht, weil ich dann nichts zügeln musste. Meistens schlief ich bei den Kindern. Oft durfte ich nicht warm duschen und nicht Radio hören. Aber ich liebte die Arbeit mit den Kindern. Kinder sind das Beste, was die Natur erfunden hat.

Mein grösster Wunsch war ein Leben mit Kindern, und der ging in Erfüllung. Ein Mann gehörte eigentlich nie zu meinen Wünschen. Dass mich die Männer nicht interessierten, liegt wahrscheinlich in meiner Natur. Und sicher hatte es zu tun mit den Ängsten der Mutter und den Traurigkeiten des Vaters. Die Mutter hatte immer Angst, es passiere uns etwas und dann sei unser Leben verpfuscht. Auch der Vater hatte Angst. Einmal suchte er mich in der Pyjamahose auf der Strasse, weil ich zwei Minuten zu spät kam und er meinte, er habe mich rufen gehört. Das war irgendwie schön, diese Angst vom Vater zu spüren, auch wenn er böse tat.

Man hatte Angst vor dem bösen Mann. Das hörten wir oft: »Passt auf vor dem bösen Mann.« Auch meine Schwester heiratete nie. Mein Bruder schon, und er bekam fünf gescheite, liebe Kinder. Die Mutter warnte mich stets: »Musst die Männer gar nicht anschauen. Schau besser immer auf die andere Seite, wenn einer daherkommt.« Diese Mahnungen gingen mir anscheinend in Fleisch und Blut. Ich habe mich nie verliebt. Nur einmal hatte ich einen Schatz, in der Schule, das war ein Kollege meines Bruders. Für den schwärmte ich ein wenig. An einem Nachmittag traf ich ihn an einer Hausecke, und wir schwatzten ein paar Worte. Ich sollte meinem Bruder etwas ausrichten, sonst nichts. Er wollte sowieso Theologie studieren. Otti hiess er. Daheim am Mittagstisch fragte der Vater plötzlich: »Was hast für ein Gschleipf?«

»Ich habe doch kein Gschleipf!« Ein »Gschleipf« zu haben, war schlimm, es hiess, sich mit jemandem rumzutreiben.

»Was war denn das in der Pause?« Ich wusste nicht, was er meinte. »Du hast doch einen getroffen?«

»Ja, der Otti hat gesagt, ich solle dem Jakob etwas ausrichten.« Anscheinend hatte die Lehrerin das gesehen und dann den Vater angetroffen, weil er in der Nähe die Strasse wischte. Und so kam das an unseren Mittagstisch, ich hätte ein Gschleipf. Das war mir eine Lehre.

Ich hätte gar keine Gelegenheit gehabt zu heiraten. Ich war ja vom Morgen früh bis in die Nacht mit den Kindern. Ich hatte wirklich das Bedürfnis nicht. Ich hatte meinen Beruf, kümmerte mich um die Kinder, das füllte mich vollkommen aus. Und Männer – jä, wenn mir grad einer über den Weg gelaufen wäre, vielleicht. Aber ich schaute sie ja nicht einmal an. Ich hatte nie einen Bräutigam. Ja, es gibt solche Leute, und es fehlte mir nichts. Sowieso nicht, als ich die Stelle im grossen Hotel anfing. Wo hätte ich auch einen kennen lernen sollen? Ich hatte wenig Zeit und tanzte nicht gern. Ich lasse mich nicht so gerne führen. Nur der Koch im Hotel meinte einmal, ich müsse ihn heiraten. Müssen schon gar nicht! Ich war ja schon dreissig, als ich dort anfing.

Vorher gab es einmal solche Momente, wo ich dachte, jetzt müsste das doch endlich sein. Ich meldete mich sogar bei einem Heiratsvermittlungsbüro, liess es aber bald bleiben. Heute würde ich sagen, es war nicht meine Bestimmung. Nein, ich würde sagen, es war nicht der Wille vom lieben Gott. Ich haderte wirklich nie damit, auch jetzt nicht. Nur manchmal denke ich, es wäre schön, wenn man mit jemandem am See spazieren könnte, bei ihm einhängen. Aber mit dem Spazieren ist es ja nicht getan.

Vielleicht liegt es am Namen. Es war ein seltener Name zu meiner Zeit. Monica war die Mutter vom heiligen Augustin. Der Name bedeutet die Einsame, die Einzelne, die Alleinige. Es kommt von »monos« aus dem Griechischen. Mönch kommt auch von dem. Das denke ich manchmal, das war mein Schicksal. Ich bin viel allein, aber einsam bin ich nie. Ins Kloster hätte ich auf keinen Fall gewollt, nie. Ich war selbständig, hatte einen wunderbaren Beruf und vor allem meine Kinder, die ja gar nicht meine waren.

Als ich in diesen grossen Betrieb, das Hotel, kam, dachte ich eigentlich, es sei für ein Jahr. Und dann blieb ich zweiunddreissig Jahre dort, bis zu meiner Pensionierung. Die Wirtsleute waren jung, jünger als ich, und hatten erst zwei Kinder. Die wuselten irgendwo im Hotel herum oder waren bei Nachbarinnen versorgt. Meine neuen Patrons waren gute Leute, grosszügige Menschen, sie bezahlten mich von Anfang an weit anständiger als andere. Und bei jedem neuen Kind bekam ich hundert Franken mehr, da kam etwas zusammen mit der Zeit. Sie bekamen sieben Kinder. Meistens hütete ich noch zusätzlich die Kinder der Verwandtschaft, das war eine rechte Schar. Ich war ja sowieso da.

Am Anfang wohnte ich mit den Kindern, versorgte sie vom ersten Schoppen bis zum letzten Liedchen, aber beim vierten, nach drei Jahren, bekam ich ein eigenes Zimmer. Erst beim vierten Kind bauten sie eine Dreizimmerwohnung für die Familie, vorher wohnten alle in Zimmern. Um die Gemüsebreie zu kochen, musste ich immer in die Hotelküche hinunter, rannte immer rauf und runter in dem grossen Haus. Meistens waren sie dann angebrannt oder zu wenig gar, weil der Koch sich nicht um meine Breie kümmern wollte. Die Kinder gediehen ja trotzdem.

Die Mutter arbeitete voll, und der Vater hatte neben dem Geschäft noch einen Rang in der Politik, da blieb wenig Zeit für die vielen Kinder. Eigentlich nur am Mittagstisch und an Weihnachten. Das Essen liessen sie aus der Hotelküche kommen, kochen konnte ich erst später, als es eine Küche gab. Da war ich sehr stolz, für den Herrn Stadtpräsidenten kochen zu dürfen. Er hatte immer einen eigenen Humor, er sagte manchmal: »Es schmeckt mir überhaupt nicht. Aber ich nehme trotzdem noch mal.« Und für das noble Restaurant musste ich Guezli backen. Guezli backen lernte ich bei der Mutter. Im Krieg schickten wir den Soldaten Guezli und selbst gestrickte Socken an die Grenze, auch meinem Lehrer, das war der Vater von der Bundesrätin Kopp. Das freute die Männer.

Das muss ich sagen, meine Patrons gaben sich wirklich Mühe, wenigstens ein bisschen Familienleben zu retten. Sie sahen die Kinder selten, aber die halbe Stunde am Mittagstisch war heilig. Es klappte nicht immer, vor allem er war sehr beschäftigt. Dafür hatten sie ja mich. Sie wussten, die Kinder sind gut untergebracht und versorgt. Man war sehr stolz auf den zahlreichen hübschen Nachwuchs und dass alle so gut herauskamen. Gesagt hat man mir nie etwas, aber ich denke mir das. Das Reden über solche Sachen war nicht so Mode.

Ob ich wollte oder nicht, ich wuchs mit diesen Kindern zusammen. So viele Jahre war ich Tag und Nacht um sie, vom ersten Moment an, kannte ihre Stärken und Schwächen, ihren Schabernack und ihre Bobos. Ich war schon nicht ihre Mutter, vielleicht könnte man Amme sagen. Sie nannten mich Schwester, das war die offizielle Berufsbezeichnung, und ich fand es schön. Aber aus dieser Nähe entstand auch ein Problem, weil die Kinder mit mir vertrauter waren als mit der Mutter. Das war nicht einfach für die Mutter, und für mich war es ein

Konflikt, den ich nicht lösen konnte. Ich hätte ja gern. Ich wusste, dass die Mutter sich gerne selber um die Kinder gekümmert hätte, aber die Umstände, das Geschäft, die Repräsentationspflichten erlaubten es ihr nicht. Vielleicht schickte sie sich drein. Oder vielleicht kam das Bedürfnis erst, als es zu spät war. Kinder wachsen sehr schnell, und schnell sind sie wieder fort. Für die Eltern war ich einfach eine Angestellte in der blühenden Firma. Für die Kinder war ich die wichtigste Bezugsperson. Da verschob sich unmerklich etwas, und das war schwierig. Die Mutter litt, Kinder können grausam sein. Und die Kinder litten sicher auch, es war für sie nicht ideal, ein Teil der Firma zu sein. Und ich litt oft auch. Aber niemals hätte ich diese Kinder verlassen. Sie waren meine Lebensaufgabe. Jedes von uns allen machte das Beste aus dem, was ihm vorgegeben war. Und es kam ja gut.

Das Einzige, was ich gerne anders machen würde, wenn ich noch mal von vorn beginnen müsste, wäre das Reden. Ich hätte öfter etwas sagen sollen, das hätte allen geholfen. Aber das kam in einem Untergebenenverhältnis nicht vor zu der Zeit. Als Angestellte sagte man nichts. Dass in meinem Fall Angestelltsein und Leben längst verschmolzen waren, spielte keine Rolle. Wir kannten nichts anderes. Erst an meinem siebzigsten Geburtstag, nachdem ich ein wenig Wein getrunken hatte, getraute ich mich, meinem Patron das Du anzutragen. Und er nahm es an, das freute mich, wirklich.

Ich glaube, etwas vom Wichtigsten im Leben ist, dass man die Sachen klärt. Das muss gar nicht mit der Beichte sein. Es ist eigentlich unwichtig, auf welchem Weg. Das Herz meldet schon, was richtig ist. Mit der Mutter meiner Kinder, die nicht meine Kinder waren, habe ich mich sehr versöhnt, ohne ein Wort darüber zu sprechen. Wir hätten ja nichts mehr ändern können. Aber wir lebten am Schluss in einem grossen Einverständnis. Wir hatten es schön miteinander, bevor sie so früh starb. Beide wussten wir, dass das andere weiss und dass jetzt alles gut ist.

Längst ist mir klar geworden, es geht gar nicht um Sünde im Leben. Es geht nur um Liebe. Was gegen die Liebe ist, ist Sünde, das ist sehr einfach. Ein schweres Vergehen gegen die Liebe, mit Absicht und ohne Reue, das ist eine Todsünde. Mit einer Todsünde auf dem Herzen ist man tot. Nur dann ist man tot. Hölle heisst, man ist tot, verschüttet, vergraben für immer. Himmel heisst, man ist leicht und frei. Du richtest dir das im Leben ein.

Trudi Kilian

31. Mai 1918

Kein Gartenzaun. Vor der Tür zum kleinen Wohnblock ein liebe-
voll geputztes Beet. Ein Zwerg lacht jedem entgegen. In der Tür
zwinkert Trudi und huscht flink und tief gebeugt voraus ins
Wohnzimmer. Rosarote Kämmchen leuchten im weissen Haar. Auf
den Tapeten handgemalte Freude auf Papier, viele Fotos auf dem
Klavier, ein paar Kägifrettli in einer Schale auf dem Tischtuch.
Zwei Örgeli sitzen am Boden.

Es geht mir so gut, weil ich zwei liebe Töchter habe. Und
liebe Enkel und Urenkel. Und weil ich immer noch jeden Tag
Musik mache und singe. Jeden Tag, das brauche ich. Und ich
male und schmiede Versli, jo. Jo. Aber das Wichtigste ist die
Musik, dann geht es mir gut. Ich sage immer zu den beiden
Töchtern, wenn ich einmal keine Musik mehr mache, dann
sterbe ich. Als mein Mann starb, habe ich keine Musik mehr
gemacht. Da konnte ich nicht mehr, es war mir nicht drum.
Aber Versli schrieb ich weiter, zum Beispiel dieses: »Mein
Mann ist tot, / er kommt nicht mehr. / Zum Trost bekam / ich

einen Bär./Er ist so niedlich/und so nett,/gleich nahm ich ihn/zu mir ins Bett./Drauf schlafen wir/gemeinsam ein./Dies wird doch/keine Sünde sein?!/Das Bärchen liegt/in meinem Arm,/so geben wir/einander warm./Denn wird man nicht/den Kindern gleich,/kommt man nicht/ins Himmelreich.« Solche Sachen schreibe ich. Nach ein paar Monaten, in denen ich nur Trübsal blasen konnte, kam der Enkel und sagte: »Grossmame, wir könnten doch zusammen ein Konzert geben, einen Kulturabend machen.« Der Enkel ist Musiker, der kann sogar Jazz. Da habe ich wieder angefangen.

Auf alle Fälle, die Musik hat sich sehr gut ausgewirkt auf unsere Familie, schon immer. Wenn der Vater ein wenig Zeit hatte, holte er die grosse Handorgel und begann zu spielen. Die Mutter konnte herrlich singen, es vibrierte direkt, wenn sie sang. Sie kam sehr hoch hinauf, aber nicht so gekräht, sie hatte eine volle Stimme. Alle, alle machten Musik, jo. Jo. Ich war die Jüngste von sechs. Sieben Jahre jünger war ich als der nächste Bruder. Und der wieder sieben Jahre jünger als die Schwester und immer so weiter, die letzten vier alle sieben Jahre, Trudi, Hans, Lina, Fritz und vorher die Elsa und der Alfred. Der Alfred handorgelte, die Elsa klapperte auf der Schreibmaschine, das war ihr Instrument, sie war später auch sehr tüchtig im Büro. Der Fritz hatte auch eine Handorgel, die Lina konnte Zither und Mandoline. Auch der Hans hatte eine Riesenorgel, der spielte ganz wunderbar. Von dem lernte ich, hörte alles ab. Ich örgelte auf einem kleinen Örgeli und konnte Klavier, als Kind hatte ich noch eine Flöte. Wir waren ein richtiges Orchester.

Die Eltern besassen eine Fabrik in Flawil im Toggenburg, und immer am Samstag, wenn alles geschlossen war, machten sie Musik. Wir durften andere Kinder einladen, und die Mutter kochte etwas Feines, sie hatte einen grossen Garten, und daraus kochte sie. Migros oder Coop gab es noch lange nicht. Am grossen Esstisch hatten wir es lustig, und nachher machten wir alle zusammen Musik. Wer im Dorf ein Instrument spielte, kam oft am Samstag zu uns. Ein Radio oder einen Fernseher oder Grammophon hatten wir am Anfang nicht, aber Musik gab es immer. Und wir hatten Tierli, einen Hund, eine Katze, einen Kanarienvogel, einen Wellensittich, Chüngeli, Meerschweinchen und eine zahme Krähe. Die sass dem Hans meistens auf der Schulter. Krähen sind wahnsinnig intelligent, er konnte mit ihr reden.

Es sind sicher vierhundert Stückchen, die ich jetzt noch kann, vom Vater und von der Mutter. Später hatten wir einen Phonographen mit einer Walze, von dem hörte ich mir viel ab. Der Vater hatte die Lieder von seinen Wanderschaften mitgebracht. Die Mutter sang lieber Kirchenmusik, vor allem später, als sie so oft traurig war. Sie konnte von den Liedern alle Strophen auswendig, das habe ich von ihr geerbt. Sie sang gern Sachen, die am Schluss ein bisschen traurig waren. Die Mutter war fromm und lieb und ein wenig ernst. Sie kam aus Deutschland und hatte auch gern klassische Musik, ihr Onkel war Dirigent in Leipzig. Dem Vater gefiel mehr das Fröhliche, das fürs Volk. Er hatte viel Humor, er lachte gern. Im Geschäft war er aber ein fleissiger, seriöser Mann. Die Musik hatte er sich selber beigebracht, ohne Noten, er besass nur ein gutes Gehör. Wenn an einem Ort etwas gespielt wurde, schnappte er es auf und örgelte daran herum, bis es für ihn stimmte. Stunden hatte er nie genommen.

Ein armes Bauernbüblein war mein Vater gewesen. Alle Verwandten lebten unten im Thurgau, in Münchwilen. Mein Grossvater war nur vierunddreissig geworden und an einer schweren Krankheit gestorben. Die Grossmutter heiratete noch einmal, aber nach kurzer Zeit wanderte der zweite Mann nach Amerika aus, ohne Familie. Er wolle Gold suchen. Wenn er genug Gold gefunden habe, dann könne sie mit dem Büblein nachkommen, sagte er zur Grossmutter. Mehrere Jahre hörten sie nichts mehr von ihm. Dann schrieb er eines Tages, er sei total verarmt und könne nicht mehr nach Hause. Er schrieb noch zwei-, dreimal, dann blieb es für immer still.

Die Grossmutter musste jeden Tag in die Fabrik, vom Morgen früh bis in die Nacht. Zum Glück gab es in der Verwandtschaft eine Cousine, die hatte zwar einen Mann, aber kein Kind, und so konnte mein Vater bei ihnen leben, auf dem Bauernhof. Sie waren sehr lieb zu ihm. Als mein Vater aus der Schule kam, sagte meine Grossmuter: »Mein lieber Sohn, du musst jetzt auch in die Fabrik. Wir sind arme Leute.« Aber mein Vater hatte wieder Glück. Der Patron der Fabrik, in der die Mutter arbeitete, sagte eines Tages: »Gute Frau, ihr Bub ist sehr intelligent, das sehe ich. Der soll einen Beruf erlernen können. Wenn Sie einverstanden sind, kümmere ich mich darum.« Jo, jo. Und der Fabrikant sorgte dafür, dass mein Vater Drechsler lernen konnte und nicht ans Fliessband musste. Solche Fabrikanten gab es zu der Zeit.

Nach der Lehre ging er dreizehn Jahre auf die Walz, ins Deutsche, bis nach Sachsen. Er arbeitete, wo es etwas zu tun gab, und hatte die Handorgel dabei. Ein wenig grösser war sie als diese hier. Er spielte und sang und bekam dafür das Essen und einen Schlafplatz spendiert und manchmal auch Arbeit. Am Sonntag fuhr er auf einem Hochrad, und die Leute freuten sich. Da draussen im Deutschen ist ja alles flach, nicht mit so vielen Bergen wie bei uns. So verdiente er sich das Geld. Von daher ist die Musik bei uns ein wenig vererbt.

Nach dreizehn Jahren hatte er genug beisammen. Er liess in Flawil ein Fabriklein bauen und stellte Arbeiter ein. Sie machten Riemenscheiben, das hat auch mit Drechseln zu tun. Das sind Holzscheiben, auf denen Riemen laufen, mit denen man etwas von Hand antreibt. Als die elektrischen Motoren kamen, konnte er sie nicht mehr verkaufen, und so kaufte er Maschinen und machte Kammer- und Stubenmöbel. Diese Möbel hier hat mein Vater gemacht, diese Stühle und den Tisch. In der Freizeit machte er für uns Hurrlibuben.

Zweimal war mein Vater verheiratet. Die erste Frau war eine Deutsche, die brannte ihm zweimal mitsamt dem Geld aus der Fabrik durch. Das erste Mal holte er sie mit der Kasse aus Deutschland zurück, aber beim zweiten Mal liess er sich scheiden. Da heiratete sie den Zimmerherrn, und der Vater blieb allein mit den beiden Kindern, dem Alfred und der Elsa. Eine Weile blieb er allein, aber dann fand er meine Mutter und hatte mit ihr nochmal vier Kinder, den Fritz, die Lina, den Hans und mich. In unserer Familie gab es rundherum Verwitwete. Die Mutter meiner Mutter war auch Witwe und hatte bereits sechs Kinder. Dann lernte sie einen Wittling kennen, der hatte auch sechs Kinder, da waren es zwölf. Zusammen hatten sie noch eins, das dreizehnte. Zum Glück, das war nämlich meine Mutter.

Von den Eltern habe ich jetzt genug erzählt, jetzt kommt die Geschichte vom Fritz. Das ist der Bruder vor der Lina, der erste Sohn meiner Mutter. An einem lauen Samstagabend ging der Fritz mit Kollegen aus. Mit dem Auto meines Vaters, mein Vater liebte Autos und hatte sehr früh einen Turicum. Unser Fritz war in den Zwanzigern und ich vierjährig. Was dann passierte, wissen wir nicht genau. Wahrscheinlich fiel dem Fritz ein Stück Glut von der Zigarette auf die Hose, das hiess es einmal. Vielleicht wollte er diese Glut wegwischen, und da kamen sie von der Strasse ab. Das Auto überkugelte sich ein paarmal, und um ein Haar wären sie in einen Fluss gefallen. Die drei Kollegen konnten aussteigen, sie waren ein bisschen verbeult, aber sonst hatte es ihnen nichts gemacht. Aber mein Bruder wurde am Steuerrad zerquetscht. Ob er zu viel Alkohol hatte, wie es auch hiess, oder ob er zu schnell gefahren ist oder ob das wegen dieser Glut war, spielt eigentlich keine Rolle. Er war einfach tot, jo.

Ich kann mich erinnern, wie die Mutter Tag und Nacht neben ihm schluchzte und weinte, sie wollte einfach nicht mehr aufhören. Der Fritz lag bei uns zu Hause im Schlafzimmer, man hatte ihn mit Blumen schön gemacht und aufgebahrt. Das weiss ich noch, wie wenn es gestern gewesen wäre. Man hat die Toten immer zu Hause drei Nächte aufgebahrt, damit die Leute kommen konnten und Trost geben und Abschied nehmen. Es hat wahnsinnig lange gedauert, bis die Mutter wieder singen konnte. Von da an sang sie nur noch traurige Lieder.

Ein Jahr später hatten sie noch mal grossen Kummer, das war wegen der Lina. Die Lina spielte so schön Zither und Mandoline, sie kam in der Reihe nach dem Fritz. Mit neunzehn versprach sie sich einem Käser. Der war schon zehn Jahre in Amerika gewesen und zurückgekommen, um eine Frau zu suchen. Hatte meine Schwester kennen gelernt und wollte sie. Er sagte, er bleibe jetzt da und kaufe sich in Zürich drüben ein Käsegeschäft. Und meine Eltern besorgten die Aussteuer für ihr Töchterlein, das Lini, jo. Eines Tages kam der Bräutigam und sagte, seine Freunde hätten ihm geschrieben aus Amerika, er solle unbedingt wieder kommen. Das Lini erschrak furchtbar und erzählte das den Eltern. Da sagte mein Vater: »Du kannst mit, Lini, jo. Du kannst mit. Aber die Aussteuer bleibt hier. Oder du bleibst hier und findest zur Aussteuer noch einen guten Bräutigam.« Aber das Lini hatte diesen Käser eben verrückt gern und er sie auch. Und so ging sie mit nach Amerika und heiratete ihn, ohne nichts und ohne Englisch.

In Amerika taten sie anscheinend dreimal eine Käserei auf. Aber niemand wollte ihren Käse. Mausarm zogen sie um die halbe Welt, bis sie in Alaska anfingen, Pelztiere zu züchten. Nach langer Zeit schrieb die Schwester endlich. Nämlich, dass sie jetzt reich geworden seien und bald auf Besuch kämen. Verrückt. Alle sieben Jahre kam meine Schwester mit den Kindern zu Besuch und brachte mir einen Koffer voller schöner Kleider, die sie nicht mehr brauchte. Jetzt ist sie auch tot, sie wurde einundachtzig. Sonderbar, meine beiden Grossmütter wurden einundachtzig, meine Mutter, meine Schwiegermutter, meine Schwester, alle wurden einundachtzig. Und ich bin bald neunzig. Seit fast zehn Jahren wäre ich eigentlich dran.

Ich hatte also nur noch meinen Bruder Hans, der war sieben Jahre älter als ich. Die beiden Halbgeschwister waren schon erwachsen. Der Hans brachte mir die Musik bei, er spielte wunderschön auf seiner riesigen Handorgel. Wenn er übte, probierte ich auf dem Klavier mitzuspielen, bis es stimmte. Immer nach dem Gehör. Ich erreichte mit den Füssen die Pedale nie, ich war ja immer sehr klein. Aber es machte mir grosse Freude. Der Vater schenkte mir dann ein kleines Örgeli und sagte immer: »Trudeli, spiel mir noch eins von deinen Liedchen. Wenn du es ohne Fehler kannst, bekommst einen Batzen.« So bekam ich viele Batzen fürs Kässeli. Ich konnte die Liedchen sofort, wenn ich sie am Phonograph oder später am Radio hörte. Ich glaube, ich habe im Hirn irgendwie so einen speziellen Speicher.

Die Eltern fanden, man könnte das bei mir noch ein bisschen fördern, und schickten mich in die Stunde. Eine Musikstunde kostete zwei Franken. Aber an diesem Unterricht hatte ich überhaupt keine Freude, im Gegenteil, es verdarb mir grad die Lust am Spielen. Weil ich Noten lernen sollte. Aber wenn ich ein Stücklein hörte, hatte ich es doch sofort im Ohr und brauchte gar keine Noten. Ich wollte die Musik hören, nicht lesen. Die Lehrerin putzte mir jedes Mal eins mit dem Lineal auf die Finger, wenn ich einen Fehler machte. Und erst recht, wenn sie merkte, dass ich auswendig spielte, dann chiepte und schimpfte sie furchtbar. Ich ging dann nicht mehr. Und wollte darum später lieber nicht ans Konservatorium.

Lieber musizierte ich weiter, wie es mir gefiel. Ich machte die Realschule fertig und ging dann dienen. Dienen sagte man, wenn man in einem Haushalt mithalf. Meine Orgel nahm ich überall hin mit. In Chur war ich in einem Gärtnereibetrieb, die hatten auch noch ein Restaurant, und dort stand ein altes Klavier. Wenn ich meine Sachen erledigt hatte, durfte ich den Gästen etwas vorspielen und singen, da war ich sehr zufrieden. In Riedbad lernte ich kochen und sang dazu. Und in Rüti war ich in einem Haushalt mit Café. Wenn die Tochter frei hatte, musste ich servieren, das machte ich gar nicht gern. Aber zum Glück hatte es auch dort ein Klavier, und so unterhielt ich meistens die Gastig. Im Welschland war ich in einer Haushaltungsschule, dort spielte ich für die traurigen Mädchen Schlager, damit sie tanzten, statt im Heimweh zu versinken. Dort bekam ich meinen Übernamen: Musikus. Wegen dem Lied »Es war einmal ein Musikus, der spielte im Café«.

So wurde ich zwanzig. Die Zeiten standen schlecht, rundherum in Europa kriselte es. Seit einer Ewigkeit wurden alle Länder von der grossen Weltwirtschaftskrise geplagt. Der Vater starb an Magenkrebs, und die Mutter stand allein da mit der Fabrik, der es auch nicht mehr gut ging. Zuerst übernahm sie die tüchtige Schwester Elsa, die an unseren Hauskonzerten auf der Schreibmaschine geklappert hatte, zusammen mit ihrem Mann. Aber der Mann hatte plötzlich einen Herzschlag, und sie mussten die Fabrik an einen Bürolisten verkaufen. Das Gebäude steht noch. Jetzt kärrelen junge Burschen in der Freizeit darin herum, Gokart heisst das. Ich bin nie mehr dort gewesen, seit langem.

Der Vater war tot, die Fabrik wurde verkauft, und dann brach der Krieg aus. Der Hitler überfiel alle Länder rundherum, Österreich, Holland, Frankreich, Russland, überall war der, und die Männer mussten an die Grenze. Da sagte die Mutter: »So geht das nicht weiter. Trudeli, du musst noch einen richtigen Beruf lernen. Du kannst nicht damit rechnen, dass du bald einen guten Mann findest, wenn alle an die Grenze müssen. Wer weiss, wie lange das dauert. Du musst dich selber versorgen können.« Und sie fragte mich, ob ich einen Musikberuf lernen und ans Konservatorium gehen wolle.

Noten lernen. Lineal auf den Fingern. Und so viel ernste Musik. Ich sagte zur Mutter: »Ich möchte lieber Coiffeuse werden.« Jo. Jo. Sie war einverstanden, und so blieb ich bei ihr in Flawil und machte drei Jahre eine Lehre als Damen- und Herrenfriseurin. Ich finde das immer noch einen sehr schönen Beruf. Und wenn ich ans Konservatorium gegangen wäre, hätte ich in Zürich wohnen müssen. Dann hätte ich meinen Mann nicht kennen gelernt, mit dem ich sechzig Jahre verheiratet war. Den lernte ich aber nur kennen, weil ich wegen einem anderen so traurig war und mein Bruder Hans mich aufmuntern wollte.

Ich hatte schon die Wäsche, die Möbel, die Aussteuer, alles hatte ich parat. Da log mich dieser Verlobte zum dritten Mal an. Zweimal waren es Kleinigkeiten gewesen, aber das dritte Mal war dann genug. Es war noch während der Grenzbesetzung. Er rief mich eines Tages an, er sei in St. Margrethen stationiert, ob ich ihn besuchen komme. Ich fuhr mit dem Velo von Flawil nach Wildhaus und von dort hinunter an den Bodensee, das ist eine rechte Strecke. Als ich ankam, war der Karli nirgends. Ein Haufen Soldaten stand herum, und ich fragte, wo der Karli sei? »Das wissen wir nicht, keine Ahnung, Fräulein«, sagten die ein bisschen eigenartig, und ich fuhr wieder heim. Ich fand das alles sonderbar und war so frech, dem General nach Bern einen Brief zu schreiben. Es nehme mich schon wunder, was da für eine Ordnung sei im Krieg. Ich habe den Schatz besuchen wollen in St. Margrethen, aber der sei nirgends zu finden gewesen. Tatsächlich antwortete mir ein sehr hoher Offizier aus Bern. Man habe das nachgeforscht, und es tue ihm leid. Der Bräutigam habe ein paar zu viel gehabt und sich sehr schlecht benommen. Er habe eine Serviertochter auf den Knien gehabt und mit der was weiss ich. Das sei gemeldet worden, weil sich ein Schweizer Soldat in der Wirtschaft nicht so aufführe, und der Verlobte sei drei Tage ins Loch gekommen. Und der Offizier aus Bern schrieb noch, er könne mir diesen Soldaten leider nicht als Ehemann empfehlen. Jo. Jo. Später stellte ich den Karli zur Rede, und er behauptete, er habe seine Mutter besuchen müssen, die plötzlich ins Spital gekommen sei in St. Gallen. Das war doch ein fertiger Lug. Ich habe ihm den Brief aus Bern gezeigt, und so ging unsere Verlobung zu Ende.

Ein paar Wochen ging es mir elend, ich musste erbrechen und brieggen und weinen. Dass einen ein Mensch so anlügen kann. Elend, jo. Dann fand der Hans, jetzt sei genug geheult, ich solle mitkommen an den bunten Abend vom Männerchor am Samstag. Und ich ging mit. Wir sassen am Tisch, und auf der Bühne vom Rössli-Saal sangen die Männerchörler. Einen sah ich nur von hinten, er benahm sich die ganze Zeit, als hätte ihn ein Floh gebissen. Er zappelte herum und kratzte sich überall, und alles lachte. Mit Abstand der Kleinste war der, er war sogar kleiner als ich. Ich flüsterte meinem Bruder ins Ohr: »Was ist denn das für einer, dieser hüpfende Gartenzwerg?« Und der Bruder schimpfte: »Ssst, Trudi, das sagt man doch nicht, Gartenzwerg.« Ich finde aber Gartenzwerge etwas Schönes. Dieser Chörler-Zwerg war also der Herr Kilian. Nach der Darbietung kamen sie von der Bühne herunter, und es gab Tanzmusik. Da konnte ich fast nicht stillsitzen. Nicht, weil ich tanzen wollte, sondern weil meine Beine immer den Takt wippten. Plötzlich stand der Herr Kilian, den ich doch gar nicht kannte, vor mir und sagte: »Fräulein, Ihr möchtet gerne tanzen? Dreht Ihr eins mit mir?« Und dann tanzten wir den ganzen Abend zusammen, er tanzte nur mit mir, jo. Jo. Er erzählte, seine Mutter habe ein Restaurant mit einem Coiffeurgeschäft. Aber sie habe keinen Coiffeur. Und ich sagte, ich sei ausgelernte Coiffeuse. Und habe keine Stelle. Da konnte ich am Montag bei ihnen anfangen.

Seine Mutter führte das Restaurant und ich den Coiffeurladen, und er fuhr jeden Morgen früh mit der Bahn nach Lichtensteig zur Arbeit. Er war dort als Zahntechniker angestellt und auch sonst furchtbar beschäftigt, mit dem Männerchor, mit den Samaritern und auch noch mit der Städtli-Feuerwehr. Ausser einmal in der Woche, wenn er mir den Zahltag brachte, sah ich den Herrn Kilian nie. Nach einem Jahr wollte ich weg und teilte das seiner Mutter mit. Und sie verwarf die Hän-

173

de, ich solle doch bitte nicht gehen. Der Sohn brauche endlich eine Frau, und er sehe mich doch gern. Da sagte ich, von dem hätte ich also nicht viel gemerkt. Ausser dem Tanz vor einem Jahr hätte ich von dem nichts bemerkt. Von da an begleitete er mich jeden Abend nach Hause und fragte mich kurze Zeit später, ob ich seine Frau werden wolle. Nach drei Monaten heirateten wir.

Wir verkauften das Restaurant, zogen nach Lichtensteig und hatten zwei wunderbare Töchterchen. Zwanzig Jahre lebte die Schwiegermutter mit uns in der gleichen Wohnung. Das war nicht immer einfach. Zum Glück bin ich viel lieber fröhlich als etwas anderes. Ich habe es gern, wenn man miteinander in Frieden ist. Viel lieber als bärbeissig, bin ich lustig. Aber am Anfang meinte ich, ich würde gern für die Familie kochen, wie ich es gewöhnt war. Und die Schwiegermutter wollte es anders. Da sagte ich das meinem Mann, und er liess es sich durch den Kopf gehen. Dann setzte er sich mit uns beiden an den Tisch und sagte: »Wir machen das von jetzt an so: Am Sonntag kocht die Mutter, und wir gehen in die Kirche. Am Werktag kocht die Frau. Jede macht es so, wie sie es will. Putzen, waschen, flicken, bügeln, das macht die Frau, wie sie es will. Häkeln, nähen und stricken macht die Mutter, nach ihrer Art.« So machten wir das, und es ging von da an gut.

Irgendwann stand einmal in der Zeitung, sie suchten eine neue Betreuung fürs Toggenburger Museum. Jemand, der die Leute herumführt und alles putzt und flickt und zu allem schaut. Da meldeten wir uns und bekamen tatsächlich diese Stelle, jo. Jo. Wir hüteten das Museum, bis die Kinder aus der Schule waren. Es hatte alte Waffen, Trachten, Puppenstuben, solche Sachen. Und alte Orgeln und Spinette. Das gefiel mir eben. Wenn Leute kamen, spielte ich ihnen auf den alten Instrumenten etwas vor, erklärte ihnen alles und führte sie herum. Spielen und putzen, zwölf Jahre lang. Es war streng, wir verdienten nicht viel, aber es war schön. Freie Zeit hatten wir wenig, das Museum war jeden Tag geöffnet. Ferien hatten wir eigentlich nur einmal zehn Tage. Eine Weile flickte und bügelte ich noch die Wäsche für eine Frau Doktor, das gab einen Extrabatzen.

Von klein auf war ich vielleicht schon eine bessere Lebensart gewöhnt gewesen. Aber ich bin immer eine Einfache geblieben. Wenn ich ein wenig spielen kann und sie rundherum ein wenig fröhlich sind, dann geht es mir gut. Dafür muss ich mir nie Mühe geben. Ich war zufrieden und seit dem Krieg auch nichts anderes gewöhnt als schaffen, schaffen. Ich habe immer gern geschafft, und ich konnte sowieso nicht herumsitzen. Das kann ich heute noch schlecht, ich sitze nie lange still. Nur an der Orgel oder am Klavier bleibe ich sitzen.

Ich würde mich als Hausfrau bezeichnen, ich hatte nie das Gefühl, ich sei Musikerin. Ich bin eine Hausfrau mit Freude an der Musik. Ich konnte auch gut kochen, hatte einen Garten, war Coiffeuse, eigentlich hatte ich verschiedene Berufe. Ein paar Jahre betreute ich auch Pflegekinder, die mir der Pfarrer brachte. Das war doch bei vielen Frauen so, man machte einfach, was gemacht werden musste. Erst jetzt, mit über achtzig, wurde ich ein bisschen Musikerin. Mein Enkel machte eine CD mit unseren Stückchen, dort steht drin: Trudi Kilian, Musikerin, jo. Jo. Das ist in Ordnung, aber wichtig ist es nicht. Ich mache einfach, was mir gefällt, und es geht mir wirklich sehr gut.

Eine Zeit lang gab ich sogar Stunden. Einmal kam ein Herr Nobel nach Lichtensteig mit Klavieren. Die hatte er ausgeliehen von einer Fabrik und in einen Laden gestellt. Das war ganz in der Nähe, wo wir wohnten, und ich ging natürlich gwundern. Spazierte neugierig im Laden herum und fasste mir dann ein Herz. Ob ich einmal spielen dürfe? Und der Herr Nobel rief: »Ja sicher, Sie dürfen alle ausprobieren!« Eine Weile später inserierte er im Anzeiger: TAG DER OFFENEN TÜR – TRUDI KILIAN SPIELT KLAVIER. Und die Leute kamen, und ich brachte auf allen Instrumenten ein Ständchen. Manchmal schleppten wir die Instrumente auf die Strasse, und ich spielte Piano und der Herr Nobel Gitarre. Das war Werbung für das Musikhaus.

Eines Tages fragte er mich, ob ich seinem Buben nicht Unterricht geben könne. Ich sagte: »Jo. Aber ich bin kein Hirsch in Noten. Ich war nie am Konservatorium.« Und sagte auch, für Schubert und Mozart, da habe ich nicht so ein Talent. Einfach nicht so. Klassische Musik von früher her, die liegt mir einfach nicht so. Ein paar Sachen von Beethoven habe ich zwar inzwischen gelernt, sogar ein paar Noten, aber das war mühsam. Er sagte, das mache nichts, und der Bub kam in die Stunde. Aber nach einer Weile kam er und sagte, er sei jetzt im Schützenklub. Er wolle Polizist werden, da brauche er kein Klavier. Und das wurde er dann auch.

Jetzt habe ich so viel geredet. Ich fühle mich wirklich sehr gesund, bin auch nicht müde. Sogar die Fäden kann ich noch einfädeln ohne Brille. Mit dem Älterwerden hatte ich keine Mühe. Aber man muss halt auf vieles verzichten können. Man darf nicht zu sehr an allem hängen. Früher ging ich zum Beispiel gern mit dem Mann ein wenig Bahn fahren. Wir konnten beide nicht Auto fahren, aber wir fuhren gerne Bahn. Ich hatte gar nie Lust, Auto fahren zu lernen. Und der Pape nahm einmal ein paar Stunden, und dann hatte er auch keine Lust mehr. Sowieso hatten wir gar keine Zeit für Fahrstunden, und teuer ist das auch. Aber jedes Jahr machten wir mit dem Bus oder der Bahn ein Reisli zusammen. Packten uns Proviant ein und schauten aus dem Fenster und zeigten uns, was wir alles sahen. Seit ich alt bin, weiss ich, dass ich nicht mehr auf den Zug kann, so schnell, wie das jetzt geht. Ohne Mann und mit diesen Türen, die nicht auf einen warten.

Das Einzige, was nicht gut ist, ist der schwache Rücken. Ich kann ihn nicht mehr gerade halten. Aber Schmerzen habe ich keine, und sowieso muss man das mit Humor nehmen. Der Doktor sagt immer, ich komme ihm vor wie ein Oldtimer. Der Motor sei noch prima in Ordnung, aber die Carrosserie sei ein bisschen wackelig. Ich habe sehr mit ihm gelacht und ihm eine CD geschickt und noch ein Versli gemacht. Über die Operation, jo. Jo. Viel lieber mache ich Versli, als zu jammern und zu schimpfen.

Fluchen, Verwünschungen sagen, das ist etwas Schlimmes. Das kann sich aufs Mal schlecht auswirken. Meine Mutter und mein Vater haben nie wüste Sachen gesagt. Die Mutter war sehr fromm, und der Vater sagte höchstens hie und da etwas laut, wenn es nicht funktionierte oder etwas kaputtging. Auch der Mann fluchte nie, und ich auch nicht, nie. Höchstens sage ich einmal gopfriedstutz oder herrjemine. Und rede am Abend ein ernstes Wort mit dem Herrgott.

Ums Weinen und Lamentieren war es mir schon einmal, das war in Spanien. Dort haben der Mann und ich uns in den Achtzigern ein Häuschen gekauft. Das konnten wir nur, weil er nach dem Museum noch eine Weile weiter als selbständiger Zahntechniker arbeitete. Er hatte ein eigenes Labor, und das lief gut. Er machte Stiftzähne, Goldplomben und Gebisse. Das hier hat er auch gemacht. Er machte mir sogar zwei, damit ich immer eins auf Vorrat habe, falls mir mal eins runterfalle. Mit fünfzig zogen sie mir sämtliche Zähne, weil alles vereitert war. Ich kam mir vor wie eine Kuh, der man die Hörner ausgerissen hat, jo. Jo.

Jedenfalls kam einmal ein Vertreter für künstliche Zähne ins Dentallabor. Ein rassiger, grosser Mann, elegant angezogen, gebräunte Haut und schneeweisse Haare. Der sagte, er habe da etwas für uns, er lasse uns diese Beige Zeichnungen da. Sie seien von einer Schweizer Firma, die bauten in Spanien unten schöne Häuschen für alte Leute. Wir sollten uns das doch einmal anschauen. Eine topseriöse Sache, jo. Jo. Am Schmutzigen Donnerstag fliege er hinunter nach Spanien und am Ostermontag zurück. Wenn wir wollten, könnten wir grad mitreisen und es besichtigen. Wenn man ein Häuschen kaufe, dann sei die Reise für die Frau gratis.

Und jetzt, was passierte? Wir sassen in der Stube und schauten uns das Zeug an. Wunderbare Zeichnungen, grosse Villa, mittlere Villa, kleines Häuschen. Plötzlich sagte mein Mann: »Ich war noch gar nie in Spanien. Man könnte auf eine Art mit.« So geht das. In Zürich stiegen wir auf den Flieger, und in Denia zeigte uns der die Landschaft. Und mein Mann sagte, das sei alles schön und gut, wir müssten es uns aber noch überlegen. Wir würden es ihm dann daheim mitteilen. Da schleipfte er uns auf ein Büro, und dort schwatzten drei Herren in Anzügen auf meinen Mann ein. Die können alles so schön sagen. Sie redeten so lange, bis wir ein Häuschen kauften. Jo. Mein Mann unterschrieb und zahlte zehntausend Franken an, das ganze kostete hunderttausend Franken. Und war noch gar nicht gebaut. Am Abend übernachteten wir in einem feinen Hotel, und ich jammerte nur noch: »Ojemine, das ist doch ein Schwindel. Herrje, wir sind sicher einem Schwindel in die Hände gefallen!« Und weinte sehr.

Aber es war gar kein Schwindel, es war alles gut. Dreizehn Jahre fuhren wir immer mit dem Bus runter und rauf. Wir hatten eine sehr schöne Zeit zusammen dort. Es hatte ein Gärtchen mit Blümchen, die dort so gut wachsen. Und es lag direkt am Meer. Der Mann konnte zwar gar nicht schwimmen, aber er lag gerne in der Badewanne, das hatte es auch. Viel Sonne und viele nette Nachbarn, vor allem Schweizer und Deutsche. Eine Nachbarin hatte sogar ein Klavier, und ich durfte immer am Mittwoch spielen. Meistens kam der Gärtner und hörte zu und freute sich daran, das war ein Spanier. Eine schöne Zeit hatten wir mit diesem Häuschen.

Aber dann fing das an, dass mein Mann nachts nicht mehr Wasser lösen konnte. Er tröpfelte nur noch. Und es war so schlimm, dass wir in die Schweiz zurückmussten. Wenn einem etwas fehlt, muss man das erklären können, hingegen dort unten können auch die Dökter nur Spanisch. Und in Lichtensteig sagte der Doktor: »Sofort nach Wil ins Spital, sonst platzt ihm die Blase.« Bevor wir ins Spital gingen, wollte der Mann aber noch mit mir auf die Bank. »Trudi, von jetzt an bist du Herr und Meister über das Geld. Man weiss nie, wie es herauskommt.« Und er zeigte mir, wie viel wir auf der Bank hatten. Ich war ein bisschen verwundert, weil ich doch gar nicht wusste, was wir hatten. Ich ging nie gwundern. Das Geld war die Sache vom Mann, ich hatte mein Haushaltungsgeld, mit dem war ich zufrieden. Ich meinte wirklich immer, ich sei ein armes Fraueli, jo. Jo.

Es ging gut im Spital, aber als er nach Hause kam, hatte er so ein Säcklein mit einem Schlauch. Und das ist ihm so verleidet, dass er es nach einer Zeit herausrupfte. Das war gar nicht gut, es blutete wahnsinnig, und er musste wieder ins Spital. Dort machten sie ihm den Schlauch wieder dran. Aber es wollte einfach nicht bessern, und er wurde schwach und hatte Schmerzen. Er war einfach nicht mehr in Ordnung. Aber wir hatten noch einmal so ein Glück. Plötzlich wurde die Wohnung hier frei im Haus meiner Tochter, und wir durften zu ihnen ziehen. Das war eine grosse Erleichterung für mich. So liebe Töchter, und die Enkel halfen uns beim Umzug.

Die Möbel mussten nochmals an einen neuen Ort, ich habe die meisten seit vielen Jahrzehnten. Nur das Spitalbett, in dem ich jetzt schlafe, das ist modern. Aber sehr praktisch. In dem schlief mein Mann zuletzt zu Hause. Als wir zum letzten Mal in unserem Ehebett schliefen, war das Gestell fast sechzig Jahre alt. Es war eben schon ein bisschen altersschwach. Es krachte, als wir einmal beieinander sassen, und wir landeten beide am Boden, jo. Der Mann und ich. Und haben so gelacht, es hat uns nichts gemacht. Der Musikenkel flickte es wieder, aber es krachte noch einmal. Da kauften wir das Spitalbett. So geht das.

Der Mann kam dann ins Pflegheim, weil es nicht mehr ging. Nach sechzig Jahren lebten wir zum ersten Mal ohne einander. Aber kurz nachdem er ins Pflegheim musste, kam ich selbst ins Spital, das zum Pflegheim gehört, und sie brachten mir jeden zweiten Tag den Pape mit dem Rollstuhl ans Bett. So konnten wir uns noch ein bisschen die Hand halten. Und als es mir wieder besser ging, ihm aber dafür wieder schlechter, da besuchte ich ihn drüben und nahm das Örgeli mit. Spielte ein wenig für ihn. Und wir sangen noch ein wenig zusammen, jo. Jo.

An einem Donnerstag früh ging ich ihn wieder besuchen. Und die Schwester sagte: »Ihr Mann will nicht mehr essen. Er will gehen.« Und ich sass an seinem Bett, und er schnaufte so schwer und war nicht bei sich. Und ich musste briegen. Und ich fragte die Schwester: »Muss ich diesen Mann jetzt wirklich hergeben?« Und sie nickte.

Den ganzen Nachmittag blieb ich bei ihm. Und plötzlich schaute er mich noch einmal fest an. Ganz fest in die Augen schaute er mir. Und dann schaute er in den Himmel.

Drei Tage lang habe ich geweint und geweint. Und dann ein Versli gemacht.

Emilie Lieberherr

14. Oktober 1924

Vor einem schmucken Riegelhaus, umgeben von Malvengärten, steht Emilie rank und rege und diskutiert mit einer jungen Nachbarin das korrekte Verlegen von Pflastersteinen. Bienen summen, eine Kirche bimmelt, im Gässchen weht freundliche Ruhe. Faul liegen die Katzen herum.

Mein Grossvater kämpfte sich durch den Fels nach Uri, in die Freiheit sozusagen. Er war Minatore, Bergarbeiter, ein Italiener aus dem Trentino. Er kam mit seinen Brüdern zum Louis Favre, dem Schweizer Ingenieur, der den Eisenbahntunnel durch das Gotthard-Gestein hauen liess. Als der Tunnel fertig war, gingen die meisten Arbeiter in ihre Länder zurück, aber mein Grossvater war etwas starrköpfig und sagte: »Ich gehe nicht mehr nach Italien. Die Italiener müssen in Kriege ziehen, in denen ich nicht kämpfen will. Ich will frei sein.« Der Firma Locher, die für den Tunnel verantwortlich war, teilte er mit, er wolle bleiben, per favore. Die sagten: »Das ist gut, bleiben Sie, wir sind ja noch nicht fertig. Wir brauchen zum

Tunnel noch die Bahnlinie. Und für die Bahnlinie brauchen wir Streckenwärter. Die kontrollieren die Gleise und Tunnels. Haben Sie keine Angst, im Dunkeln durch Tunnels zu wandern?« Und mein Grossvater sagte: »Ich bin Minatore, und ein Minatore hat keine Angst.«

Auch meine Grossmutter war Italienerin, aus dem Piemont, die Tochter von Weinbauern. Sie machte den besten Risotto und die besten Agnolotti. Sie kam auch wegen der Bahn in die Schweiz. In Göschenen kochte sie für den Louis Favre, französisch, das hatte sie in Mailand gelernt. Cucina francese war Mode. Für meinen Grossvater kochte sie italienisch. Der heiratete sie und zog mit ihr ins Bahnwärterhaus in Wassen. Dort war ein Tunnel um den anderen entstanden, die berühmten Kehrtunnels der Gotthardlinie. Und es war ein Kind ums andere gekommen. Neun Geburten, sechs Buben und drei Mädchen gebar meine Grossmutter, aber ein Mädchen starb. Vier Söhne landeten bei der Bahn. Und ein Mädchen war meine Mutter.

Meine Mutter ist eine gute Mischung aus Italien und Schweiz, sie wuchs zweisprachig auf, hatte beide Länder in sich. Das ist typisch für den Kanton Uri. Aber obwohl sich die Familie gut assimilierte, wurden wir nicht Urner.

Als meine Mutter älter wurde, sagte meine Grossmutter: »Figlia, du musst Schneiderin werden. Das ist ein guter Beruf für ein Mädchen. Wenn du gut nähen kannst, dann bist du jemand. In Italien legt man Wert auf schöne Kleider.« Also machte die Mutter in Altdorf eine Schneiderinnenlehre. Sie war das erste Mädchen im Kanton Uri, das eine Lehrabschlussprüfung machte. Das war sowieso ganz neu, Gewerbeschule und Abschlussprüfung. Und als sie fertig war, sagte meine Grossmutter: »Tochter, Damenschneiderin ist schön. Aber es reicht nicht. Du hast sechs Brüder, du musst auch einen rechten Veston nähen können. Jetzt gehst du ins Dorf, wo ich herkomme. Gehst zu deinem Grossvater, der hat einen guten Schneider. Dort, beim Signore Balestro, lernst du Herrenschneiderin.« Und so machte sie das. Das war vor etwa hundert Jahren. Dann kam sie zurück und wurde Störschneiderin. Sie war sehr gefragt im Urner Oberland.

Eines Tages sagte sich mein Grossvater: »Eigentlich sollte ich Schweizer werden. Meine Söhne sollen in der Schweizer Armee dienen und nicht in Italien.« Das war der Hauptgrund, es war vor den grossen Kriegen. Mein Grossvater war zwar ein richtiger Italiener, er konnte wunderbar tanzen, ass und trank gerne gut und hatte viel Charme. Gejasst hat er auch. Und beim Jassen sagte er dem Wirt von Wassen, seines Zeichens Gemeindepräsident: »Losmal, ich möchte mich einbürgern. Ich möchte, dass ich und meine Familie als Schweizer betrachtet werden. Wir sind doch Urner.« Der Wirt hiess Gamma, ein richtiger Urnername. Im Urnerland hat es viel Italienisches. Dieser Gamma sagte: »Sicher, wir würden euch Italiener gerne einbürgern. Aber das ist nicht so einfach. Das kostet etwas.« – »Was kostet das?« Als er den Betrag hörte, sei der Grossvater beinahe vom Stuhl gefallen. »Von dem Geld kann ich mir ja ein Dreifamilienhaus kaufen!« So liess er das Einbürgern vorerst bleiben.

Schweizer wurden wir später trotzdem, wegen einem Ausländer. Die Gotthardbahn hatte damals einen Bahnarzt, den Dr. Krupski. Was ist das für einer? Ein Pole war das, ein Asylant, der war vor dem russischen Zaren geflohen. Und landete bei der Gotthardbahn. Dieser Krupski sagte zu meinem Grossvater: »Giovanni Battista, wir zwei werden Schweizer. Wir werden Zürcher.« Mein Grossvater war skeptisch: »Erklär mir, wie wir dazu kämen? Ausser der Firma Locher habe ich keine Beziehung zu Zürich.« Aber dieser Krupski liess nicht locker. »Mein lieber Giovanni Battista, ich kenne zwei kleine, arme Zürcher Gemeinden, die nehmen gerne solche wie uns.« Zürich war aufgeschlossener als Uri, und so wurden die Krupskis Stalliker und wir Wettswiler. Beide Dörfer sind inzwischen reiche Gemeinden. An den Albis ist unsere Familie aber nie gezogen.

Dieser Krupski hatte übrigens drei Söhne, und einer, der Ladislaus, wurde später ein wichtiger Schweizer. Er trug viel dazu bei, dass die Schweizer stolz darauf waren, Schweizer zu sein. Er hiess nicht Krupski, er nahm sich einen Urnerischen Künstlernamen, Hanns in der Gand. Wer ist Hanns in der Gand? Das war ein Soldatensänger, er sammelte Schweizer Volkslieder und komponierte. Von ihm stammt eines der bekanntesten Lieder aus dem Ersten Weltkrieg, »Gilberte de Courgenay«. Damit ging der Sohn vom polnischen Asylanten, der aus der sibirischen Verbannung in die Schweiz geflüchtet war, in die helvetische Geschichte ein.

Als mein Grossvater pensioniert wurde, zog die Familie von Wassen nach Erstfeld und kaufte dort das National, eine Wirtschaft. Meine Grossmutter kochte wieder, und meine Mutter half oft ein wenig aus. Viele Bähnler verkehrten im National, in Erstfeld lief die halbe Welt zusammen. Auch meinen Vater zogen die Züge dorthin.

Er stammte aus dem Toggenburg, aus Nesslau. Mein Grossvater hatte eine Maschinenstickerei, und meine Grossmutter war eine resolute Frau mit Weitsicht. Sie sagte zu ihrem einzigen Sohn: »Sohn, ich will dir etwas sagen. Diese Stickerei übernimmst du nicht. Die Zukunft liegt in der Technik. Du lernst Maschinenschlosser.« Er machte das und ging nach

Deutschland auf die Walz. Da kam er zu Fuss nach Heidelberg und sah dort die ersten Lokomotiven. Er fand: »Die Bahnen sind mein Leben«, wanderte zurück in die Schweiz und musste dort feststellen, dass er zu schlecht hörte, um Lokomotivführer zu werden. Da baute er halt in der Fabrik in Winterthur eine Weile lang Lokomotiven, und zum Schluss verschlug es auch ihn nach Uri.

In Erstfeld hatten sie immer zu wenig Leute, sie waren auf jeden Schlosser angewiesen. Über tausend Eisenbahner gab es zu jener Zeit dort. Jeder Zug, der über den Gotthard fuhr, brauchte in Erstfeld Verstärkung, damit er überhaupt nach Göschenen hinaufkam.

Der Vater wurde Wagenvisiteur, das sind die, die die Bremsen mit den Hämmerchen abklopfen, und er entdeckte seine Leidenschaft, die Jagd. Im Toggenburg hat es ja nichts Rechtes zum Jagen, aber im Urnerland jagte er Gämsen und Murmeli und erspähte im National auch meine Mutter. Und bums, schon blieb er hängen. »Mich bringt niemand mehr weg aus dem Uri«, sagte er immer und liess sich später nicht einmal auf einen höheren Posten aus dem Kanton wegbefördern.

Ich bin eine richtige Eisenbahnerin, und Urnerin bin ich auch. Offiziell ja erst seit kurzem, aber dass ich jetzt noch Ehrenbürgerin von Erstfeld wurde, macht mich richtig stolz.

Ich wurde in Erstfeld geboren, zusammen mit zwei Schwestern. Ich bin die mittlere, bekam auch zwei viel ältere Stiefbrüder aus der ersten Ehe meines Vaters. Das Temperament habe ich eindeutig von der italienischen Mutter, obwohl sie eine zurückhaltende Frau war. Den harten Kopf hab ich vom Nonno. Die Toggenburger sind eher ruhigere Typen, Jäger sind ruhig und bedächtig, das bin ich weniger. Ich war immer lebhaft und laut, schon in der Schule. Ich habe sehr gern gelernt, viel gelesen und darüber debattiert. Ich war ein wenig die Spezielle in der Familie.

In der zweiten Klasse las ich bereits regelmässig die Zeitung, wir hatten den »Tages-Anzeiger«, weil der am Morgen im Briefkasten lag und nicht erst am Mittag mit der Post kam. Der Vater wollte die Zeitung zum Frühstück. Am liebsten las ich die Fortsetzungsromane und die Gerichtsberichte. Und wegen dieser Gerichtsberichte wurde ich später, was ich wurde. Sie sensibilisierten mich für die Angelegenheiten der Frauen. Jedenfalls fiel mir schon als Kind auf, dass die Frauen praktisch immer benachteiligt waren in den Gerichtsurteilen. Ich konnte das nicht verstehen, und erklären konnte mir das auch niemand. Es störte mich wahnsinnig. Das sagte ich auch laut in der Schule, ich konnte schlecht aufs Maul hocken.

Die Mamme sagte oft zu uns: »Meine lieben Töchter, ihr müsst alle Schneiderinnen werden. Wenn ihr verheiratet seid, könnt ihr eine Familie haben, zu den Kindern schauen und trotzdem nähen.« Frauen konnten, ausser Schneiderin oder etwas Ähnliches, nichts lernen. Den wenigsten wäre überhaupt in den Sinn gekommen, etwas anderes zu wollen. Von den Mädchen hiess es, »die heiraten ja, dann sind sie versorgt«. Dieses Wort »versorgt« blieb bei mir hängen, das gefiel mir nicht. Meine ältere Schwester wurde brav Schneiderin. Aber ich sagte zur Mutter: »Mamme, du bist eine gute Schneiderin. Und die Theres ist auch eine gute Schneiderin. Aber ich werde nicht Schneiderin. Ich will zur Schule gehen, ich will studieren.«

Wir hatten in Erstfeld Lehrschwestern aus dem Kloster Menzingen. In der ersten Primarschulklasse waren wir zweiundvierzig Mädchen. Und von diesen konnten nur gerade sechs eine Ausbildung machen, alle anderen nicht. Studiert hat keine Einzige. Es gab auch kein Gymnasium für Mädchen.

Aber wir hatten auch ein katholisches Frauenkloster in Ingenbohl. Und diese wunderbaren Schwestern führten ein Gymnasium. Dort durfte ich als externe Schülerin lernen, obwohl ich Protestantin war wie der Vater. Ich habe den Nonnen sehr viel zu verdanken.

Der Krieg lag schwer in der Luft während dieser Zeit. Und ich schwang eine freche Röhre in der Schule, auf der Strasse und bei Bekannten, gegen diesen Sauhitler. Bis man meinem Vater erklärte, er müsse also aufpassen. Ein Freund, der Landrat Schnurrenberger, sagte ihm, das war noch vor dem Krieg: »Kollega Lieberherr, es gibt Leute hier, die behaupten, wenn die Deutschen kommen, dann werdet ihr grad als Erste abgeholt. Deine Mittlere hat ein gefährliches Maul. Und sie ist etwas starrköpfig. Du bist doch ein guter Schütze. Ich würde sehr vorsichtig sein an deiner Stelle.« Und so ging mein Vater nach Zürich und kaufte sich eine Pistole, er hatte ja einen Waffenschein. Er sagte nicht: »Emilie, halt endlich den Mund.« Er befahl uns nur: »Von jetzt an werden das Gittertor und die Haustür Tag und Nacht verschlossen. Und es wird keinem Fremden aufgemacht, ohne dass ich dabei bin. Habt ihr mich verstanden!« Wir hatten verstanden, man wusste ja haargenau, was in Deutschland lief. Ich las die Zeitung, aber man wusste es vor allem von den Gewerkschaften. Mein Vater war ein stiller Mann, aber ein treuer Eisenbahngewerkschafter. Und die Eisenbahner fuhren während dem Krieg durch ganz Europa und tauschten Nachrichten untereinander aus. Alle wussten, was los war.

Was in den Süden wollte oder von dort kam, musste über Erstfeld. Die Bahnen sowicso, und als der Krieg ausbrach, da marschierten die Schweizersoldaten an unserem Haus vorbei Richtung Gotthard. Später hielten auch die Gefangenen- und

Verwundetentransporte in unserem Dorf. Ich war froh, in Ingenbohl zu sein. 1940, mitten im Krieg, starb mein Vater. Die ganze Situation war für meine Mutter unerträglich schwer, auch wirtschaftlich. Ich sagte zu ihr: »Jetzt gehe ich ein wenig schaffen, richtig arbeiten. Ich will wissen, wie das ist.« Ich war sechzehn und noch in der Handelsschule. In den langen Ferien meldete ich mich bei der Korrespondenzabteilung der Schweizerischen Bankgesellschaft in Zürich. Und die nahmen mich, widerwillig, aber sie sagten Ja. Der Personalchef, Keller hiess er, sagte: »Fräulein Lieberherr, Sie können ausnahmsweise ein paar Wochen kommen. Aber bezahlen können wir Ihnen nichts.« Ich tippte aber so gerne und wie verrückt auf der Schreibmaschine, dass mir der Herr Keller am Schluss ein Fünfzigernötli in die Hand drückte. Ich werde das nie vergessen. Und auch nicht, was er mir mit auf den Weg gab: »Nicht dass Sie glauben, wir können Sie später einstellen, wenn Sie Ihr Diplom haben. Wir nehmen bei der SBG nur Sekretärinnen aus einer richtigen Töchterschule.«

Ich kaufte vom Nötli beim Sprüngli für die Mutter ein Törtli und mir ein lang ersehntes Paar Lederstiefel von Löw. Sehr stolz fuhr ich damit heim nach Erstfeld und machte nichtsdestotrotz ein Jahr später mein Diplom bei den Schwestern in Ingenbohl.

Nichtsdestotrotz, oder gerade erst recht, meldete ich mich mit dem Zeugnis wieder bei den Bankgesellen an der Bahnhofstrasse. Und siehe da, sie nahmen mich doch. Weil ich so gute Noten hätte und eine kämpferische Natur sei. Der Herr Keller sagte sogar: »Fräulein Lieberherr, ich habe Ihnen sogar einen sehr interessanten Posten. Unser Generaldirektor, der Fritz Richner, hat soeben eine Nationalökonomin aus Bern eingestellt. Die war die engste Mitarbeiterin von Bundesrat

Schulthess und bereitete für ihn die Gesetze zum Schutz des Mittelstandes vor. Sie wird den Herrn Richner beraten, wo es noch Lücken hat in diesem Gesetz und wo man noch etwas machen kann als Bank.« Und so wurde ich also mit siebzehn Jahren die Sekretärin von Frau Dr. Dora Schmidt, mit eigenem Büro an der Bahnhofstrasse.

Das war ein Meilenstein in meinem Leben. Diese Baslerin prägte mich sehr. Dora Schmidt war eine wichtige Frau in der Schweiz damals, eine Frauenstimmrechtskämpferin, die Begründerin der Berufs- und Geschäftsfrauenvereinigung und der Akademikerinnenvereinigung. Die Frau Doktor begrüsste mich so: »Emilie, wenn Sie sich Mühe geben, dann mache ich etwas aus Ihnen.« Das musste sie mir nicht zweimal sagen. Ich machte das nicht nur wegen den hundertachtzig Franken, die ich jetzt verdiente. Sondern weil ich wahnsinnig gern etwas lernte. Ich wohnte im katholischen Heim für junge Mädchen am Hirschengraben, im Josefsheim.

Ausser arbeiten konnte man nicht viel als junge Fremde in Zürich, es war Krieg, alles verdunkelt. Die Stadt war ungemütlich. Und in Erstfeld flogen ständig Flugzeuge Richtung Italien. In Zürich spürte ich es nicht, aber zu Hause spürte ich manchmal die Angst.

Endlich, am 8. Mai 1945, war der Krieg zu Ende. Der Bankdirektor Richner schickte die Dora Schmidt nach Amerika, nach Washington, um wegen den jüdischen Geldern auf den Schweizer Banken zu verhandeln. Sie war schon eine ältere Frau, und bevor sie abreiste, sagte sie zu mir: »Emilie, jetzt gehen Sie zurück nach Ingenbohl und machen noch die Wirtschaftsmatura. Damit Sie so bald als möglich studieren können. Sie müssen eine Kämpferin werden für die Rechte der Frauen. Werden Sie meine Nachfolgerin!« Meine Mutter unterstützte mich, und die Ingenbohler Schwestern schenkten mir ein Jahr. Nach zwei Jahren hatte ich die Matura.

Politik hat sehr viel mit Psychologie zu tun. Die Politik habe ich nicht beim Studieren gelernt, sondern über das Verkaufen. Ich machte eine Ausbildung zur Verkaufstrainerin, weil ich Geld verdienen musste, um studieren zu können. Mein ganzes Studium bezahlte ich selber. Vorher hatte ich eine Weile bei einer Baufirma in Basel gearbeitet, mit vielen Männern, so lernt man sich durchboxen. Wobei ich sagen muss, dass ich sehr gerne mit Männern arbeitete, auch später in der Politik.

Ich machte also diese Verkaufstrainingsschule und bekam eine Stelle als Verkaufstrainerin bei Oskar Weber, betreute die Filialen Bern und Aarau. Ich hatte schon als Kind gern Lehrerin gespielt, und jetzt unterrichtete ich also Verkäuferinnen. Nach drei Jahren als Lehrerin in Bern war es aber endlich an der Zeit, mich zu immatrikulieren. Juristin wollte ich werden, die Frauen vertreten in der Gerichtsbarkeit, wo sie so benachteiligt waren. Aber die Universität von Bern teilte mir mit, das gehe leider nicht. Meine kantonale Matura werde nicht anerkannt. Das fand ich seltsam, weil männliche Bekannte von mir, die am Kollegium in Schwyz die gleiche kantonale Matura gemacht hatten, problemlos in Bern Jurisprudenz studierten. Ich schrieb einen Brief an den Erziehungsdirektor von Bern. Und dieser gab mir zur Antwort, es sei eben ein Unterschied, ob man einen Abschluss mache in einem Frauenkloster oder in einem Männerkollegium! »Mädchen, eine Matura bei Klosterfrauen ist doch nicht das Gleiche wie eine Matura bei Klosterbrüdern. Mit dieser Matura kannst du nicht Fürsprech werden.« Das merkte ich mir. Ich studierte also Pädagogik und Ökonomie und promovierte in Politikwissenschaften. Dieser

Berner Erziehungsdirektor hiess übrigens Feldmann, er wurde später Bundesrat.

Bevor ich irgendetwas anderes wollte, wollte ich nach Amerika. Amerika war ein Traum, der Traum der meisten. Das Land der Freiheit und der grossen Möglichkeiten. Das Land, das Europa die Freiheit wiedergebracht hatte. Amerika war der Inbegriff des Guten, der Zukunft, der Jugend nach dieser bösen Zeit. Ich fuhr mit dem Schiff nach New York, mit der »Liberté«. Sieben Tage dauerte das, wunderschön. Seekrank wurde ich überhaupt nicht, man darf nur keine Eier essen. In New York nahm mich die Frau Rutishauser in Empfang, war das ein Hallo. Die Mini! Mit der Mini Rutishauser wohne ich auch hier im Bauernhaus. Ich kenne sie jetzt seit über fünfzig Jahren, die Frau Rutishauser. Komisch, es kommt mir überhaupt nicht so lange vor. Die Mini war schon eine Weile drüben und hatte mir immer geschrieben und geschwärmt, wie toll dieses Amerika sei. Sie war Au-pair bei einem Bankier. Wir schlenderten zusammen durch die Hauptstrasse von Manhattan, den Broadway. Und da war ein Laden, die verkauften diese Buttons zum Anstecken. Überall sah man Buttons, das fiel mir sofort auf. »Elvis Presley« stand darauf, und ich dachte, das sei ein Präsidentschaftskandidat. Die Mini lachte mich ein bisschen aus. Im Kanton Uri kannte man den nicht, man hatte eher Ländlermusik, und ich war ja im Handorgelklub.

Der Bankier, bei dem die Mini Erzieherin war, stellte mich sofort ein, als er von ihr erfuhr, dass ich bei der Union Bank of Switzerland war. Dieser Bankier war der Schwager vom Auto-Ford, und sie waren spezialisiert auf Auto-Aktien. Er sagte zu mir: »Das trifft sich prächtig, Sie kommen doch aus einem Land, wo Energiepolitik eine grosse Rolle spielt.« Ich war ein wenig überrascht und erklärte ihm, dass ich allerhöchstens von

Wasserkraft ein bisschen etwas verstünde. Mein Vater sei Mitbegründer eines Wasserkraftwerks in Erstfeld gewesen. Er sagte: »Wonderful, wir sind gerade dabei, abzuklären, ob Atomkraft nicht kompetitiv wäre zur Wasserkraft.« Und er schickte mich an einen Kongress über Atomkraft in New York. Ich war damals nicht a priori gegen Atomkraft. Nur gegen Atombomben war ich immer strikt. Das war allerdings vor dem grossen Reaktorunfall in Harrisburg.

Obwohl mir das gefiel bei dieser Investment Bank und alles sehr interessant war, wollte ich dort nicht anwachsen. Ich wollte möglichst viel rumkommen in diesem Amerika, möglichst viel kennen lernen. Ich wechselte an die Westside und ging für eine Weile zur Young Women's Christian Association, einem Frauencenter, sehr fortschrittlich. Und dann machte ich mit der Frau Rutishauser eine grosse Reise, rund ums ganze Land, drei Monate. Mit den Greyhounds, diesen silbernen Bussen, meistens nachts, so haben wir gespart. Nachts und wenn die ewigen Mondlandschaften kamen, schliefen wir. Ab und zu stiegen wir aus, in Memphis zum Beispiel, spät nachts. Wir waren zum Umfallen müde und suchten uns ein kleines Hotel in der Nähe der Bus Station. Der Hotelmanager war auch Buschauffeur und sagte: »Swiss Girls, wie nice! Mein Sohn geht morgen Abend an eine Party, zu einem Freund. Dieser Freund liebt europäische Girls über alles. Der lernte Europa als Soldat kennen. Würdet ihr meinen Sohn nicht begleiten?« Mini und ich waren aber einfach zu müde und winkten ab. Es ist wahr, wir winkten ab! Extrem müde müssen wir gewesen sein. Der Partyfreund war nämlich dieser Elvis Presley.

Als wir rundherum waren und zurückkamen nach New York, war ich vollkommen blank. Ich musste wie der Blitz eine

Möglichkeit finden, Geld zu verdienen. Da sagte die Frau Rutishauser: »Losmal, wenn du in ein Büro gehst, verdienst du fast nichts. Du bist doch ein guter Teacher, du kannst auch gut Französisch. Wenn du in eine vornehme Familie gingest, als French Speaking Governess, dann würdest du auf Händen getragen. Und bekämst auch noch Geld dafür.« Sie vermittelte mir auch einen Job, bei einer Familie Fonda. »Emilie, das ist ein Superjob!« Diese Fondas suchten jemanden, der gut Französisch konnte, für die Kinder. Für die Jane, den Peter und die kleine Amy, die man gerade adoptiert hatte. Man wohnte im Winter in der 6th West 77th Street und im Sommer in Laguna Beach, California. Ich war nicht so begeistert, aber die Frau Rutishauser liess nicht locker und kam dann mit mir. Die kleine Amy war schon im Bett, als ich hereinkam, und ich sagte zu ihr: »Bonsoir, Amy, comment ça va?« Da strahlte sie sofort. Und auch die Mrs. Fonda strahlte, ich glaube, es war Henrys dritte Frau, und sagte zu mir: »Alright, Emily, Sie passen mir sehr. Jetzt muss nur noch mein Mann einverstanden sein, dann können Sie in zwei Wochen anfangen.« Aber mir war gar nicht wohl, ich dachte: »Gopfriedstutz, das geht mir zu rasch.« Ich sah mich einfach irgendwie nicht bei dieser Jetset-Familie, so als Swiss Governess. Und wollte mich elegant herausreden: »Es tut mir sehr leid, aber ich brauche einen Job, bei dem ich unbedingt sofort anfangen kann. Es ist mir leider unmöglich, zwei Wochen zu warten.« Ich wollte schon gehen, da sagte Mrs. Fonda: »Das ist kein Problem, Darling. Nehmen Sie ein Taxi auf unsere Kosten, holen Sie Ihre Koffer und fangen Sie heute an.« Im Taxi schimpfte die Mini mit mir: »Bist du verrückt? Das ist ein Superjob! Du hast ein schönes Zimmer, das Mädchen ist herzig, und die anderen sind auch alles flotte, der Peter Fonda sowieso. Das machst du jetzt.« Und so machte ich das, und es ging bestens. Ich segelte mit denen um die halbe Welt und blieb ein ganzes Jahr.

Den Peter habe ich später wieder getroffen, in Dübendorf, am Love Ride. Da kommen alle mit der Harley Davidson, ich bin Ehrenmitglied. Dieser Love Ride findet immer im Mai statt, eine Benefizveranstaltung für Behinderte. Ich sage jedes Mal: »Wenn der Peter kommt, könnt ihr mit mir rechnen.«

Die Mama war gar nicht glücklich, dass ich so lange so weit weg war und in solcher Gesellschaft. Sie schrieb mir: »Ich hoffe, Du kommst bald wieder einmal heim. Mit Deiner guten Ausbildung bringst Du es doch auch in der Schweiz zu etwas.«

Im Siebenundfünfzig ging ich dann zurück. Die Frau Rutishauser wollte eigentlich für immer bleiben, aber mit der Zeit kam sie doch nach. Kaum war ich in Erstfeld, meldete sich die Bankgesellschaft, die Sekretärin vom Herrn Richner. Der war inzwischen Verwaltungsratspräsident. Er würde mich gerne treffen. Und tatsächlich sagte er: »Ich möchte Ihnen zu einem Posten verhelfen. Sie haben mit Ihren vielfältigen Kenntnissen die besten Voraussetzungen.« Und ich sagte: »Ich würde gerne etwas machen als Anlageberaterin für Frauen. Das gibt es in Amerika, das interessiert mich. Bei den Frauen liegen grosse Vermögen.« Der Herr Richner war begeistert und rief den Personalchef ins Büro, den Herrn Steffen. »Herr Steffen, das ist die Emilie Lieberherr. Sie eröffnet bei uns eine Abteilung ›Beratung von Frauen in Vermögensfragen‹. Klären Sie ab, was sie an Räumen und Angestellten braucht.« Und er verabschiedete sich freundschaftlich von mir.

Im Treppenhaus war das Erste, was der Herr Steffen mir erklärte: »Losed Sie, Fräulein Lieberherr. Wir haben bis jetzt noch keine Frauen als Chefen. Ich kann Ihnen unmöglich grad ein Büro geben, so geht das nicht. Ich muss erst einmal alle anderen fragen, ob sie eine Frau als gleichwertigen Chef akzeptieren würden.« Ja, das ist wahr, das sagte der. Ich ging nach Hause und erzählte es der Mutter. Und wissen Sie, was sie sagte? »Lass dir das nicht gefallen! Weisst du, wahrscheinlich ist etwas anderes für dich grächet.« Sie meinte, sorg dich nicht, es ist dir etwas anderes vorbestimmt. Da habe ich dem Richner ein Kärtchen geschrieben, ich wolle meine berufliche Zukunft anders gestalten. Was das sein würde, davon hatte ich nicht den blassesten Schimmer.

Bevor ich mich in den Ernst des Lebens stürzte, ging es noch eine Runde weiter mit Glamour. Das Grand Hotel Dolder rief an. Die Familie Selznick lasse anfragen, ob ich vorbeikommen könnte. Der David Selznick ist der Filmproduzent von so herrlichen Filmen wie »Vom Winde verweht« und »The Third Man«. Ich kannte die Familie von Laguna Beach, die hatten auch ein Haus dort. Ich kreuzte also auf im Dolder, die Selznicks hatten eine ganze Etage gemietet. Alles sehr nette Leute, ein wenig eigen. Der David residierte dort mit Drehbuchautoren, zwei Sekretärinnen und einer Kindererzieherin für die kleine Mary Jennifer. Und diese Erzieherin wurde krank und wollte nur in Kalifornien zum Arzt. Darum sollte ich sie vertreten. Meine Mutter sagte: »Jetzt mach das doch, das hast du doch noch nie erlebt.« An Weihnachten gingen wir nach Kitzbühel, und nachher flogen wir nach New York, erste Klasse, wunderbar. Man propellerte ziemlich langsam durch die Lüfte, man hatte etwas von der Reise.

Dann galt es ernst. Ich war jetzt vierunddreissig und wollte etwas bewegen im Leben, und zwar in der Schweiz, weil ich an meiner Mutter hing. Ich liess mich in Zürich nieder, eigentlich zufällig. In erster Linie, weil es direkte Zugsverbindungen nach Erstfeld gab. Ich mietete eine Wohnung an der Universitätsstrasse und trat eine Stelle an der Gewerbeschule an, unterrichtete die Verkäuferinnen. Aber meine gesamte Freizeit widmete ich dem Kampf für das Frauenstimmrecht. Ich war im Frauenstimmrechtsverband, hielt überall Reden zu diesem Thema, gründete das Konsumentinnenforum und die Zeitschrift »Prüf mit«, mit anderen natürlich. Wir hatten sogar eine Sendung im Radio über Konsumentenfragen, und im Fernsehen war ich eine der ersten Frauen, die mit Politikern stritt. Diese Arbeit für die Frauenrechte und den besseren Schutz der Konsumenten war meine ganze Leidenschaft. Ich ging völlig auf darin.

Auch Lehrerin war ich mit Haut und Haar. Aber nicht so eine, die sagte, mit den Schülern muss man vor allem ganz lieb sein. Das war nicht mein Stil, ich forderte etwas. Meine Devise war bei allem der gegenseitige Respekt. Die Schüler sollten vor mir Respekt haben, und sie durften auch von mir Respekt erwarten. Fertig. Ich habe den Schülern nie Du gesagt und sie mir auch nicht. Es gab natürlich etliche Kollegen, die rumexperimentierten in diesen Zeiten, aber ich machte das nicht. Die Rollen müssen klar sein.

Ich kam auch im Achtundsechzig gut über die Runden mit meinen Schülern. Ich sagte ihnen: Losed, geht da nicht Mais machen auf der Strasse. Geht nicht an diese Demonstrationen, das schadet euch nur! Diese Studenten machen den Radau für sich und nicht für die kleinen Verkäufer, das könnt ihr grad vergessen. Euch bringt das gar nichts. Ihr seid lediglich die, die den akademischen Schreihälsen die Steigbügel halten.« Und so ist es doch. Karriere haben die Leuenbergers und die Leuteneggers gemacht, nicht Verkäuferinnen aus der Gewerbeschule.

Ich erinnere mich noch genau an den Globuskrawall in Zürich. Da war die Polizeiwache im provisorischen Globusgebäude an der Centralbrücke, und davor war eine riesige Demo. Wir planten gerade ein neues Gewerbeschulhaus, und wir Lehrer waren darum am Nachmittag im Baselland gewesen, zur Besichtigung eines vorbildlichen Schulhauses. Um sechs kamen wir am Hauptbahnhof an. Und da ging es los am Globus vorn. Die Polizei, alles rannte herum. Ich sagte zu meinen Kollegen: »Ich muss schauen, was da passiert«, und rannte auch los. Da kamen schon die ersten Polizisten mit Stecken und Schutzschilden und rempelten mich an. Aber ich rief: »Halt, ihr müsst mich nicht hauen. Ich bin doch nicht da zum Krawallmachen! Ich bin Lehrerin und will nur schauen, ob ich meine Schüler da wegholen muss.« Da waren sie sehr nett zu mir. Auf dem Balkon vom Restaurant Du Pont standen der Stadtrat Sieber und der Polizeikommandant Bertschi und schrien mit einem Megafon in den Tumult: »Hört doch auf mit diesem Krawall! Das ist doch nur zu eurem Nachteil!« Aber gehört hat man die nicht. Von meinen Schülern fand ich keinen dort.

Ein Jahr später, muss ich gestehen, ging ich selber an eine Demo, und zwar an vorderster Front. Ich führte den Marsch nach Bern an. Dieser Marsch war ein riesiger Erfolg für die Frauenbewegung. Es ging darum, dass der Bundesrat die Menschenrechtskonvention der UNO nur mit dem Vorbehalt unterzeichnen wollte, dass die Schweiz eben kein Frauenstimmrecht habe. Das ist doch peinlich! Ich schimpfte in Bern oben auf dem Podium vor dem Bundeshaus und hielt eine Brandrede. Das dürfe auf keinen Fall unterzeichnet werden, solange die Frauen in der Schweiz kein Stimmrecht hätten! Und tatsächlich, es nützte, nichts wurde unterschrieben. Dafür kam endlich, nach so vielen Anläufen, 1971 das Frauenstimmrecht. Und die Menschenrechtskonvention konnte 1974 ratifiziert werden.

Nach diesem Marsch nach Bern, an dem fünftausend Leute teilnahmen, merkten sie sogar im Bundeshaus zu Bern, dass die Frauen nicht mehr aufzuhalten waren. Fünftausend Leute an einer Demonstration, das war wahnsinnig viel in jenen Jahren. Die Stimmung änderte sich, und die Parteien begannen urplötzlich, sich für Frauen zu interessieren. Frauen zu portieren, wurde auf einmal chic.

Eines Tages klopften sie an meine Tür, Leute von den Sozialdemokraten. Sie hätten eine Geheimsitzung in Altstetten, ob ich nicht kommen könnte. Ich war ja immer ein neugieriger Mensch und ging an diese Sitzung. Da kam der Schütz Otti, ein kleiner dicker Gewerkschafter, auf mich zu, schüttelte mir lange die Hand und sagte: »Frau Lieberherr. Man kennt Sie aus Radio und Fernsehen als gute Rednerin. Kandidieren Sie für uns in Zürich, als Stadträtin!« Ich war schon ein wenig von den Socken. Ich stand auf und hielt meine erste Rede vor der sp. »Meine Herrn, ich bedanke mich für diese Ehre. Aber ich bin leidenschaftlich gerne Lehrerin. Ich will gar kein Amt. Etwas vom Wichtigsten im Leben ist mir die Freiheit. Ich will denken und sagen können, was ich will. Ich will unabhängig bleiben.« Da sagte der Otti: »Das können Sie doch trotzdem. Wir würden Sie auch als Parteiunabhängige portieren. Überlegen Sie es sich.«

Ich ging nach Hause und hatte wirklich nachzudenken. Zu der Zeit war gerade meine Mutter gestorben, und die Frau Rutishauser sagte zu mir: »Mach das doch. Das lenkt dich ab, das wird dir guttun. Aber nicht als Parteilose, das verstehen die Leute nicht. Wenn du mitmachst, dann mit allem Pipapo.« Und so machte ich das und wurde seit vielen Jahrzehnten die erste Stadträtin von Zürich. Wenn ich etwas mache, dann glaube ich ganz und gar daran, sonst mache ich es nicht. Ich wusste, dass ich gewählt würde. Von dem Moment an war es mit meiner Ruhe dahin.

Vierundzwanzig Jahre blieb ich im Amt, Vorsteherin vom Sozialamt. Danach wurde ich noch ins Bundeshaus gewählt, als Ständerätin. Und dann warf mich die Partei wieder hinaus. Weil ich nie aufs Maul hocken wollte. Ich hatte von Anfang an in vielem das Heu nicht auf der gleichen Bühne wie die SP. Das ging nicht. Ich muss aber offen gestehen, dass ich schon lange gehofft hatte, sie würden mich hinauswerfen, dass ich es geradezu provozierte. Und so war es dann. Man warf mir vor, ich sei keine richtige Büezerin, keine richtige Arbeiterin aus dem Volk. Und sowieso hätte ich zu wenig Parteitreue. Ausgerechnet diese Akademikersöhne warfen mir das vor, in einem Ausschlussverfahren. Das war wie eine Gerichtsverhandlung. Ein bisschen bedrückend war das also.

Alles verändert sich. Auch die Partei veränderte sich von Grund auf, kolossal veränderte die sich. Die Sozis sind nämlich keine Pöstler und Eisenbähnler mehr, leider. Es gibt ja auch immer weniger Pöstler und Eisenbahner. Heute ist die SP nur noch Mittel zum Zweck für bestimmte Leute. Ein Karrieresprungbrett für Akademiker in der Verwaltung. Sie vertritt völlig andere Leute, nicht unbedingt meine Wellenlänge. Aber Sozialvorsteherin war ich fürs Leben gern. Es war eine verrückte Zeit und auch eine schöne Zeit.

Ich sah meine Lebensaufgabe immer im Kämpfen für das, was recht ist. Möglichst ohne zu verbiestern, man muss doch auch lachen können über sich und die anderen. Im Herzen behielt ich die Eisenbahner am Gotthard. Und wissen Sie was? Jetzt bin ich alt und wieder frei. Das ist doch super!

Lys Assia

3. März 1924

An einem unauffälligen Fussweg ein unauffälliger Eingang zu einem Haus mit weiter Terrasse. Lys macht selber auf und bittet herein. Zierlich, seiden, gläsern die Atmosphäre. Eine schöne Frau in Öl neigt den Kopf und blickt aus schwerem Rahmen über den See. Im Cheminée ein Strauss unvergänglicher Blumen. Lys setzt sich sehr aufrecht auf das Stilsofa, lächelt, bereit.

Ganz jung schon, wirklich jung, habe ich gesungen. Mit sieben, acht Jahren bereits. Meine Mutter war natürlich dagegen, eine Sängerin galt als unseriös, das ist klar. Viel zu unsicher war es auch. Es ist wirklich ein unsicherer Beruf, heute noch. Mit diesem Risiko muss man leben. Wenn ich nicht mehr singen kann und nicht mehr gut aussehe, verdiene ich nichts mehr. Und ständig ist man Gefahren ausgesetzt, das kann ich Euch sagen. In diesem Beruf muss man auf sich aufpassen, da hatte die Mutter schon recht. Künstler war kein richtiger Beruf, als Eltern hatte man es lieber, wenn die Kinder etwas Praktisches lernten.

Ich machte eine Lehre als Friseuse, am Löwenplatz in Zürich. Da ist immer noch ein Hair-Stylist drin. Ich weiss das wegen »Glanz & Gloria«, die machten letzte Woche eine ausführliche Sendung mit mir. Diese Lehre kam mir bei meiner Karriere zugute, schminkmässig, coiffeurmässig. Das konnte ich gut gebrauchen, auch die Hygienekenntnis. Ein paar Semester Kinderpflege machte ich auch, hatte also auch medizinisch Unterricht. Aber die Musik war mir immer das Wichtigste. Schon in der Gesangsstunde musste ich ständig vorsingen, und der Lehrer sagte: »Das Rosli macht einmal Karriere im musikalischen Feld.« Ich hatte ein irrsinniges Musikgehör. Auch im Rechnen war ich gut. Jetzt ist grad eine Platte herausgekommen von mir, eine neue CD, die kam grad heute mit der Post.

– *Telefon* –

Wissen Sie, ich habe extrem wenig Zeit, alle wollen etwas, Wahnsinn. Ich bin ja nach dem Unfall in Paris und dem Überfall in Cannes wieder voll eingestiegen. Mache Aufnahmen, Rundfunk, Fernsehen, und auch den Grand Prix mache ich wieder. Solange ich kann, arbeite ich. Ich hätte eigentlich nie pausieren sollen, aber das war Schicksal.

Schon zu Hause hatten wir ein richtiges Hausorchester, aber damit in eine Karriere gehen wollte ausser mir niemand. Ich war die Jüngste und spielte Zither. Eine Zeit lang auch ganz ordentlich Gitarre, aber damit hörte ich wieder auf, wegen den Nägeln. Mit der Gitarre macht man sich die Fingernägel kaputt. Piano lernte ich nie sehr gut, weil ich so früh viel unterwegs war, da kann man nicht richtig Unterricht nehmen. Immerhin hatte ich Stunden beim Rolf Liebermann, einem Nachbar von Paul Burkhard. Mit dem Paul war ich gut befreundet, schon vor dem grossen Erfolg mit unserem Lied »O mein Papa«.

Neun ältere Geschwister hatte ich, bis auf eine Schwester alles Brüder. Mit denen hatte ich eigentlich wenig Kontakt, weil der Altersunterschied so gross war. Es gab vor mir noch eine Schwester, aber sie ist als kleines Mädchen ertrunken. Beim Bädelen im Fluss ist sie verunfallt, da war ich noch sehr klein. Das war irgendwo bei Zürich, genau weiss ich es nicht. Ich wurde im Aargau geboren, aber bald zogen wir in die Nähe von Zürich. Mein Vater war Sanitärinstallateur. Er hatte mit einem der ältesten Brüder ein eigenes Geschäft, machte Badezimmerausrüstungen. Wir wohnten immer in einem schönen Haus. Die Mutter war Hausfrau, ursprünglich adelig. Mit dem grossen Haushalt hatte sie viel zu tun.

Wir machten häufig Musik in der Freizeit und gingen in den Höfen spielen, in den Gasthöfen, um ein wenig Geld zu verdienen. Anscheinend war ich sogar bei der Heilsarmee, das würde mir doch niemand glauben. Ich erinnere mich an so ein Hütchen, das ich beim Singen trug. Den Rest hatte ich vergessen, aber vor kurzem erzählte mir eine Frau, ihre Mutter habe mit mir bei der Heilsarmee gesungen. Ich war sicher wegen der Musik dabei, ich wollte einfach singen. Der Vater und die Mutter waren sehr religiös. Am Morgen und am Abend knieten sie vor das Bett und beteten. Bevor der Vater zur Arbeit ging und bevor er ins Bett ging, kniete er, immer, das sehe ich noch.

Ich hatte einen Vater, den ich verehrte und der mich verehrte. Er war für mich ein sehr guter Freund. In den letzten Jahren, die er noch lebte, ging ich ein paarmal mit zur Kur, nach Montecatini. Wir wurden immer bewundert, weil wir ein so schönes Verhältnis miteinander hatten. Die Tochter mit dem Vater, wirklich herzig. Er glaubte an mich, von Anfang an. Und er gab mir Geld fürs Studium. Die Mutter gar nicht, sie acceptierte es nur. Im Nachhinein muss ich sagen – sie hatte nicht unrecht.

– *Telefon* –

Wisst Ihr, man muss aufpassen. Ich lasse mir die Sachen gerne faxen, die gedruckt werden. Wenn man viel erzählt, wird leicht etwas vermischt oder falsch verstanden. Und schon steht wieder irgendwo, die Assia gewann 1956 mit »O mein Papa« den Grand Prix. Dabei war das mit »Refrain«. Ich bin sehr genau. Und war immer zielstrebig, ich bekam sechs goldene Schallplatten und drei silberne. Damals musste man eine Platte eine Million Mal verkaufen, um eine goldene zu bekommen. Und ich wollte unbedingt in die Welt hinaus, schon sehr früh. Als ich aber aus der Schule kam, ging der Krieg los. Den musste man abwarten, klar. Sobald die Grenzen aufgingen, ging ich weg aus der Schweiz und verbrachte mein Leben im Ausland. Erst vor kurzem bin ich zurückgekommen, wegen diesem grässlichen Überfall an der Côte. In Cannes wurde es mir zu gefährlich, aber hier fühle ich mich sicherer.

– *Telefon* –

Talent allein genügt nicht. Alles ist Arbeit, man muss sehr viel arbeiten. Mit fünfzehn debütierte ich als Sängerin im Corso-Palais am Bellevue in Zürich, mit dem Orchester von Peter Kreuder. Ich nahm für alles mögliche Privatstunden, weil ich schnell vorwärtskommen wollte. Mit dem Lernen hatte ich nie Mühe, auch Texte kann ich nach kurzer Zeit auswendig. Ich studierte Musik. Auch Sprachen waren mir wichtig, die konnte ich später im Ausland gut gebrauchen.

Man muss offen sein, klar, sonst hat man keinen Erfolg. Während dem Studium sang ich am Samstag und am Sonntag in Restaurants, imitierte vor allem die grossen Stars. Mein grosses Vorbild war Zarah Leander, eine wundervolle Sängerin.

Später stand ich mit ihr auf der Bühne. Aber mit fünfzehn zu singen »Nur nicht aus Liebe weinen«, war sicher ein wenig lustig. Trotzdem hatte ich enormen Erfolg.

Ich erlaubte mir wenig, aber etwas Gutes erlaubte ich mir während den Studien. Eigentlich kann man das als Ursprung meiner Karriere bezeichnen. Ich ging einmal in der Woche ins Baur au Lac, ins schönste Hotel am Zürichsee. Dort spielte im Garten ein Tanzorchester zum Tee. Ich setzte mich mit meinen Büchern in den Garten, trank einen Tee und las. Der Kapellmeister beobachtete mich, sah, dass da immer eine sass und las. Eines Tages kam er an mein Tischchen und fragte: »Sagen Sie mal, Fräulein, ich beobachte Sie nun seit einer Weile. Was machen Sie eigentlich? Studieren Sie?«

Ich sagte: »Ja, tatsächlich, ich studiere Musik. Ich möchte Sängerin werden.«

»Ah ja! Prachtvoll. Hören Sie, wenn das seriös ist, dann hätte ich vielleicht eine Möglichkeit für Sie. Es kann sein, dass ich als Orchesterleiter ans Radio Basel komme. Ich bräuchte auch eine Sängerin.«

Zweimal sagen musste er mir das nicht, klar. Es war übrigens Bob Huber, ein sehr guter Dirigent, sehr musikalisch. Er verstand es, sein Orchester zu verkaufen. Wie der Teddy Stauffer, der stand auch vorn und becircte die Frauen mit seinem Stöckchen. Der Bob Huber war begeistert von mir, weil er merkte, dass ich seriös war und unbedingt Karriere machen wollte. Ich war wirklich besessen von meinen Plänen. Das beeindruckte ihn, und er dachte: »Mit diesem Mädchen kann man etwas machen.« Er kam dann ans Radio und holte mich als Sängerin.

Ich hatte immer Leute, die mich berieten. Natürlich, klar. Ich hatte immer die richtigen Leute bei der Hand. Den Paul

Burkhard und solche Kaliber, Gott sei Dank. Von Anfang an hatte ich eine Agentin, Madame Niary, mit ihr war ich befreundet. Man muss von Anfang an professionell sein. Bereits 1943, mit neunzehn, bekam ich meinen ersten Plattenvertrag, bei His Masters' Voice. Und an meinem zwanzigsten Geburtstag hatte ich schon meine erste Radioshow, bei Louis Rey in Genf. In Genf war ich, weil ich Französisch studierte. Damit ich bereit wäre fürs Ausland, wenn die Grenzen aufgingen.

Da kam eines Tages die Agentin und sagte: »Du, ich hätte eine Möglichkeit für dich beim Fronttheater in Frankreich.« Sie suchten Leute, die den Soldaten zur Unterhaltung etwas boten, an der Côte d'Azur, Open Air natürlich. Und das machte ich, im Riva-Ballett. Es war immer noch Krieg und nicht ungefährlich. Wir spielten eine Revue mit Tanz und Musik, in Nizza, in Nîmes, in Marseille, überall waren wir. Dass es gefährlich war, beschäftigte mich nicht besonders, aber man verdiente vor allem nichts. Da verkaufte ich Soloprogramme, klug wie ich damals schon war und finanzbewusst. Ich war sehr populär, und die Türen beim Konsul und beim Ambassadeur standen mir offen. Die mochten mich alle und halfen mir, weil sie sahen, dass ich fleissig war.

Nur eine Streberin zu sein, langt natürlich nicht. Glück und Talent muss man auch haben. Bald gingen alle Grenzen endlich wieder auf, und ich konnte nach Barcelona, nach Mallorca und Menorca. Ich hatte überall Soloprogramme, in Hotels, Nightclubs und Cabarets. Nach kurzer Zeit kaufte ich mir in Barcelona meine erste Villa und in Madrid ein Appartement. Mit gut zwanzig besass ich ein eigenes Haus, ein Appartement und einen Sportwagen. Alles selber erschaffen und selber bezahlt. Ich wollte immer ein gutes Leben führen, und dafür arbeitete ich hart.

Aber es waren andere Zeiten. Der Musikmarkt existierte nach dem Krieg nicht mehr, alles war am Boden. Die meisten hatten in diesen Jahren anderes zu tun gehabt, als Platten zu kaufen. Professionelle Künstler gab es nur wenige. Ich war eigentlich, zusammen mit dem Vico Torriani, die einzige Perle in der Landschaft. Das hatte mir der Paul Hubschmid gesagt, mit dem ich einmal einen Film drehte. Ein sehr schöner Mann, er glich ein wenig meinem Lieblingsbruder. Er sagte: »Du wirst nie ein Prophet im eigenen Land. Du musst ins Ausland, dort warten sie auf dich.« Er hatte recht. Um richtig Karriere zu machen, muss man ins Ausland.

Einer der grössten Hits, »O mein Papa«, entstand aber in Zürich. Durch Zufall eigentlich, weil mein Vater sehr krank wurde. Das war nach dem Krieg, 1949, ich lebte gerade in Paris. Die Mutter schickte mir ein Telegramm, es gehe dem Vater nicht gut. Er hatte es mit dem Herz, unsere ganze Familie hatte es mit dem Herz. Ich konnte einen Besuch beim Vater gut kombinieren mit Aufnahmen in Zürich und blieb ein paar Tage. Ich wurde eingeladen, an einer Rundfunkveranstaltung im Bernhard Theater etwas zu singen, sie hiess »Bunter Abend«. Ich wollte die Gelegenheit nutzen und etwas Neues bringen, darum rief ich den Paul Burkhard an. »Du Paul, ich bin schnell in der Schweiz. Hättest du zufällig ein neues Lied für mich?«

Er sagte: »Komm vorbei, wir trinken einen Tee.«

Ich kannte seine Mutter von früher sehr gut, auch seine Schwester, die ihm ja alle Noten schrieb. Er wohnte am Zeltweg, in der Nähe vom Schauspielhaus. Als ich ankam, sagte er: »Komm, wir graben mal dort in der Schublade.«

In dieser Kommode lagen stapelweise Partituren von Operetten und Singspielen. Irgendwo schaute ein Blatt heraus, da stand oben drüber »O mein Papa«. Das war ein Lied aus dem »Schwarzen Hecht«, »Feuerwerk« hiess die Operette in Deutschland. Ich zupfte das Blatt heraus, und der Paul sagte: »Ja, das ist aber etwas Altes. Das wurde nie erfolgreich. Wenn du willst, probieren wir es mal.«

Nur wegen dem Titel fiel es mir auf, weil ich kurz vorher beim Papa im Spital war. Der Paul und ich probierten und improvisierten ein bisschen damit herum, und dann sang ich am Abend im Bernhard Theater »O mein Papa«. Meine Schwester besorgte meinem Vater ein Radio, damit er es in der Klinik hören konnte. Nur für ihn habe ich das gesungen. Es war das letzte Lied, das er von mir hörte.

Obwohl ich in Deutschland bereits einen Namen hatte, bereitete es mir die grössten Schwierigkeiten, das Lied unterzubringen. Immer hiess es, so etwas kann man doch nicht singen, »O mein Papa«, das will doch keiner hören. Dann kam der Musikvertrieb, eine der grössten Plattenfirmen, die sagten, wir nehmen das auf. Und dann wurde es ein so grosser Erfolg. Ein Welterfolg!

Eigentlich bauten solche Lieder die Plattenfirmen wieder auf nach dem Krieg. Durch den Vico Torriani und mich, unseren Succès, begann der Plattenboom. Ich spielte ja im Olymp, im Olympia in Paris. Das war das Höchste für eine Sängerin. Ich konnte für die Josephine Baker einspringen, als sie krank wurde. Sie fragte mich an, ob ich sie vertrete. Später stand ich mit ihr zusammen auf der Bühne. Und 1956 gewann ich den ersten Grand Prix d'Eurovision de la Chanson und bekam eine Show, sponsored by Coca-Cola. Da sang ich mit dem tollsten Orchester, Percy Faith, Big Band, und zwar am amerikanischen Fernsehen. Darauf habe ich einen Siebenjahresvertrag bekommen bei der damals wichtigsten Platten- und Rundfunkfirma der Welt, der MCA, Music Corporation of America. Dort traf ich dann auch die Edith Piaf, in New York.

– Telefon –

Entschuldigen Sie. Gestern hatte ich einundachtzig Anrufe. Es ist extrem viel los in letzter Zeit. Wahnsinn.

Ich trat also mit der Josephine Baker in Paris auf und mit der Edith Piaf in New York, da kamen nur die wirklichen Stars rein. Die Edith Piaf war übrigens eine ganz einfache, aber sympathische Person, ein Vollprofi. Sie trank einfach mehr als andere und nahm Narkotika, das wusste jeder. Ohne das hätte sie nicht auf der Bühne stehen können, sie hätte dieses Leben von Show zu Show nicht geschafft. Aber man merkte es ihr kaum an.

– Telefon –

Ihr seht, das Telefon läuft heiss. Heute geht das wieder den ganzen Tag so. Ist das nicht unglaublich? Weil ich diese Bilder machte, diese Nacktfotos, wahrscheinlich deshalb. Die ganze Woche hindurch werde ich bombardiert mit Anfragen, alles gratis. Aber dass einmal jemand mit einem Blümchen käme, das fällt keinem ein.

Man muss offen bleiben. Aber es ist schade, dass Stil heute keine Rolle mehr spielt. Das war früher nicht so. Früher war ein Star eine Diva. Un-nah-bar! Man hatte Distance zu den Leuten. Das Publikum verehrte einen, es hatte Respekt vor einem Star. Heute rücken einem die Fans auf die Haut, fassen einen an, wollen sich mit einem fotografieren. Das ist ja in Ordnung, ein Souvenir, klar. Aber wenn sie mich anfassen, das vertrage ich ganz schlecht. Man gehört doch nicht einfach jedermann, wenn man populär ist. Man ist doch keine Ware. Ich brauche Distance. Ich bin Fisch, und Fische sind so, fast ein wenig unnahbar.

Noch viel unnahbarer hätte ich doch sein sollen! Viel zu viel Vertrauen hatte ich, besonders an der Côte. Das ist nicht die Schweiz oder Dänemark. Nachher ist man schlauer. Ich hätte mir nie träumen lassen, dass Menschen so gemein sein können. Nie hätte ich das gedacht.

– *Telefon* –

Ich wurde ja überfallen. Das ist eine lange Geschichte, vielleicht reicht die Zeit noch. In Cannes geschah das, in meinem Haus. Ich lebte nach dem tödlichen Unfall meines zweiten Mannes 1995 allein. Nur noch mit meinen Hunden, sie sind das Beste in meinem Leben. Ein Jahr später musste ich mich einer Herzoperation unterziehen. Daraufhin verkaufte ich alles. Meine riesige Villa in Dänemark, auch das Château-Hotel in Frankreich, überhaupt die meisten Hotels, die mein Mann und ich besassen.

Wenn man ein gewisses Alter hat und allein lebt, dann sagen alle: »Das ist doch jetzt zu viel für dich, diese Villen, zwölf Zimmer. Was willst du mit all dem?« Ich hätte nicht auf sie hören sollen. Man wird zu sehr beeinflusst. Man gewöhnt sich an die Ratschläge und macht nicht das, was für einen selber gut wäre. Ich hätte Platz und Meeranstoss gehabt, das brauche ich nämlich. Ich brauche Wasser zum Leben. Ich hätte Personal, ein Büro, allen Confort, wenn ich das Château behalten hätte. Einen riesigen Park und eine Prärie hätte ich auch, wo man Golf hätte bauen können, ich spiele ja sehr gut Golf. Das wäre sogar lukrativ geworden. Zudem hätte ich Gesellschaft, ich wäre sicher in meinem Château oder auf dem Gut in Dänemark.

Dieser Überfall in Cannes war ein Trauma, das kann ich Euch sagen. Ich staune wirklich, dass ich auch das überlebte, trotz dem schwachen Herz. Nach diesem Schock wollte ich nur noch zurück in die Schweiz. Ich hatte furchtbare Angst, überall. Es ist immer noch nicht ganz abgeflaut. Auch sehe ich mit einem Auge immer noch nicht gut. Man musste mich im Gesicht operieren, wegen den Schlägen. Wahrscheinlich habe ich das überlebt, weil ich singen kann. Die Musik und das Publikum helfen einem über alles hinweg.

Ein Callgirl aus Stuttgart steckte dahinter, meine Nachbarin in Cannes. Dass sie ein Callgirl war, wusste ich natürlich nicht, als ich die Wohnung kaufte. Ich wohnte vorher zwei Jahre in Monaco, weil ich herausfinden wollte, wo ich hingehen könnte. Wo ich mich endlich niederlassen könnte. Ach, ich hätte in Monaco bleiben sollen oder in Dänemark. Mit Hunden ist Monaco aber schlecht, man kann nicht Gassi gehen.

Ich suchte etwas Kleineres an der Côte, mit Garten wegen den Hunden und für mich mit Pool. Auf einem Spaziergang mit den beiden Zwergdackeli entdeckte ich dann diese Gebärklinik, eine superschöne Villa ein bisschen abseits vom Rummel. Ein Italiener hatte sie gekauft und vier Wunderappartements daraus gemacht, jedes mit dreihundert Quadratmetern. Er war mit einer Schweizerin verheiratet, in Lugano, wo ich auch eine Villa besass, und er war grad zufällig da, als ich vorbeispazierte. Ich machte sofort eine Anzahlung und reservierte die oberste Wohnung.

In der zweiten Etage wohnte aber diese kriminelle Person, sie war seine Mätresse. Das wusste ich eben nicht. Sie arbeitete in London in einem Luxusclub, hatte auch zwei Kinder von einem Moslem mit Schönheitsklinik. Superschöne Kinder, aber Biester, vollkommen verzogen. Die Besitzer der anderen Wohnungen lebten auf ihren Jachten und hatten die Appartements nur für Gäste.

Ein paar Tage später ging ich vorbei, um zu schauen, wie man möblieren könnte. Ich klingelte bei der Deutschen. Sie machte mir auf, eine grosse Frau, über ein Meter achtzig. Zweiundvierzig Jahre, aber imponierend, gut operiert. Hochgeschminkt auch und hinten und vorn alles voller Silikon. Ich dachte, sie sei Amerikanerin, wegen dem vielen Silikon überall. Halb nackt natürlich. Sie sagte, sie sei die Assistentin des Italieners. Wen sie vor sich hatte, wusste sie nicht, das merkte sie erst später.

Ich sagte, ich hätte die oberste Wohnung gemietet, da behauptete sie, das könne nicht stimmen. Diese Wohnung sei schon lange verkauft. Sie wisse das, weil ihr in kurzer Zeit sowieso alles gehöre. Ich könne die unterste Wohnung haben. Ich solle morgen wieder vorbeikommen, sie werde das inzwischen klären. Am nächsten Tag sagte sie mir, der Italiener habe bestätigt, dass ich die unterste Wohnung haben könne. Ich müsse aber zwei Jahre Miete im Voraus bezahlen und eine Bankgarantie leisten. Ich gab ihr einen Check, und sie versicherte, sie leite ihn an den Italiener weiter. Aber dieser Vamp steckte alles in die eigene Tasche, natürlich. Nur ahnte ich das nicht, gutgläubig, wie ich war.

Ich zog ein, und am Anfang tat sie freundlich, damit sie mich aushorchen konnte. Und ich beobachtete auch so einiges. Die machte ja den ganzen Tag nichts, nicht mal eine Tasse Tee machte sie selber. Sie hatte eine Haushälterin und für die Kinder eine Nanny. Wenn sie einkaufen ging, latschte sie voraus und eine Angestellte packte ein, wo sie draufgedeutet hatte, bezahlte auch an der Kasse, nicht mal das machte sie selber. Sie trug nie eine Tüte. Die Bediensteten brachte sie aus London mit und bezahlte sie miserabel. Sie behielt sie auch nur kurze Zeit. Damit niemand zu viel über sie erfahren konnte.

Sie war nicht angemeldet, aber das fand ich erst später heraus durch die Polizei. Ein richtiges Luxusluder.

Am Freitag wurde sie jeweils mit der Limousine abgeholt, dann flog sie nach London und kam am Montag mit einer Tasche voller Scheine zurück. Die habe ich mit eigenen Augen gesehen, einen ganzen Beutel voller Geldscheine. Wahrscheinlich hatten die in ihrem String gesteckt, sie war ja spezialisiert auf Bellytänze, das machte sie sicher gut. Bauchtanz hatte sie bei diesem Ägypter gelernt.

Und dann fing das an mit den Einbrüchen. Siebenmal in kurzer Zeit wurde eingebrochen, viermal bei mir im Parterre. Aber nie bei ihr. Die beobachtete von ihrer Terrasse aus alles und gab mit dem Handy Anweisungen. Sie hatte ja alle Schlüssel, zudem liess sie die Gangster in die Tiefgarage, da konnten die ungestört ins Haus. Das waren keine Amateure, das war organisiert, wahrscheinlich seit langem vorbereitet. Die Einbrecher spazierten gemütlich durch die unbewohnten Appartements und nahmen sich, was ihnen gefiel. Mir stahlen sie allen Schmuck, transportierten den Vierhundert-Kilo-Tresor einfach ab. Ich hatte noch keinen Alarm, weil ich noch nicht installiert war. Das Geld ist nicht das Problem, Schmuck hat einen anderen Wert. Das Goldührchen, das mir mein Vater zur Konfirmation schenkte, vermisse ich heute noch.

Ich meldete es dem Chef de Police: »Sagen Sie einmal, das ist doch eigenartig, dass hier ständig eingebrochen wird, nur bei der Dame zuoberst nicht.« Aber die taten nichts. Auch die anderen Nachbarn machten Anzeige, aber nichts geschah. Zu allem Überfluss kamen noch ihre Kinder in die Ferien, und da war es erst recht nicht mehr zum Aushalten. Jedes Mal, wenn sie zum Pool runtergingen, warfen sie Steine auf mich oder genierten mich sonst irgendwie. Ich hätte sofort wieder wegziehen sollen. Aber wer ist man denn, dass man sich so einfach vertreiben lässt? Als das Luder eines Tages selber in den Garten kam, warnte ich sie: »Wenn Sie Ihren ungezogenen Gofen nicht beibringen, was Anstand ist, werde ich Sie anzeigen.«

Da schrie die mich an: »Ich warne Sie! Wenn Sie meine Kinder belästigen, bringe ich Sie um!« Das ist doch nicht normal, dass einem so gedroht wird. Ein wenig später wollte ich mit dem Auto wegfahren, da kam sie mit dem Lift runter in die Garage. Plötzlich stand sie vor mir mit ihren ein Meter achtzig und gab mir einen Hieb mitten ins Gesicht, einen Kinnhaken. Dieses Riesenweib hätte mich totschlagen können, ich bin ja nur eins sechzig. Das hätte gar niemand gemerkt.

Wahrscheinlich ging es anfänglich nicht darum, mich umzubringen. In erster Linie ging es ums Klauen, und ich kam denen einfach in die Quere. Ich bin nicht blöd, und das wurde für die ungemütlich. Hochorganisierte Banden sind das, die machen reihenweise Einbrüche an der Côte. Und dieses Luder gehörte dazu. Ich hätte wirklich sofort zusammenpacken sollen. Viel zu gutgläubig ist man leider. Die lockte mich in diese Parterrewohnung, nahm mir sofort sehr viel Geld ab, wusste bald, dass ich eine alleinstehende Frau bin, die ständig unterwegs ist und wenig Besuch hat. Der Rest war leicht zu arrangieren, sie musste sich nicht mal den kleinen Finger schmutzig machen.

Dann kam der Schlusscoup. Es war an Silvester, ich war in Monaco eingeladen zum Mittagessen und hätte eigentlich zum Dinner bleiben sollen. Ich bekam aber kein Zimmer mehr im Hotel, alles complet. Um acht kam ich zu Hause an. Die Jalousien hatte ich runtergelassen bis auf einen Spalt für die Hunde. Ich war in der Küche, machte mir etwas parat zum Znacht, die

Television lief, und das Telefon ging ständig. Im Garten bellten und bellten die Hunde. Das hätte mir auffallen müssen. Plötzlich verstummte eines der Tierchen, ich hörte es noch jaulen, das arme Tierchen. Es wurde erschlagen, mit dem Besen, den die Putzfrau nicht versorgt hatte. Dann stand der schon vor mir, ein Riese. Sonst sind sie ja immer vermummt, aber ich sah das Gesicht. Das ist doch der Beweis, dass der mich totschlagen wollte, da brauchte er sich das Gesicht nicht extra zu verdecken.

Er begann sofort auf mich einzudreschen und rief dazu auf Französisch: »Ich schlage dich tot! Ich mach dich kaputt! Ich erwürge dich, mache dich lahm!« Achtzehn oder zwanzig Hiebe. Zwischendurch trat er so nach dem anderen Hund, dass ich ihn später einschläfern musste.

Ich lag am Boden, versuchte wegzukriechen, hatte Todesangst. Überlegte panisch, wie ich den von mir ablenken könnte, um ein wenig Abstand zu gewinnen. Ich weiss nicht mehr, wie ich darauf kam, aber ich rief: »Es brennt ja! Gehen Sie wenigstens den Herd abstellen! Es verbrennt ja alles!« Ich hatte etwas in der Pfanne, ein Steak oder so etwas. Und Ihr werdet es nicht glauben, der machte das! Das beweist doch, dass der nichts Persönliches gegen mich hatte, sondern nur Order, mich totzuschlagen und in den Pool zu werfen. Die Plastikplache, in die er mich rollen wollte, hatte er draussen bereits ausgelegt. Die fanden sie nachher.

Ich versuchte, ans Telefon zu kommen, aber leider hatte er es ausgesteckt. Er war auch sofort wieder da und drückte mich fluchend zu Boden. Eine Waffe hatte ich schon, aber nicht bei mir. Nicht eine, die tötet, eine Schreckpistole, die mir die Kinder meines zweiten Mannes gekauft hatten. Wenn ich mit dem Wagen lange Distancen fuhr, lag sie neben mir auf dem

Vordersitz, und dort lag sie jetzt auch und nützte mir nichts. Der gab mir also die letzten Hiebe auf den Kopf, und dann weiss ich nichts mehr, ich fiel in Ohnmacht. Das rettete mir das Leben. Weil er meinte, ich sei tot, vielleicht wurde er auch gestört. Beim Wegrennen stolperte er jedenfalls über einen Harrass mit Mineralwasser im Korridor.

An diesen Ton erinnere ich mich genau, ich meinte, es sei Blitz und Donner, aber es waren die Flaschen, an denen er sich prompt auch schnitt. Aber das Unglaubliche ist: Erst drei Tage später nahm die Polizei Blutproben für eine DNA-Analyse. Natürlich erwischte man den nie, das ist klar. Zwei Jahre liess ich alles untersuchen, schaltete Interpol und Detektive ein, nichts. Ich meine, ich trage doch keinen Ikea-Schmuck! Ich hatte von jedem Stück Bilder, aber die haben sie nicht mal ins Internet gestellt. Und die Verletzungen im Gesicht, bei meinem Beruf! Ein ganzes Jahr lang wohnte dieses Luder noch seelenruhig dort, obwohl wir Mieter genügend Beweise beieinanderhatten. Die von der Police zuckten nur die Schultern und sagten, sie hätten die Madame ja schon verhaftet, aber sie mache ihnen die Tür nicht auf. Das ist doch nicht zum Sagen! Und jetzt ist die natürlich vom Erdboden verschluckt. Man fragt sich wirklich –

– *Telefon* –

Wo waren wir – bei Gott. Wenn man nämlich so etwas erlebt, dann denkt man: Gibt es überhaupt einen gerechten Gott? Ich meine, ich habe sicher Fehler. Jeder Mensch macht etwas verkehrt. Aber nie habe ich jemandem etwas so zuleide getan. Wenn man so etwas Schlimmes erlebt, fragt man sich: Warum muss ich derart gestraft werden? Warum muss ich ausgerechnet der über den Weg laufen? Trotzdem bete ich jeden Tag, das ist eine Gewohnheit. Das Schlimme am Glauben ist, dass es heisst, man muss verzeihen. Aber was die mir angetan hat, kann ich nicht verzeihen. Die muss büssen. Klo putzen muss die! Ich werde nicht lockerlassen, bis die Klos putzt. Vorher sterbe ich nicht, das sage ich Ihnen.

Mit harten Schlägen im Leben fertig zu werden, lernte ich früh. Mein erster Mann starb wenige Jahre nach unserer Hochzeit, an Herzversagen. Ich war drauf und dran gewesen, aus dem Showbusiness auszusteigen, wollte mich niederlassen und eine Familie gründen. Mein Mann hatte bereits eine Tochter, aber ich bekam keine Kinder. Ich hatte mehrere Fehlgeburten, einmal wäre ich fast verblutet. Als mein Mann so plötzlich starb, konzentrierte ich mich umso mehr auf die Karriere. Das Showgeschäft sollte mein Leben bleiben. Wenn mein Familienwunsch nicht in Erfüllung ging, wollte ich eben allein und unabhängig sein und singen. Aber manchmal kommt es anders, als man denkt.

Es war Mitte der Sechzigerjahre, ich war sehr populär, vor allem in Deutschland, aber auch in Skandinavien. Ich sang viel in den Volksparks, Open Air. Da verdiente man gut, und es war gut für den Verkauf der Platten. Ich hatte ein enorm erfolgreiches Lied, das war sechzehn Wochen in der Hitparade. »Schwedenmädel« hiess es, tä täbätäbätäbätätä. Der Agent redete auf mich ein, ich müsse endlich auch nach Dänemark gehen. Ich hatte eigentlich keine Zeit, ich sang im Rundfunk und Fernsehen, war extrem beschäftigt. Aber aus irgendeinem Grund dachte ich plötzlich, okay.

Ich flog meistens, und das Orchester nahm meine Hunde mit und die Pelze und die Instrumente. Ich hatte immer meine Hunde dabei. Am Airport holten sie mich ab, und dann fuhren wir zusammen weiter. Plötzlich standen wir vor diesem Hotel an der Küste. Ich hatte stoppen lassen, weil es mir auf

Anhieb gefiel, und wir tranken dort etwas. Dann stellte sich heraus, dass ich genau hier ein Engagement hatte für vier Wochen. Ein ganz tolles Appartement gehörte zum Arrangement. Für jeden Abend brauchte ich ein anderes Kleid, also entsprechend Platz für dreissig Abendroben. Der Patron hatte mir auch einen Wagen bereitstellen lassen, einen Jaguar. Ich fuhr nur solche Autos, auch mal einen Maserati, mal einen Mercedes, immer gute Sportwagen. Mit zwanzig hatte ich schon ein Studebaker Cabriolet.

Jeden Abend war dann Full House, die Leute standen bis auf die Strasse, ein irrsinniger Erfolg. Nach ein paar Tagen kam der Chefportier und sagte: »Morgen begrüsst Sie der Besitzer persönlich, er kommt extra aus Paris.« Er reiste tatsächlich an, der Oscar Pedersen, und stand drei Abende lang während der ganzen Show im Eingang zum Saal. Ich sah ihn dort stehen, ein grosser Mann. Die ganze Zeit lehnte er dort in der Tür, und ich dachte, der muss ja supermusikalisch sein, dass er sich drei Tage lang die gleiche Show anschaut.

Am vierten Abend lud er mich mit einem Kärtchen zum Abendessen ein. Über den Chefportier liess ich ausrichten, dass ich vor der Show nie etwas esse und mich nie zeige. Aber eventuell nach dem Konzert, etwa um Mitternacht. Da liess er in der Nähe, in Helsingör, ein Kaviardinner vorbereiten, im schönsten Restaurant Dänemarks, das ihm auch gehörte. Es hatte hinter den grossen Fenstern eine einmalige Kulisse, das Wasserschloss Kronborg. Das ist das berühmte Château von Hamlet, sehr romantisch. Es passte perfekt.

Ja, und dann passierte es einfach. Liebe auf den ersten Blick, einfach richtig, für beide, ganz klar. Ich war Witwe, und er war auch gerade Witwer geworden. Seine Frau war an Krebs gestorben und hatte ihn mit drei kleinen Kindern zurückgelas-

sen. Es war einfach Bestimmung. Ich nahm in Dänemark eine
Familie an und fand ein Zuhause. Meinen Vertrag mit MCA
musste ich noch fertig absolvieren, und Oscar schickte mir
überallhin Blumen und Telegramme, wirklich herzig. Dann
reduzierte ich das Showgeschäft und widmete mich der Familie
und dem Geschäft. Ich verzichtete auf die Karriere, klar, ich
wollte das so. Mein Mann war Generalkonsul von Paraguay
und Hotelier mit Niederlassungen auf der ganzen Welt. Da
konnte ich meine Talente bestens anwenden für die Raum-
gestaltung und die Verwaltung. Die Sprachen sowieso. Die
Plattenfirma war natürlich nicht so erfreut. Aber wenn ich
etwas mache, mache ich es richtig.

Man kann sagen, wir waren ein Traumpaar, glücklich. Bis
zu jenem schwarzen Tag im Sommer, es war der 5. August 1995.
Glühend heiss war es, und wir mussten von Kopenhagen nach
Paris. Ich wollte fliegen, aber mein Mann wollte fahren, weil er
so noch da und dort zum Rechten schauen konnte. Undund-
und, da fuhr man halt. Ich chauffierte immer, wenn wir Reisen
machten. Es war ein ganz neuer Audi, trotzdem liess ich immer
alles checken vor einer Reise. Was nützt es einem? Es geschah
kurz vor Paris. Ich fuhr gar nicht schnell, max hundertzwanzig,
weil wir etwas essen wollten. Da explodierte ein Reifen. Wenn
ein Reifen platzt, hat man keine Chance. Ich streifte zum Glück
niemanden, aber ich versuchte zu bremsen, und man sollte Gas
geben. Das weiss man eben erst hinterher. Wir kamen von der
Strasse ab, landeten in einem dieser blöden Wassergräben, die
sie in Frankreich überall haben. Ich war nicht angeschnallt, ich
leide an Klaustrophobie. Es schleuderte mich mit ganzer Kraft
ins Steuerrad, und ich verlor das Bewusstsein.

Mein Mann war angeschnallt, ihm passierte nichts. Und
dem Dackel passierte auch nichts, der flog gestreckt unter mei-

nen Sitz. Ich lag ein paar Stunden im Koma. Als ich wieder aufwachte, war ich in einem Krankenhaus, und mein Mann war nicht da. Sie hatten ihn per Helikopter in eine andere Klinik gebracht, weil er einen Diplomatenpass besass. Man hatte uns getrennt, ohne uns zu fragen. Ich war ziemlich disparat. Einen doppelten Beckenbruch und zig Löcher im Kopf hatte ich und musste fünf Monate im Rollstuhl bleiben.

Mein Mann war also in dieser Diplomatenklinik, und er konnte nur wenig Französisch. Ich war die mit den Sprachen in unserer Ehe, aber was nützte ihm das, wenn ich in einem anderen Spital lag. Irgendwann kam ein Anruf. Mein Mann sei tot. Er sei an inneren Blutungen gestorben. Es dauerte fünf Wochen, bis sie ihn freigaben und ich ihn endlich beerdigen durfte.

Das war nur deshalb, weil die Franzosen nur Französisch sprechen. Mein Mann hatte denen nicht erklären können, dass er blutverdünnende Mittel nahm. Wegen diesem dummen Jungen in Kopenhagen musste er das. Der war, obwohl das verboten war, mit einem ausgeliehenen Moped in unserem privaten Park unterwegs gewesen und meinem Mann in die Beine gefahren. Von da an hatte Oscar diese Gerinnsel und musste das Blut verdünnen. Das konnte er aber nicht erklären. Darum ist er gestorben. Ich konnte mich nicht von ihm verabschieden.

Aber fantastisch: mein Dackeli wurde von einem Paar, das den Unfall beobachtet hatte, aus dem Auto gerettet. Sie brachten mir den Hund später in der Klinik vorbei. So überglücklich war ich, unvorstellbar. Wenigstens hatte mir der Herrgott das Hündchen gelassen. Nur leider auch nicht lange. Als ich an einem Abend an unserem Privatstrand mit ihm spazieren ging, kam plötzlich aus einer anderen Villa so ein Kampfhund angerast. Er zerriss das Dackeli vor meinen Augen.

Allen meinen Hunden habe ich nachgeheult, o ja, nachge-weint. Aber Weinen hilft nichts auf die Dauer. Mein Glück sind heute das Publikum und meine Hündin Cindy. Jetzt muss ich wirklich weiter.

Marie Zürcher

26. Januar 1927

*Mütterlich die Landschaft, Hügel, Mulden, Moos. Die Hänge
streng für jene, die daran zu werken haben. Wenig Flaches, Weite
nur in Höhen. Auf den Kuppen meist eine Linde, wie ein erregtes
Spitzchen, das in den Himmel ragt. Narbige Wege kreuz und quer.
Marie hat in der dunklen Stube eine Kerze angezündet und schaut
auf den Acker hinaus, den ihr Neffe langsam pflügt. Wenn es
Mittag wird, ruft der Gugger hundertsechzehn Mal.*

Zweimal war ich drauf und dran. Gefallen hätten sie mir.
Beide stammten hier aus der Gegend, aber ich machte es dann
doch nicht. Beim Ersten war eine Prüfung schuld. Und beim
Zweiten der Kuckuck oder der Knoblauch. Vielleicht war ich
ja einfach nur froh, einen Grund zu haben, um Nein zu sagen.

Ich hatte eine unerhört schöne Jugend. Ich kam im Bauernhaus nebenan auf die Welt, dort wohnt jetzt noch die
Familie. Wir waren arm, es waren diese Dreissigerjahre, eine
schlimme Zeit, bevor der Krieg ausbrach. Aber arm ist relativ.
Wir hatten alles, was wir zum Leben brauchten, nur Geld hat-

ten wir keins. Im Nachbardorf ging ich neun Jahre in die Schule, in eine gewöhnliche Schule, nichts Höheres. Jetzt wohne ich im Armeleutehaus, Daunerhüsi heisst das im Emmental. Diese schöne Wohnung hat mir die Familie hergerichtet, und ich bezahle Zins. Mit meinem Pensiönchen geht das grad.

Nach der Schule ging ich eineinhalb Jahre ins Welschland, dann ins Bethesda nach Basel, dort lernte ich Wöchnerinnen- und Säuglingspflege. Ich kam wieder heim und schrieb im Anzeiger, dass ich abwarten würde. Abwarten sagte man, wenn eine Frau ein Kind bekommen hatte, der Pflege grad danach sagte man so, vor zweiundsechzig Jahren. Wenn sie keine Schwester hatte oder keine Schwiegermutter, die nach der Geburt zu ihr schaute, da ging ich. Die Hebamme ging zur Geburt und ich ging nachher drei Wochen abwarten. Waschen, bügeln, kochen für alle und meistens auch noch einem Büschel Kinder die Haare kämmen, das war meine Aufgabe.

Ich hatte einen Schatz, vier Jahre gingen wir zusammen. Er wollte mich auch heiraten. An einem Abend sassen wir zusammen oben bei der Linde, und er sagte zu mir: »Du, dieses Abwarten ist also nichts. Das bringt kein Geld und auch sonst nichts. Am Ende lernst du noch Hebamme?« Vielleicht sagte er das, weil ich manchmal so rühmte, wie schön das doch sei, diese Mütter mit ihren Kindchen und sie waschen und pflegen und Tag und Nacht bei ihnen sein. Das hat mich unerhört befriedigt, diese Arbeit. Und wichtig war mir, dass ich trotz dem Beruf immer wieder nach Hause konnte. Ich hatte eine gutegute Mutter. Sie sagte: »Das Geld kommt von draussen, nicht von hier drinnen. Nicht vom Putzen und Haushalten kommt es.« Und schickte mich hinaus.

«Am Ende lernst du noch Hebamme«, das blieb mir haften. Ich ging vom Bänkchen nach Hause und schlief die ganze

Nacht nicht. Am Morgen sagte ich zur Mutter: »Was fändest du, wenn ich noch Hebamme würde?«

«Wenn dich das etwas dünkt?«

Ich sagte: »Ich bin mir mit diesem Mann nicht sicher. Ich mag ihn gern, aber ich habe eben nie das Gefühl, ich möcht Tag und Nacht bei ihm sein.« Eher froh war ich, wenn die Schäferstündchen vorbei waren. Ich glaube, wir gaben uns nicht einmal ein Müntschi.

Die Mutter meinte: »Wenn es dich so dünkt, dann wird es richtig sein.« So war sie eben. Da las ich im Anzeiger, dass es einen Hebammenkurs gebe im Frauenspital in Bern und meldete mich an diesen Kurs an. Dachte: »Wenn die mich nehmen, werde ich Hebamme. Und sonst werde ich dem Ueli seine Frau.«

Der Vater gab mir nicht einmal ein »Adieu«, als ich nach Bern ging. Und der Vater meines Freundes kam angerannt und plärrte: »Jetzt haben wir gemeint, du kommst als junge Frau zu uns!?« Im Dorf hatte vorher kein Mädchen einen Beruf gelernt. Mädchen wurden Mägde oder warteten, bis man sie erlöste, oder beides. Sie warteten, bis einer sie heiratete. Ich ging lieber nach Bern. Dort machte ich diese Aufnahmeprüfung, einen Aufsatz schreiben, Durchleuchtung, rechnen, lesen und etwas erzählen. Um eins fing es an, und um fünf war ich fertig. Ich kam heraus und sagte anscheinend: »Jetzt haben die mich genommen!?« Das erzählen mir die Kolleginnen heute noch. Ich ging heim und berichtete es dem Ueli: »Die haben mich zugelassen. Jetzt werde ich etwas lernen in Bern. Heiraten kann ich dich also nicht, aber ich mag dir eine ganz gute Frau gönnen.« Und die bekam er dann auch. Bereut habe ich das wirklich nie. Aber ein wenig vom Schätzeln träumte ich schon noch.

Was soll ich aus meinem Leben erzählen? Mein Leben besteht aus tausend Geschichten. Schöne und schlimme, unerkannt viele. Manchmal laden mich die Landfrauen ein oder die Witwen an einen Höck, dann erzähle ich ein paar. Ich muss nichts aufschreiben, ich weiss sie von A bis Z. Die meisten schlossen sich im Lauf der Zeit, da staune ich immer wieder. Sie fingen irgendwann an und haben sich geschlossen, manchmal erst nach vielen Jahren. Zwanzig Jahre ging ich als freie Hebamme in den Hügeln ums Emmental auf Wanderschaft. Dann war ich noch einmal zwanzig Jahre leitende Geburtshelferin im Spital in Burdlef. Zu einer Zeit, als noch Kinder kamen. Ich habe sehr viele Kinder auf die Welt gebracht, das kann man sagen. Ich weiss haargenau wie viele, aber diese Zahl soll mein einziges Geheimnis bleiben. Ein paar tausend sind es schon. Nach der Pensionierung machte ich noch eine Weile Ultraschall, dann war ich Rotkreuzfahrerin, weil ich gern Auto fahre. Und beim Warten kann man stricken. Zuletzt half ich den Leuten beim Sterben. Es dünkte mich, das gehöre fast dazu.

Die ersten zwanzig Jahre im Beruf hatte ich nie Ferien und nie frei, keinen Tag. Wegen dem Eid war das und wegen dem Geiz. Und auch, weil man süchtig werden kann nach Geburten. Das ist tatsächlich so. Wir legten den Eid ab in Burdlef im Schloss, einen richtigen Eid, nicht einen halben. Dass ich bei Sonne und Regen, Schnee und Sturm, bei Tag und Nacht, an Sonntag und Werktag zu Arm und Reich gehen und mein Bestes geben werde für Mutter und Kind. Nur bei Krankheit dürfe ich Nein sagen. Das habe ich wörtlich genommen, und krank war ich nie.

Der Geiz kam vom Lohn, Hebammen verdienten fast nichts. Maximal achtzig Franken durfte man verlangen pro

Geburt. Dazu gehörte ein Besuch vorher, da erklärte ich, was sie bereitmachen müssen. Dann die Geburt. Dann während den ersten vier Tagen am Morgen und am Abend besorgen, dann bis zum zehnten Tag noch einmal täglich vorbeigehen. Sicher schaute man auch nach einem Monat noch einmal, wie es geht, das verrechnete ich nicht extra. Oder es gab eine böse Brust, da ging man so lange, bis es gut war. Wenn die Leute kein Geld hatten, gab man halt Rabatt oder wartete ewig auf die Batzen. Direkt nach der Geburt habe ich nie Geld eingezogen, das dünkte mich unschön. Ich habe nie etwas extra verrechnet, zum Beispiel für die Fahrten mit dem Auto ins Spital. Ich habe auch nie aufgeschrieben, wenn sie mir etwas schuldig blieben. Ich dachte, dann habe ich keine Freude mehr an meinem Beruf. Wenn es so ums Geld geht.

Es machte mir eben Freude, unerhört Freude. Wenn ein Kind gesund auf die Welt kam, nach der ganzen Anstrengung. Es gibt nichts Schöneres, wirklich nichts Schöneres. Das immer wieder zu erleben, kann wie eine Sucht werden. Ich konnte lange Zeit nicht sein ohne das. Es war jedes Mal etwas so Unerhörtes und Spannendes. Das Gefühl ist vielleicht wie beim Extremklettern, das soll ja auch süchtig machen. Der Verdienst reichte übrigens später grad für das Benzin, und wenn ich nicht bei den Eltern hätte leben können, hätte ich nicht leben können.

Am Anfang ging ich mit dem Velo, das Köfferchen, den extra flachen Nachttopf und den Gummiblätz hinten auf dem Gepäckträger. Ich hatte jedes Mal grosse Angst, nachts mit dem Velo unterwegs zu sein. Es geht ja meistens nachts los, so gegen zehn, mit Abstand am häufigsten. Ich fürchtete mich, durch die Wälder zu fahren, weil ich immer daran denken musste, es nehme mich einer. Zwar verliess ich mich auf den lieben Gott, hatte aber trotzdem schützlig Schiss. Das passt ja nicht zueinander. Ich war eben nie eine mutige Hebamme, ich liess also ständig Stossgebete hinauf. Es hat mich nie gedünkt, es kann nichts passieren im Leben. Nur beim Sterben kann einem nichts mehr passieren. Ausser dass man am Leben bleibt.

Nach der ersten Geburt sang ich laut vor Freude, holeiend fuhr ich durch die Wälder heim. Es war eine Magdalena, das ist fünfundfünfzig Jahre her, aber ich erinnere mich an jedes Detail. Um halb zwölf kam sie, und ich war so erleichtert. Weil es eben sehr schwierig ist, in der eigenen Gemeinde Hebamme zu sein. Überhaupt bei der Geburt zu helfen, wo man einen kennt. Schon bald hiess es doch, sie strählt sich nicht mehr gleich, sie bildet sich etwas ein. Drum war ich so überglücklich, dass mir bei dieser ersten Geburt niemand etwas vorhalten konnte. Man wurde sehr beobachtet, weil eine Hebamme alles sieht, was sonst niemand sieht. Und die Frauen waren ein bisschen eifersüchtig. Weil ich unabhängig war, einen selbständigen Beruf hatte und nicht wartete, bis mich einer erlöste. Und es trotzdem immer gut hatte mit den Männern.

Mit den Männern habe ich wunderbar zusammengearbeitet, aber mehr nicht. Ich schätze die Männer ausserordentlich, auch bei der Geburt. Die meisten konnte man gut brauchen, auch wenn sie zuerst schüchtern tun. Ich hatte lieber die mit den kleinen Hutgrössen. Die mit den grossen Hüten mögen gescheit sein, aber einer Hebamme sind kleine Köpfe lieber. Die Kopfgrösse vererbt sich. Aber richtig verliebt habe ich mich weder in einen kleinen noch einen grossen Kopf.

Einer kam zwar noch in die engere Wahl, da war ich drauf und dran. Zwei, drei Jahre war ich schon Hebamme. Da waren wir an Ostern in der Wäckerschwendi hinten und sassen im

Wäldli am Boden. Er flüsterte mir allerlei ins Ohr und beschrieb mir, wie er sich das vorstellte. Dass ich dann hinter dem Ladewagen hergehen und ihm das Gras hochreichen würde, das immer herunterfiel. Und Heu und Stroh laden und diese Sachen. Er würde mir dafür die Stube wichsen. Der Otti war wirklich ein Flotter, er wusste schon, wie machen. Aber mir wurde fast ein wenig flau. »Lieber nicht also«, dachte es zuinnerst.

Eh, und dann kam noch das mit dem Gugger. Dieser Kuckuck rief die ganze Zeit, und mein Schatz wollte, dass ich ihm bei jedem Ruf ein Müntschi gebe. So ist das mit den Berner Guggern, die rufen einfach sehr laut und viel. Hier in der Stube ruft er über Mittag fast ununterbrochen. Jede Viertelstunde kommt er aus dem Zit hervor und meldet, auf was es zugeht, da kommt gegen Mittag so einiges zusammen. Inzwischen höre ich es gar nicht mehr.

Der wollte jedes Mal einen Kuss. Ich dachte aber schon beim ersten: »Wenn nur dieser Gugger nie mehr ruft.« Weil der Otti so nach Knoblauch roch, da wurde mir noch gschmuecher. Knoblauchküsse und Gras auf den Ladewagen reichen – lieber blieb ich Hebamme. Ich wünschte dem Otti wie dem Ueli eine wirklich gute Frau und ging wieder nach Hause. Kurz darauf verliebte er sich in eine, ich kannte sie gut. Eine unerhört reiche Bauerntochter. Die rief mich an und fragte: »Du, Marie, wir sind hier im Comptoir hinten, und jetzt erzählt mir der Otti, er wolle mich. Warum hast du den nicht genommen?« Und ich sagte: »Weil ich das Gras hätte hinaufreichen müssen, und ich weiss doch, dass das ständig runterrutscht. Aber heirat ihn ruhig, das ist ein guter Mann. Ich will noch ein wenig meinen Beruf ausüben. Nimm ihn ruhig.« Da heirateten sie.

Nicht alle waren so wählerisch, auch die Männer nicht, und das ist gut so. Das Glück liegt nicht im Komplizierten und auch nicht in der Schönheit. Ich erinnere mich gut an eine Melkersfrau, die war zugezogen, sie hatte schon fünfzehn Kinder. Das sechzehnte war unterwegs, da fragten sie mich, ob ich helfen würde, wenn es so weit sei. Ich schaute die Frau an – war das ein Anblick. Sie hatte den Bauch an den Knien unten, buchstäblich. Beim besten Willen konnte ich nicht herausfinden, wie das Kindchen lag. »Jetzt ist es fünfzehnmal gut gegangen, es wird auch beim sechzehnten gut gehen«, dachte ich. Es war aber kein Kindchen, es war sechs Kilo und hundertachtzig Gramm schwer. Aber alles ging bestens. Ein schönesschöns Meiteli mit langen schwarzen Haaren kam auf die Welt. Die Melkersleute hatten solche Freude, dass sie das uralte Grammophon mit dem Trichter aufzogen und »Die Försterliesel« abspielten. Jedes Mal, wenn ich zum Besorgen kam, liessen sie diese Schallplatte laufen, und wir freuten uns zusammen über das Kind. So arme einfache Leute waren das, und wirklich nicht die schönsten. Aber jedes Mal dieses Glück bei ihnen. Ich habe dort sogar einmal Dampfnudeln probiert, obwohl ich bei den Armen sonst nie Znüni nahm, ihnen nichts wegessen wollte. Sie kamen mir vor wie die reichsten Leute.

Ein rechter Mann war eben nicht jeder beschieden. Leider wird nicht aus jedem wunderschönen Neugeborenen ein guter Sohn und nicht aus jedem guten Sohn ein rechter Mann. Bei den Frauen hat man auch keine Garantie. Aber wirklich grosses Unheil über die Familien brachten eben meistens die Männer. Es gab sehr viele Arme in der Gegend. Als ich ein Kind war, kamen viele zu uns und holten Äpfel und Kartoffeln. Wenn wir auch nicht viel hatten, so hatten wir doch mehr als die Ärmsten. Die Mutter gab ihnen. Die Ärmsten bekamen ständig Kinder, obwohl sie ausser Kindern doch nichts hatten. Zum Verhüten hatten sie eben auch nichts, schon gar nicht das Wissen.

Als ich einmal in der Nacht bei solch armen Leuten ankam, im November war das, da wollte die Frau ins Spital. Ich war froh, weil im Häuschen war es grauslich. Es wäre schwierig gewesen, einen passenden Ort zu finden für eine Geburt, es war das vierte Kind. Ich hatte schon ein Auto, und wir fuhren hinunter nach Buchsi. Auf dem Weg sagte die Frau: »Fräulein Zürcher, es ist einfach etwas nicht gut.« Man nannte mich bis zuletzt Fräulein Zürcher, das habe ich eigentlich gehasst, aber es war nicht zu ändern. Ich hatte nie Glück mit meinen Namen. Marie ist doch auch ein struber Name. Ich konnte das nie begreifen – eins heisst Elsbeth, eins Hanna, so viele schöne Namen gibt es. Und mir haben sie wegen einer Nachbarsfrau Marie gegeben, weil sie die gern hatten.

Also, diese arme Frau hatte übrigens einen schönen Namen, Theres. Sie war wenig in die Schule gegangen, aber ich nahm es immer ernst, was die Schwangeren sagten. Die meisten Frauen spüren sich gut, wenn sie sich getrauen. Im Spital rief ich sofort den Chefarzt, der fand aber, es sei alles normal und ging grad wieder. Der ging doch einfach nach Hause. Die Ärzte waren noch richtige Götter, man widersprach ihnen nicht. Auch bei einer anderen Geschichte musste einer dringend nach Hause, statt bei der Geburt zu helfen. Weil die Frau Doktor mit dem Auto ins Garagentor des neuen Häuschens gefahren war. Der ging das begutachten, und mir starb unterdessen eine Frau, eine der ganz wenigen. Eine schlimme Geschichte war das und lange Zeit ein grosses Rätsel für mich. Ein Doktor hätte zwar auch nicht helfen können, aber er gehört an seinen Platz. Der bekam etwas zu hören von mir.

Es wollte und wollte nicht vorwärtsgehen bei der Theres, das war eigenartig beim vierten Kind. Ich war sicher, dass etwas nicht stimmte, wie sie es auch gespürt hatte. Und so war es dann. Einen Wasserkopf und einen offenen Rücken hatte das Geschöpfchen, das erscheint oft zusammen. Die Füsschen kamen irgendwann mühsam hervor, aber der Kopf kam eben nicht. Es starb während der Geburt. So etwas Schlimmes habe ich Gott sei Dank nur einmal erlebt, unbeschreiblich traurig war das. Man hätte doch einen Kaiserschnitt machen müssen! Aber das war noch gar nicht Mode, es gab noch keine Gynäkologen. Und der Arzt war ja nicht da.

Als alles vorbei war und ich die arme Frau nach Hause brachte, nahm ich ihren Mann beiseite. Er arbeitete nur gelegentlich, und das bisschen, was die Kuh und die Geiss hergaben, reichte nirgends hin. Wenigstens sollte dieses Unglück der Familie etwas nützen und dem ein Lehrblätz sein. »Du, Christen, es könnte sein, dass das mit diesem Kindchen so kam, weil du so viel säufst!« Das war doch eine grosse Lugi, aber diese Lüge segnete ich ab beim obersten Chef, ich musste das einfach sagen. Ein Wasserkopf hat gar nichts mit dem Saufen zu tun, aber diese schützlige Armut schon. Ich sagte das dem also, und er erschrak zümftig. So erschrocken ist er, dass es nützte und er mit dem Schnapsen aufhörte. Kurz vor seinem Tod rief er mich noch zu sich in die Insel nach Bern, er wolle noch ein wenig reden. Er lag schon schwach im Spitalbett, und dann kam plötzlich dieser Dank. Er dankte mir, und ich gestand ihm dafür meine Lugi. Ich blieb sehr gern bei ihm, bis der Schluss vorbei war.

Eine Respektsperson war man nicht als Hebamme, als ich anfing, schon gar nicht. Das war kein angesehener Beruf. »Ja die Minderluise. Ja die Zürchermarie.« Nicht Frau Minder oder Frau Zürcher. Die Hebamme, die zu meiner Mutter kam, hatte weder ein Telefon noch ein Velo. Meistens mussten die Leute sie zuerst suchen, wenn sie sie brauchten. Sie konnte bei dem winzigen Verdienst ja nicht den ganzen Tag zu Hause sitzen und warten, die musste schauen, dass sie etwas zu essen hatte. Wenn sie gerade da war, hatte man Glück, und sonst machte man es eben allein mit dem Gottvertrauen. Hebammen schaute man eher abschätzig an. Oft waren sie alleinstehend, weil sie vor lauter Gebären das Heiraten vergassen. Mir ging das ja auch so. Der Respekt kam erst später, den mussten wir uns verdienen.

Ein bisschen lag das auch an den Hebammen selber, das konnten früher Saufrauen sein, das will ich zugeben. Sowieso eine Spezies für sich. Und neugierig bis zum Bach runter. Oft waren sie auch ziemlich raubeinig. Eine war zum Beispiel dafür berühmt, dass sie den Frauen den Rücken mit ihrem Füdle stützte. Sie hockte sich hinter die Gebärende, drückte ihr den Hintern ins Kreuz und las dazu Heftchen. Nicht grad eine grosse Hilfe. Es war eben ein minderer Beruf, und die meisten waren nicht stolz darauf, sondern machten es, weil sie nichts anderes konnten. Und es gab Eifersucht und Konkurrenz unter den Frauen, man vergönnte sich jede Geburt. Darum nahm man ja nie frei oder Ferien, weil jede Angst hatte, eine andere könnte ihr eine Kundin abspenstig machen. So war die Stimmung in diesem Beruf, aber das ist ja kein Wunder bei den Bedingungen.

Ich war stolz darauf, etwas gelernt zu haben und etwas besser machen zu können. Ich bekam aber, als ich ein Auto hatte, schlimme Briefe von Kolleginnen. Ich solle mit meinem neumödligen Karren zum Teufel gehen, ich mache den Beruf kaputt. Und das Kopfhochtragen werde mir auch noch vergehen. Das war sicher die Eifersucht, weil ich meinen Beruf in einer Schule gelernt hatte. Die Kolleginnen meinten, ich fühle mich mehrbesser, weil ich nicht mehr mit dem Velo und dem Zug ins Spital rösselte und die Männer ihre Frauen in den Wehen mit dem Pferdewagen mir ins Spital bringen mussten. Wie viele Schwangere sind auf einem Strohsack oder auf einem Karren verblutet. Das Auto war in den Krachen ein Segen.

Eh, war das doch gut, dass ich endlich fahren konnte! Den Topf, den Blätz und den Koffer schnell auf dem Nebensitz verstauen und losfahren. Und zu Hause wussten sie, wo ich bin, und konnten mir an den nächsten Apparat nachtelefonieren, wenn etwas dringend war. Die Leute mussten mich nicht mehr suchen. Wichtig war mir auch, dass die Wöchnerinnen nicht mehr bis zum Abend auf mich warten mussten, weil ich zuerst nach Bützberg, Stauffenbachegg, übers Loch und die Schand und die Wäckerschwend pedalen musste, bis ich endlich im Wilden Mann in Fäbrig ankam. Es störte mich unerhört, dass zum Beispiel die Frau vom Wilden Mann den ganzen Tag hatte auf mich warten müssen, bis ich sie und das Kindchen besorgen konnte.

Im Vierundfünfzig, ich war erst zwei Jahre Hebamme, kaufte ich das erste Auto. Bei einem Garagisten aus Casablanca in Buchsi. Er sprach Französisch, war aber Schweizer und in Casablanca unten total verarmt. Ich bekam es günstiger. »Der wird mich nicht bescheissen, wenn der die Not kennt und es hier noch einmal versuchen will«, dachte ich und bestellte bei ihm eins. Und da kam er tatsächlich schon am nächsten Tag von Buchsi daher mit einem nigelnagelneuen, chocolatbraunen Käfer und stellte den dem Vater vor den Stall. Ich hatte doch nicht erwartet, dass das so schnell gehen würde. Der Vater sagte: »Was ist mit diesem Auto?«

«Das habe ich bestellt.«

«Jä, und wie willst es bezahlen?«

«Das weiss ich auch nicht. Du musst eine Kuh oder ein Ross verkaufen. Ohne ein solches Auto kann ich meinen Beruf nicht recht machen. Sechstausendvierhundert Franken kostet es.«

Tatsächlich bezahlte es der Vater, aber er murrte. Ich sehe ihn noch vor dem Sekretär stehen und den Kopf schütteln. Ich hatte selber tausend Franken zusammengespart, mühsam Batzen um Batzen, da lernt man eben den Geiz. Und er hatte ja auch nicht viel, verkaufte dann eine Kuh. Wie froh war er aber später, wenn er es brauchen konnte. Nach acht Fahrstunden machte ich in Bern die Prüfung, es ging gut, obwohl der Experte ein Glüschteler war. Es gelüstete ihn also sehr nach den Frauen. Als wir fertig waren, fragte er mich, warum ich so etwas Minderes wie Hebamme geworden sei. Das sei doch kein Beruf für eine rechte Frau.

Hebammen standen wegen vielem in Verruf. Sicher, weil sie in manches hineinsahen, das sich sonst unter den breiten Hausdächern verbarg. Vielleicht auch, weil sie die Einzigen waren, die sich um die Verhütung kümmerten und die Dinge beim Namen nannten. Ein bisschen Verhütung beibringen schien mir wichtig, das war aber nicht einfach. Diese Knaus-Ogino-Methode, wo man Tage zählen und aufschreiben muss, oder das Temperaturmessen funktioniert bei den einfachen Leuten nicht. Rumliegen am Morgen und Temperatur messen und schreiben, das machen die nicht. Dann schon eher mit dem Pariser. Ich hatte mit einem Apotheker in Bern eine Vereinbarung, dass er den Leuten diskret ein Päckchen schickt, wenn sie anrufen und Verhütung bestellen. Am besten dünkte mich sowieso die Unterbindung. Und wenn man nur eine

Pause wollte, der Pariser. Aber die Unterbindung bei der Frau, nicht beim Mann, da bin ich vielleicht ein wenig eigenartig. Ich hatte immer das Gefühl, das Kinderverhüten gehört zur Frau, das ist ihr Gebiet wie das Kinderkriegen. Obwohl ich ja oft mit diesen Männern ewig exerzierte, bis die endlich den Pariser anzogen. Aber ein unterbundener Mann dünkte mich etwas Eigenartiges.

Abtreibungen gab es sehr selten, ich wurde nur dreimal darauf angesprochen in den ganzen vierzig Jahren. Ich hätte es auch nicht machen können, wegen dem Eid. Dass ich nie helfen werde bei einem Schwangerschaftsabbruch, das gehörte zum Eid. Ich glaube, hier herum gab es wenige Frauen, denen das in den Sinn kam. Ich sagte ihnen immer: »Jetzt haben wir doch dieses Kindchen noch. Und dann schauen wir.« Und ich schaute dann auch wirklich, dass diese müden Mütter zu einer Pause kamen oder sich unterbinden lassen konnten. Es gab nur einen Arzt, den Küeni, der machte Abtreibungen, aber inoffiziell bei sich zu Hause, für sechshundert Franken. Ich nehme an, er machte es recht, und das war besser als eine Pfuscherei aus Verzweiflung. Ich finde halt, wenn es da ist, ist es da, es lebt. Dann soll es auch auf die Welt kommen dürfen, und dann muss man schauen, dass es eine Lösung gibt. Ich hätte so ein Menschlein nicht töten können, egal wie klein. Es ist einfach ein Töten. Auch wenn sie sagen, es sei noch nicht ein richtiger Mensch. Für mich ist es das, winzig, aber ein Menschlein. So viele Ultraschalls habe ich gemacht später. Wie früh sieht man doch schon alles! Das Herzchen, die Händchen, das ganze Wunder. Es hat mich einfach gedünkt, das darf man nicht abreissen, nicht wegkratzen. Die Verzweiflung kann man sowieso nicht einfach wegkratzen. Man schaut ihr besser ins Gesicht und macht etwas dagegen.

Die Natur will sich fortpflanzen, das ist ihr das Wichtigste. Drum geht das eben oft viel zu ring und einfach. Heute scheint sie es ja verlernt zu haben bei uns, hat man den Eindruck. Aber zu der Zeit waren die Frauen meistens mehr als gesegnet mit Schwangerschaften. Manchmal wurden die Kindchen zur Adoption freigegeben. In den zwanzig Jahren als Freie habe ich es selber zweimal erlebt. Und es wurde mir ein Lehrblätz über die Mutterliebe. Einmal rief mich eine Frau an, sie erwarte ein Kind. Sie sei aus dem Bündnerland und jetzt da in der Wynigergemeinde. Sie wolle das Neugeborene zur Adoption freigeben. Ihren Namen könne sie mir nicht sagen, und ich dürfe auch nicht wissen, bei wem sie wohne. Sie war sehr entschieden und redete nicht wie eine einfache Frau. Wenn sie dann Weh habe, werde sie anrufen und beim Spritzenhäuschen auf mich warten. Es gehe ja sicher in der Nacht los, dann sehe das niemand. So war es dann auch.

Bei der Fahrt ins Spital sagte sie: »Ihr müsst das Kind sofort abdecken und wegbringen, wenn es da ist. Ich will es nicht sehen.« Für mich war das etwas ganz Schreckliches, dass sie das so haben wollte. Aber man kann eine Mutter nicht zwingen. Wir haben geboren, sehr mühsam und ohne Namen. Ich weiss noch, das Weisse in ihren Augen war ganz rot. Das vergeht manchmal lange nicht, das wird im Graubünden schon einer gemerkt haben. Nach drei Tagen ging sie nach Hause. Ihre Härte habe ich nie vergessen.

Und drei Wochen später rief mich eine Bauersfrau an. Ihre Jumpfer erwarte ein Kind. Ich ging vorbei, es war ein ganz beschränktes Mädchen und schon dreiunddreissig. Vreni hiess es. Man wisse nicht, wer der Vater sei. Das Kind werde sofort zur Adoption freigegeben, das könne auf keinen Fall da auf dem Hof bleiben, auf keinen Fall. Die Bauersfrau dünkte mich grad ein wenig aufgeregt. Als es so weit war, fuhren wir ins Spital nach Buchsi, und um Viertel vor drei kam das Kindchen. Das Vreneli setzte sich sofort auf, nahm es in den Arm, wiegte es und machte so einen Singsang: »Ein Bub. Bub. Mein Büebli. Ein Peter. Mein Peterli.« Und ich stand da mit dem Tuch und hätte den Peterli doch abdecken müssen. Aber stattdessen deckte ich beide zu mit dem warmen Tuch und liess dem Vreni das Büebli eine Weile. Ich konnte einfach nicht anders. Und es hat mich so erstaunt, dass dieses beschränkte Fraueli sofort den Namen wusste. Manchmal wissen die Leute wochenlang nicht, wie ihr Kindchen heissen soll.

Immer am Morgen ging ich im Spital das Vreni besorgen, wenn die Diakonissinnen beim Zmorgen waren. Diakonissinnen waren Reibeisen, meistens furchtbar streng und unfreundlich. Dabei sind die Frauen nach einer Geburt so erledigt, da braucht es doch ein nettes Wort, nicht Strenge. Ich glaube halt, bei vielen hockte die Eifersucht unter der Bärbeissigkeit.

Jedes Mal, wenn ich zum Vreni kam, sagte es zu mir: »Bitte, wenn ich mein Peterli schauen darf, dann sing ich Euch ein Liedli.« Wir gingen also heimlich zum Peter, und dann sang uns das Vreni sein Liedchen. Am zehnten Tag kam die Bauersfrau und holte ihre Jumpfer heim. Am Morgen hatte das Vreneli noch das Lied gesungen, dann sah es seinen Peter nie mehr. Die Bäuerin sagte: »Ihr kommt besser nicht mehr vorbei zum Besorgen, es ist gescheiter so. Sonst erinnert es sich immer, wenn es Euch sieht.« Das habe ich mir nie verziehen, dass ich dem Vreni das Kind wegnehmen musste. Aber ändern konnte ich es nicht.

Die Mutterliebe dieser beiden Frauen hat mich beschäftigt. Die sogenannt normale Frau konnte das Kind problemlos weggeben. Und das nicht gescheite Vreni ist vor Kummer verrückt geworden. Zwölf Jahre später traf ich die Bauersfrau nämlich am Öschinensee auf einer Wanderung wieder, und da erzählte sie mir den Schluss der Geschichte. Das Vreni hätten sie versorgen müssen in Meiringen, weil es so Längiziti hatte nach seinem Peter und es so schwer nahm. Auch habe die Bauersfrau die Jumpfer nicht länger ertragen auf dem Hof, weil man eben nicht wusste, wer der Vater war. Es wurde geschwatzt, und der Mann war doch Gemeindepräsident. Aber dann habe man zum Glück den gefunden, der es gewesen sei. Ein dahergelaufener Metzgersbursche. Der sei das gewesen.

Für den Peter ist es aber gut herausgekommen. Manchmal ist es besser, die Kindchen kommen an einen Ort, wo man für sie sorgen kann und will. Zu ganz noblen Leuten durfte der Peter, nach Zürich. Eine unerhört geschminkte Frau kam fünf Wochen nach der Geburt zu mir und sagte, sie wolle dieses Kind adoptieren. Der Peterli war aber wie seine Mutter, nicht ganz so wie die anderen, das hatte ich beim Besorgen gemerkt. Ich sagte das der Dame. »Dann hat dieses Kind ein gutes Zuhause doch besonders nötig«, sagte die Frau, und mir kamen grad die Tränen. Sie schauten gut zu ihm in Zürich drü-ben, hatten ihn wirklich gern und förderten ihn unerhört. Ich habe ihn später einmal wiedergesehen.

Nicht jedem Peter ging es so gut. Nein, gar nicht. Die meisten solchen Kinder wurden verquantet, verdingt, eine Art Sklaven, das muss man so sagen. Der Peter von Niederönz ist eine der traurigsten Geschichten, die ich erlebte. Ich ging noch mit dem Velo, den Koffer, den Blätz und den Topf auf dem Gepäckträger. Wenn sie mich so sahen, wussten die Leute, es kommt eins. Gerade vor dem Äschistutz war ein Häuschen, und die Frau hatte mich gefragt, ob ich ihr helfen würde. Ich ging vorbei, um sie vorzubereiten und zu fragen, ob sie ins

Spital wolle oder zu Hause bleiben. Meistens riet ich ihnen, daheim zu bleiben, weil ich fand, das Spital mache den einfachen Leuten zu viele Kosten. Als ich kam, sagte die Frau, das Anita, die Geburt sei das eine. Aber ihre grosse Sorge sei der Peter. Den habe sie in die Ehe gebracht. Ich fragte: »Hat denn Euer Mann diesen Peter gern?«

Das Anita seufzte: »Eben grad nicht.« Der Mann sei gar kein guter Stiefvater.

Ich riet ihm, den Peter immer ins Bett zu bringen, bevor der Mann ins Haus komme. Damit er das Kind möglichst wenig zu Gesicht bekomme. Da weinte das Anita und sagte: »Wenn er heimkommt, reisst er meinen Peter jedes Mal aus dem Bett und stösst ihm Essen ein. So lange, bis er alles erbricht.«

Es grauste mir schon, bevor ich diesen Mann das erste Mal vor den Augen hatte, und ich war froh, ins Spital gehen zu können mit dem Anita. Wir haben geboren, es ging gut, der Joss kam sogar mit, und es dünkte mich, er stelle sich gar nicht so schlecht an. Aber wenn einer so etwas macht mit einem Kind, dann stimmt etwas ganz tief drin nicht mit ihm. Da kann er lange nett sein. Wenn einer einmal so etwas tut, dann wird er wieder Schlimmes tun. Dann ist eine schwarze Grube in seiner Seele, und die geht immer wieder auf. Solange sie nicht gründlich ausgemistet werden, gären solche Teufelsgruben. Es kam später noch ein Kind, dann reichte wahrscheinlich das Geld nicht mehr für den Zins. Sie zogen weg vom Äschistutz, hinunter zur Mutter vom Joss, nach Bettehuse. Das war eine altealte Frau mit langem schwarzem Rock und Schürze und Jaggli, wie man das ganz früher getragen hat. Die besass ein paar Moren, Muttersauen, und der Joss züchtete von jetzt an Fährli.

Eines Tages hiess es, das Anita habe sich das Leben genommen. Einfach so. Als der Joss nach Hause gekommen sei, habe seine Frau unter dem Schüttstein gelegen, im Blut. Habe sich selber erschossen. Als ich das hörte, dachte ich etwas anderes. So wie ich das Anita kannte, hätte es das nicht fertiggebracht. Schon gar nicht auf diese Art. Auf dem Friedhof bei der Beerdigung stürzte sich der Joss auf den Sarg, umarmte und umklammerte den Deckel und brach in lautes Wehklagen aus: »Anita! Anita! Warum hast du mir das angetan?!« Und ich wette, jeder merkte, dass das ein Theater war. Aber heraus kam es nie.

Kurze Zeit später heiratete er eine Spitalhilfe aus Buchsi, das Marti Friedli. Ein hübscheshübsches Mädchen. Ich kannte sie und hätte ihr so gerne gesagt: »Marti, heirate den nicht. Mit dem stimmt etwas nicht.« Aber ich konnte mich ja täuschen, man darf einen Menschen nicht so verurteilen. Es war ja nur ein Gefühl, mehr nicht. Aber dann dachte ich an den Peter und die anderen Kinder vom Anita und war froh, dass sie mit diesem Joss nicht mehr allein sein mussten. Der Peter besonders, der erbarmte mich ständig, er ging mir nicht aus dem Kopf. Und so sagte ich einmal zu wenig etwas.

Auch das Marti bekam zwei Kinder vom Joss, und ich war dort wieder Hebamme. Einmal musste ich ins Nachbarshaus zu einer Familie, sie wohnten direkt neben dem Schweinestall. Normalerweise hatten sie das Fräulein Günter aus Thörigen, eine Allerweltshebamme, aber die war schon ein bisschen alt und konnte nicht mehr so oft gehen, und so fragten sie mich. Da erfuhr ich von diesen Leuten, dass sie fürchterlich Angst hätten vor dem Joss, dass der ihnen das Futter klaue und ihnen drohe, die Scheune anzuzünden, wenn sie es klagten. Eine Woche später brannte die Scheune nieder. Aber diesmal kam er nicht davon, obwohl er es mit seinem Unschuldstheater probierte. Durchs Dorf war er als Erster gerannt und hatte gebrüllt: »Bettehuse Wasser! Bettehuse Wasser!« Das war der Feueralarm, aber diesmal fielen sie nicht herein, und er kam nach Thorberg ins Gefängnis. Nach einem Jahr schickten sie ihn nach Witzwil zum Werken, dort kommen die hin, die sich gebessert haben. Der Joss wird sich von der besten Seite gezeigt haben, das konnte der.

Eines Tages hiess es, das Marti sei ihn besuchen gegangen. An einem schönen Sonntagnachmittag sei es ins Seeland gefahren, um den Joss zu treffen. Er habe sich so gut gestellt in der Anstalt, dass sie ihn hätten gehen lassen, Hafturlaub. Am Abend sei er nicht zurückgekommen. Und das Marti sei auch nicht zurückgekommen. Sie seien zusammen spazieren gegangen, ins Grosse Moos, der Joss und das Marti. Und dann hat man sie gefunden, in einem Torfhüttchen. Arm in Arm. Er hat ihr die Adern aufgetan und sich auch. In einer Ecke lagen sie da, verblutet.

Was aus den vier Kindern geworden ist, denen ich auf die Welt geholfen habe, weiss ich nicht. Nur vom armen Peter weiss ich es. Diese Geschichte endet nirgends mehr gut. Zuerst sah es so aus. Der Peter kam nach Juchten in die Käserei, ich glaube, er hatte es gut bei den Leuten. Sicher besser als vorher beim Joss. Aber es war halt so bei den Verdingkindern, es war nie ganz gut. Und die Käserin bekam eines Tages selber ein Kind. Ich ging mit ihr ins Spital, und unterdessen machte der Mann mit ein paar Bauern den Boden neu im Käsraum. Damit der Lärm und Dreck vorbei seien, wenn die Frau mit dem Kindchen komme. Der Peter half auch mit.

An einem Tag ging ich die Käserin im Spital besorgen, aber sie war vollkommen aus dem Häuschen. Ohne Ton schrie sie:

»Marie, etwas Furchtbares ist passiert bei uns.« Die Männer hätten nach der strengen Arbeit mit dem neuen Boden Zobe genommen, Käse, Brot und Bier. Und dem Peter hätten sie nichts zu trinken gegeben, es habe nur Bier gehabt, weder Most noch Weissenburger Citro. Vielleicht haben sie auch Sprüche gemacht, er solle kein Weichling sein, Männerspässe. Der Peter war dreizehn. Und plötzlich sei der weggelaufen. Und als sie ihn später suchten, fanden sie ihn an der Deichsel vom Wagen. Die war hochgestellt. Der Peter muss auf den Karren gestiegen sein, hat sich das Seil um den Hals gelätscht und ist gesprungen. Er baumelte am Kreuz des grossen Wagens, als sie ihn fanden.

Lange Zeit ging ich noch auf sein Grebli in Oschwang. Es war ein gewöhnlicher rauer Stein, ohne nichts, wo sie den Peter vergruben. Aber immer, im Sommer und im Winter, blühten blaue Blümchen darauf. Über und über, wunderschön. Das ist die Geschichte vom traurigen Peter.

Jetzt bin ich ins Erzählen gekommen. Beim Erzählen geht es mir wie bei den Geburten, ich vergesse alles andere. So viele Geschichten, schöne und schlimme. Ich weiss oft gar nicht, wo anfangen und wo aufhören. Eine kommt nach der anderen und immer weiter, so geht es im Leben. Zum Beispiel die vom Ferdinand, der heimlich die Brüste seiner Frau austrank, bis sie wieder strahlte. Dieser Mann hatte eine solche Prachtsidee, weil seiner Frau beide Brüste so wehtaten und sich entzündeten und wir mit den Wickeln nicht weiterkamen. Aber bis die beiden mir endlich ihr Wundermittel verrieten! Oder die vom Onkel vom Mani Matter, der Chefarzt war in Buchsi. Er holte mit Kaiserschnitt ein schrumpliges Greislein auf die Welt, das gar nicht hatte kommen wollen. Sechs Stunden blieb es da, schaute still ein bisschen herum und ging dann wieder.

Oder diese traurigtraurige Geschichte von der Frau, der es in den Wehen plötzlich aus den Armen regnete. Das blieb mir noch lange ein Rätsel. Buchstäblich alles Wasser rann ihr in Bächen aus der Haut und schwemmte sie aus dem Leben. Ihr Kindchen nahm sie auch grad mit, und das war vielleicht das Beste. Und der Doktor jammerte zu Hause wegen seinem Garagentor, das war der, der wegen der Gattin nach Hause gegangen war. Eine Fruchtwasservergiftung sei das offenbar gewesen. Das Bild, wie die Frau im Sarg liegt mit ihrem Mädchen im Arm, so tot – und die drei Grösseren und der Mann drumherum, so still. Das werd ich meiner Lebtag nie vergessen. Dort wachsen übrigens auch die schöneren Blümchen auf dem Grebli als auf den anderen. Es ist so, das ist nicht nur mir aufgefallen.

Oder die Geschichte von der frommen Posthalterin. Sie hatte ein Harmonium und verzieh ihrem Fritz alles, solange er so schön Sonntagsschullieder sang. Sogar, dass er sich, wie es hiess, an einem Saumeitschi vergriff, wofür er ins Gefängnis kam. Die Posthalterin trug ihm das nicht nach, sie hatte ihn trotzdem gern und gebar ihm zwölf Kinderlein. Beim zwölften geschah sogar ein Wunder. Soll ich das noch erzählen? Die Frau hatte dicke schwarze Krampfadern bis zum Bauch, erbsengrosse Buckel, und ich befürchtete, dass das eine Embolie gibt. Ich verbot ihr herumzulaufen, ohne die Beine fest einzubinden. Das ist mit solchen Krampfadern und einem Kind im Bauch gefährlich. Wenn die von den elf Kindern wegstirbt! Aber sie gehorchte mir nicht, sie stand in der Nacht immer auf. »Äh, der Fritz hat mir leidgetan, der muss doch immer so früh aufstehen«, sagte sie, wenn ich mit ihr schimpfte. Da rutschte mir einmal heraus: »Euer Mann könnte ruhig einmal zum Näscht raus und euch den Hafen reichen!« Da war sie beleidigt und sagte: »Die Buckel gehen auch weg ohne Euch, Fräulein Zürcher. Ihr werdet schon sehen.« Und tatsächlich, zmondrischt, also einen Tag später, waren die schwarzen Erbsen weg, die Beine glatt, und ich machte wirklich Augen. Wie das gegangen sei, wollte ich wissen, aber sie tat weiter beleidigt. »Der Fritz und ich haben abgemacht, dass wir es jetzt auch nicht verraten.« Ich liess nicht locker, weil ich als junge Hebamme angewiesen war auf solche Wundermittelchen. Da sagte sie: »Also, Fritz, wollen wir es ihr sagen?« – »Dann halt.« Ich hätte es mir denken können. Singen und beten war das Rezept. Genützt hat es, ich habe es mit eigenen Augen gesehen.

Eine Art Wunder war es auch bei der Geburt vom Rüedeli, der vor kurzem hier Gemeinderat wurde. Das will ich als Letztes noch erzählen. Weil es mich so schön dünkt. Seine Mutter rief mich am Abend etwa um zehn, es war Anfang Februar im Dreiundsechzig, und es hatte unerhört Schnee. Ich ging mit dem Auto, hätte über den Mutzgraben nach Juchten hochfahren müssen. Aber ich kam nicht hinauf, ich blieb stecken im Schnee. Ketten konnte ich nicht montieren, aber dafür hatte ich im Winter immer zwei Räder mit Ketten im Kofferraum. Wenn man so viel unterwegs war wie ich, trainierte man den Radwechsel. Wegen den Nägeln auf den Wegen, von den Holzpantinen. Der Schmied hatte mir extra einen Schlüssel mit langem Stiel gemacht, damit ich die Muttern besser aufbrachte. Ich montierte also diese Räder, hinauf kam ich aber trotzdem nicht. Und ich wusste, das wird rassig gehen, es war das achte Kind. Ziemlich pressant toppelte ich beim nächsten Haus an die Tür, die waren schon im Bett, aber sie liessen mich telefonieren. Ich rief ins Telefon: »Hör zu, ich schaffe es nicht zu euch hinauf, wir müssen ins Spital.« Da piepste die Frau in den Wehen: »Iii, nein, ich komme nicht ins Spital. Wenn ich ins Spital muss, dann sterbe ich.« Es brauchte etwas, bis ich sie so weit hatte. »Jetzt sei tapfer. Der Bärtu bringt dich jetzt runter mit dem Schlitten. Wir müssen schnell machen. Und wenn es wegen den Kösten ist – ich werd schauen, dass die Pfarrersfrauen das übernehmen.« Die Pfarrersfrauen steckten mir ab und zu ein Fünfzigernötli zu für arme Mütter, für einen neuen Rock.

Endlich kamen sie mit dem grossen Schlitten angefahren durch die Nacht und den Schnee, sie hatte Weh. Im schön geheizten vw mit Ketten fuhren wir nach Buchsi. Und das Kindchen kam, der Ruedi, alles ging wunderbar. Aber dann ging es los. Sie blutete und blutete, ein rotes Bächlein lief aus der Frau heraus und hörte nicht mehr auf. Wir hatten noch keine Blutgruppenkarte und keine Infusionslösungen oder fremdes Blut. Der Arzt kam sofort, kein Gynäkologe, aber ein guter. Er brachte auch grad einen Freund mit Null negativ mit, das kann man allen geben. Wir legten ihn neben die Frau und liessen sein Blut direkt in sie hinein, weil im frischen Blut am meisten Blutstiller ist.

Wahrscheinlich war das wieder eine Gerinnungsstörung, das ist etwas vom Schlimmsten. Der Spender blieb dran, bis er nicht mehr konnte, aber nach zwei Stunden lief das Blut ungeronnen wieder aus der Frau heraus. Da lief der Doktor ins Dorf und suchte den Nächsten. Der Frau ging es schlecht, sie wurde immer schwächer. Wir stellten sie mit dem Bett ans offene Fenster, obwohl es Winter war und kalt, damit sie mehr Sauerstoff bekam. Meistens war sie jetzt bewusstlos. Wenn sie zwischendurch bei sich war, flüsterte sie: »Ich habe es ja gewusst. Ich habe gewusst, dass ich nicht mehr nach Hause komme.« Der Doktor brachte den zweiten Spender, es ging schon in die

Nacht hinein. Wir spürten ihren Puls nicht mehr, und das Blut lief. Der Doktor liess nicht locker, er rannte ins Dorf und holte immer wieder einen neuen Spender, einen dritten, einen vierten, einen fünften. Jedes Mal kam alles ungeronnen wieder heraus. Erst um sieben Uhr in der Früh, beim siebten Spender, blieb es. Das Blut blieb endlich in der Frau. Wir weinten, alle, alle, und der Rüedeli schlief zufrieden. Die Mutter kam zu sich, sie hatte jetzt eine Brustfellentzündung, vom offenen Fenster. Aber dieses Brustfell konnte man kurieren, sie lebte. Ich habe extra nachgeschaut in den Tagebüchern, ob ich mich richtig erinnere, es waren tatsächlich sieben Spender. Blutspender sind Lebensretter, es gibt jetzt viel zu wenige. Arme Leute waren das, sie hatte acht Kinder, ein strenges Leben. Heute ist die besser zwäg als ich und marschiert an meinen Fenstern vorbei wie nichts.

So ging das oft mit dem Auf-die-Welt-Kommen, ein Krampf, ein Kampf, viel Leid und eben auch viel Freud. Nach zwanzig Jahren Dienst als freie Hebamme und zwanzig Jahren als leitende im Spital Burdlef war ich aber ein richtiges Krüppeli. Ich habe zwei neue Hüftgelenke, ein neues Knie, zweimal musste ich den Rücken operieren, und eine Niere ging auch kaputt. Berufskrankheiten, richtiges Hebammengsüch ist das. Daran denkt man nicht beim Werken. So viele Jahre immer den hölzigen Zuber voll Wasser rauf- und runtertragen auf den Höfen, über die glänzige und die gemauerte Treppe, das war schwer. Diese Hausgeburten waren streng. Und dann die Frauen. An diesen Frauen war etwas dran. Und ich habe sie doch ständig herumgetragen von einem Bett ins andere. Weil sie mich so erbarmten, wenn sie halbtot in dem verbrauchten Bett lagen nachher. Komischerweise war ich so, ich habe mich nie daran gewöhnt. Wenn ich konnte, trug ich sie hinüber in ein schönes frisch gemachtes Bett, auf den Armen, weil sie doch nicht grad laufen sollten. Dass das später solche Gebresten gibt, daran denkt man nicht.

Ich wurde dann pensioniert, aber ich wollte noch ein wenig weitermachen. Und so fuhr ich die Leute als Rotkreuzfahrerin herum, da kann man sitzen. Nur herumsitzen wäre auch nichts gewesen für mich, so allein. Ich hatte eben vergessen zu heiraten. Inzwischen macht es mir nichts mehr aus. Mit derart viel Knoblauch werden die Männer wahrscheinlich alt. Und im Alter wird das Zusammensein nicht einfacher.

Bei den Sterbenden muss man weniger tragen, das kann man auch als Krüppeli. Der Tod wiegt weniger schwer. Da braucht es keine Kraft, eher Leichtigkeit. Wärme braucht es auch, aber mehr im Herzen. Aber an diese kalten Füsse, die man vor dem Tod bekommt, gewöhnte ich mich nie. Ich hielt das am Anfang fast nicht aus und wollte diese Kaltfüss immer wärmen. Dabei gehört das dazu, da kann man von aussen nicht mehr viel wärmen. Der Tod macht kalte Füsse.

Das Sterben kann schön sein, ein grosser Friede. Oder es kann ein Krampf sein wie eine Geburt. Am wunderbarsten war es, als drei schöne Töchter ihrem Vater leise musizierten, bis er es hinübergeschafft hatte. Musik ist ein unerhört guter Begleiter, überallhin. Wenn es noch nicht Zeit ist, wenn man noch nicht bereit ist, dann ist es mühsam. Alles gehen lassen ist nicht einfach. Das ist wie bei der Geburt.

Etwas Schöneres und Grösseres als eine Geburt gibt es aber nicht. Komischerweise, je älter ich wurde, desto schöner und grösser kam es mir vor. Ein Wunder. Wenn alles ineinanderspielt und ein schönes gesundes Menschlein auf die Welt kommt. Wie viel jedes Mal an einem Faden hängt und auch wieder nicht. Man kann das nicht erzählen. Nur erleben.

All die Freude, wenn endlich das Kindchen da war. Die Männer, die immer grediheraus grännen. Die leuchtenden Frauen. Die Entspannung, wenn alles gut gegangen war, auch für mich. Es könnte sein, dass es einfacher ist, auf die Welt zu kommen, als von ihr zu gehen. Für die Umgebung sicher.

Vielleicht ist es aber für das, das auf die Welt kommt oder stirbt, gar nicht ein so grosser Unterschied. Das könnte sein. Vielleicht ist der Tod nur eine umgekehrte Geburt. Gar am End steht da auf der anderen Seite eine gute Hebamme und hilft einem hinaus, in etwas Neues.

Nachbemerkung

Die Reise in die Lebensgeschichten dieser Frauen war ein Abenteuer. Ich hatte das nicht erwartet. Ich hatte mich darauf gefreut, mit ihnen reden zu dürfen, aber auf so viel Herzklopfen, Augenwasser, Strahlkraft, Offenheit, Tapferkeit und Wärme war ich nicht gefasst. Auch nicht auf die Leichtigkeit und das unkomplizierte Gottvertrauen, das aus ihnen kam.

Ich hatte mich, auf Anregung der Verlegerin, umgesehen nach Frauen über achtzig, die etwas zu erzählen haben. Alle Menschen haben etwas zu erzählen, wenn es jemand wissen will. Ich liess mich bei der Auswahl vom Zufall leiten, folgte keinem Konzept. Es war eher so, dass mich plötzlich etwas packte. Entweder, weil jemand mir eine Geschichte brachte, weil ich mich an eine Erzählung der eigenen Umgebung erinnerte oder weil ich von jemandem las. Prominenz allein finde ich nichts Spannendes. Aber die Geschichten, die Menschen aus der Anonymität schieben, können es manchmal sein. Die Auswahl der Frauen ist alles andere als repräsentativ. Die Ausschnitte, die sie aus ihrem Leben erzählen, sind niemals umfassend. Sie sind meine Auswahl, also subjektiv, und folgen einzig dem Sollen und Wollen eines guten Gesprächs.

Mit der Zeit ergab sich ein Reigen aus Lebensentwürfen, eigentlich fast von allein. Es kam mir vor, als hätten zwölf sehr unterschiedliche Feen ihre Türen geöffnet, und ich möchte mich an dieser Stelle noch einmal vor ihnen verneigen und ihnen danken für das grosse Vertrauen.

Eine dreizehnte und auch eine vierzehnte waren in meinem Kopf. Ich hätte sehr gerne eine Liebes- und eine Gottesdienerin befragt. Eine Prostituierte zu finden in der mir zur Verfügung stehenden Zeit, war trotz intensiver Recherche nicht möglich. Es scheint, dass Frauen, die sich sehr lange dieser Profession widmen, nicht so alt werden. Oder nicht mehr darüber sprechen möchten. Eine Nonne hatte ich gefunden, auch sehr berührende Gespräche mit ihr geführt. Bei der Lektüre des Textes erschrak sie jedoch über die Offenheit und Weltlichkeit ihrer Worte, auch über die ungeschönte Sprache, die sich so stark wie möglich an den gesprochenen Tonfall anlehnt und zu meinem Arbeitsstil gehört. Ich bedaure beides von Herzen und respektiere es ebenso.

Die Schriftstücke entstanden nach Gesprächen, die ich auf Tonband aufzeichnete. Sie halten sich sehr genau an den Inhalt und den mündlichen Originalton, sind jedoch nicht einfach Transkripte. Ich wählte aus, setzte zusammen, übersetzte und interpretierte folglich auch. Ich verfasste aus den Gesprächen fortlaufende Monologe, die einem inneren Faden folgen, den ich beim Fragen und Hinterfragen fand. Es war mir wichtig, etwas vom Wesen, das ich beim Reden sah und spürte, dem

Schriftlichen mitzugeben. Die Sprache dieser Texte ist eine »Kunstsprache«. Die zwölf Damen hätten selbstverständlich ein wohlklingendes, korrektes Hochdeutsch geschrieben, hätten sie *geschrieben*. Sie haben aber erzählt. Alle Texte wurden von den Frauen gegengelesen.

Ich empfinde diese Gespräche als Geschenk, das ich mit Freude weitergebe.

Am Sihlsee, im August 2007   *Susanna Schwager*

Ich danke meinem ewig jungen Gefährten, für alles.
Der wunderbaren Verlegerin, für Vertrauen und Gelassenheit.
Rita und Stephan, für das Paradies im Tessin.
Der Stiftung Kartause Ittingen, für die Klause.

Glossar

allpott	ständig
allwäg	wahrscheinlich
Babe, die	Puppe, einfache Frau
Beige, die	Stoss, Stapel
bhüeti	Gott behüte dich
biseln, verbiseln	urinieren
Blätz, der	Abschnitt, Stück
Bobo, das	kleines Weh
brieggen	leise weinen
Büezer, der	Arbeiter
Chefi, das	Käfig, Gefängnis
chiepen	rufen, schimpfen
Chömid!	Kommt!
Chriesi, das	Kirsche
Chüngeli, das	Kaninchen
Drecksüchel, der	schmutziger Mensch
erchlüpfen	erschrecken
Fährli, das	Ferkel
folgen	gehorchen
Füdle, das	Hintern
Gastig, die	die Gäste
Glüschteler, der	Lustmolch
Gof, der	Kind

259

Gopfriedstutz	Fluch
grännen	laut weinen
grediheraus	geradeheraus
Gschleipf, das	Verhältnis
gschmuech	unwohl, unheimlich
gspässig	seltsam
Gstürm, das	Aufregung
Gsüch, das	Unwohlsein, Krankheit
Guezli, das	Biskuit
Gugger, der	Kuckuck
Güsel, der	Abfall
gwundern, gwundrig	neugierig sein
Hafen, der	Nachttopf
Härdöpfel, der	Kartoffel
holeien	rufen, johlen
Holzpantine, die	Holzschuh
Hore, das	Horn
Hurrlibub, der	aufziehbarer Kreisel, Lausbub
Jaggli, das	Jäckchen
janu	nun denn
Jessesgott	Ausruf
klöpfen, geklöpft	schlagen, donnern, krachen
knorzen	sich schwertun
Krachen, der	abgelegenes Berggebiet
langen	reichen
Längiziti, das	Heimweh
lätschen	knüpfen, weinen (abwertend)
lätz	falsch, verkehrt
Lehrblätz	Lehrstück
Loch, das	Kittchen
Loiene, die	Lawine

losed Sie, losmal	hören Sie, hör mal
Lugi, die	Lüge
Mais, der	Lärm
Meiteli, Meitschi, das	Mädchen
More, die	Muttersau
Müntschi, das	Kuss, Küsschen
Murmeli, das	Murmeltier
Nägelimannli, das	Schmerz bei Unterkühlung
Näscht, das	Bett, Nest
neumödlig	neumodisch
Pfifedeckel	etwa: nichts dergleichen
pressant	in Eile
Puntel, die	Büschel
reuen	bedauern
Ribise, das	Reibeisen
rösseln	fahren
ruch, rücher	rau, rauer
Ruech, der	grober Mensch
Rumpfelhaufen, der	Faltenwurf, viele Runzeln
säb scho	das schon
schinageln	hart arbeiten
schleipfen	schleppen, schleifen
schnapsen	Schnaps bechern
schreissen	reissen
schützlig	scheusslich
späneln	spanen, Späne abheben
strählen	kämmen
strub	heftig, hässlich
sümpfeln	zu viel trinken
Taburettli, das	Küchenhocker
toppeln	klopfen

träbeln	trippeln
Tubeli, Tubelischule	Trottel, Schule für Lernschwache
Velo, das	Fahrrad
verquanten	verschachern
Welschland	französische Schweiz
werken	von Hand arbeiten
Wittling, der	Witwer
Zit, das	Uhr
zmondrischt	am nächsten Tag
Zmorgen, das	Frühstück
Znacht, Zobe, das	Abendessen
Znüni, das	Zwischenmahlzeit, morgens
Züberli, das	Wasserbehälter
zugange kommen	zurechtkommen
zümftig	sehr stark